Schriftenreihe
der Juristischen Schulung

Geschäftsführender Herausgeber
Rechtsanwalt Prof. Dr. Hermann Weber

Band 119

Einführung in das spanische Recht

Das Verfassungs-, Zivil-, Wirtschafts- und Arbeitsrecht des Königreichs Spanien

von

Prof. Dr. Klaus Adomeit
Freie Universität Berlin

in Zusammenarbeit mit

Dr. Guillermo Frühbeck
Rechtsanwalt in Madrid

Mit einem Text von Don Manuel Alonso Olea, Madrid

2. Auflage

VERLAG C. H. BECK MÜNCHEN 2001

Die Deutsche Bibliothek – CIP-Einheitsaufnahme

Adomeit, Klaus:
Einführung in das spanische Recht : das Verfassungs-, Zivil-,
Wirtschafts- und Arbeitsrecht des Königreichs Spanien /
von Klaus Adomeit. In Zusammenarbeit mit Guillermo
Frühbeck. – 2. Aufl. – München : Beck, 2001
(Schriftenreihe der Juristischen Schulung ; Bd. 119)
ISBN 3 406 47861 1

ISBN 3 406 47861 1

© 2001 Verlag C. H. Beck oHG
Wilhelmstr. 9, 80801 München
Druck: Nomos Verlagsgesellschaft
In den Lissen 12, 76547 Sinzheim

Satz: Druckerei C. H. Beck, Nördlingen
Gedruckt auf säurefreiem, aus chlorfrei gebleichtem Zellstoff
hergestellten Papier

Vorwort zur 2. Auflage

Die Konzeption dieses Buches, die wir uns für die 1. Auflage erarbeitet hatten, scheint sich bewährt zu haben.

Die „Einleitung" bringt, zum besseren Verständnis der rechtlichen Regeln, einige allgemein-politische Informationen über das heutige Spanien.

Der „Erste Teil" behandelt die hochgeachtete *Verfassung* von 1978, die Darstellung schließt sich eng dem Text an, der deshalb auch im *Anhang* abgedruckt ist. Sehr hilfreich war das immer wieder herangezogene Handbuch von *Antonio López Pina* im C. F. Müller Verlag, 1993, der als hervorragender Sachkenner so freundlich gewesen war, die ersten Entwürfe dieses Buches durch seine Kritik zu verbessern.

Der „Zweite Teil" stellt das spanische *Zivilgesetzbuch* dar, das man, bei genauerer Beschäftigung, immer mehr schätzen lernt. Die wichtigsten Artikel sind in den Text aufgenommen, nicht nur als Übersetzung, damit der Leser sich in Stil und Terminologie hineinfindet. Zitate aus der Dogmatik finden sich nur wenige, dafür eine ausführliche Bibliographie.

Im „Dritten Teil" entstammen die Texte zum Handels- und Wirtschaftsrecht (also nicht das Arbeitsrecht) der Feder des Mitverfassers *G. Frühbeck sen.* Neu ist die Darstellung des 1995 reformierten GmbH-Rechts. Das Steuerrecht und – bereits im „Zweiten Teil" – das Recht des Zivilprozesses (zum Jahre 2000/2001 völlig neugestaltet) haben seine Söhne *Federico* bzw. *Guillermo Frühbeck,* beide Rechtsanwälte in Madrid, dargestellt.

Wir, die beiden Verfasser, haben in den Jahren 1984–90 im Präsidium der frischgegründeten Deutsch-Spanischen Juristen-Vereinigung zusammengewirkt. Bei den sechs in dieser Zeit veranstalteten Kongressen (Madrid, Berlin, Barcelona, Bonn, Burgos, Ludwigshafen/Mannheim/Heidelberg) wurden wichtige Fortschritte zur Rechtsvergleichung erarbeitet (vgl. *Gamillscheg,* S. 8). Die von uns (zusammen mit *F. J. Friese†*) 1984 gegründete Zeitschrift „informaciones" hat sich inzwischen zu einem beachtenden Fachblatt für den deutsch-spanischen Rechtsverkehr entwickelt, eine Weiterentwicklung ist noch denkbar und wünschenswert. (Die Homepage der Vereinigung im Internet lautet www.dsjv-ahaj.org)

Für das Erbrecht hat der Berliner Student *Roland Krause* wertvolle Entwürfe bereitgestellt. Das Recht der Wohnungsmiete und der Nutzung von Immobilien im Wege von Timesharing beruht auf Texten des Ehrennotars *Eduardo Martínez-Piñeiro*. Der Teil „Internationales Privatrecht" ist vom Kollegen *J. Sarrate i Pou* in Barcelona neu gefaßt. Allen Kollegen danken wir für ihre freundliche Mitwirkung!

Für die gute Aufnahme dieses Buches sind wir sehr dankbar. Möge auch die zweite Auflage vielen Lesern und Benutzern hilfreich sein!

Berlin und Madrid,
im Mai 2001 *Klaus Adomeit* *Guillermo Frühbeck*

Inhaltsverzeichnis

Abkürzungsverzeichnis XIII
§ 1. Einleitung 1
   I. Geschriebenes Recht 1
   II. Demokratie und Königtum 2
   III. Sozialismus und Wirtschaftspolitik 3
   IV. Kirche und Liberalität 5
   V. Spanien und die Autonomien 5
   VI. Spanien und Europa 6
   VII. Deutsch-spanische Rechtsvergleichung 8

Erster Teil. Die spanische Verfassung von 1978 und ihre Verwirklichung im spanischen Recht

§ 2. Vorspann: Präambel und „Título preliminar" 11
   I. Entstehen der Verfassung 11
   II. Verkündung 12
   III. Ziele der Verfassung 12
   IV. Der Rechtsstaat 12
   V. Staatsgewalt und Volk 13
   VI. Eine Monarchie 13
   VII. Wertproblematik 13
   VIII. Regionale Autonomie 14
   IX. Politische Parteien 14
   X. Gewerkschaften 14
   XI. Streitkräfte 15
   XII. Bürger im Staat 15

§ 3. „Título primero: De los Derechos y Deberes fundamentales" 16
   I. Würde des Menschen 16
   II. Menschenrechte 16
   III. Spanier, Ausländer, EU-Bürger 16
   IV. „Rechte und Freiheiten" 17
      1. Das Gleichheitsprinzip 17
      2. Recht auf Leben 18
      3. Gedankenfreiheit 18
      4. Freiheitsrecht 18
      5. Ehre 19
      6. Freizügigkeit 19
      7. Meinungsfreiheit 20
      8. Versammlungsfreiheit 20
      9. Rechtsschutz 21
      10. Erziehung 22
         a) Das Schulwesen 22
         b) Die Universitäten 23
      11. Gewerkschaften 24
      12. Arbeitskampf 25

V. Rechte und Pflichten ... 26
  1. Bürgerliche Pflichten; Wehrpflicht ... 26
  2. Steuern ... 27
  3. Ehe ... 27
  4. Eigentum und Erbrecht (Art. 33) ... 27
  5. Arbeit ... 28
  6. Arbeiterstatut ... 28
  7. Wirtschaftsfreiheit ... 29
VI. „De los Principios rectores de la Política social y económica" ... 29
  1. Eltern-Kind-Beziehung ... 29
  2. Das Sozialstaatsprinzip ... 29
  3. Kultur ... 30
  4. Umwelt (Art. 45) ... 30
  5. Wohnungsprobleme ... 30
  6. Jugend (Art. 48) ... 30
  7. Alter ... 31
  8. Verbraucherschutz (Art. 51) ... 31
§ 4. Die spanischen Staatsgewalten ... 31
  I. Die Krone ... 31
  II. „De las Cortes Generales" ... 32
    1. Zwei Kammern (Art. 66 ff.) ... 32
    2. Gesetzgebung ... 33
    3. Mißtrauensvotum ... 33
    4. Parlamentsauflösung ... 34
  III. „Del Gobierno y de la Administración" ... 34
    1. Regierung ... 34
    2. Verwaltung ... 34
    3. Sicherheitsorgane ... 35
    4. Staatsrat ... 35
    5. Haushalt („presupuesto") ... 35
    6. Notstand ... 36
  IV. Justiz („Poder Judicial") ... 37
    1. Richter und Gerichte (Art. 117 ff.) ... 37
    2. Richterrat ... 38
    3. Justizprinzipien ... 38
    4. Bürgerrechte ... 38
    5. Verfassungsgericht ... 38
§ 5. Verfassungsänderung ... 39

Zweiter Teil. Der „Código Civil" und das Zivilprozeßrecht

A. Der „Código Civil"

§ 6. Entstehung, Prinzipien, System ... 41
  I. Entstehung und Reformen ... 41
  II. Rechtsquellen und Auslegung ... 42
  III. Internationales Privatrecht ... 43
  IV. Das System des CC ... 47
§ 7. Personen- und Familienrecht (Buch 1) ... 49
  I. Staatsbürgerrecht („Nacionalidad") ... 49
  II. Personen – Eigenschaft („la personalidad civil") ... 49
  III. Die Ehe („matrimonio") ... 50

Inhaltsverzeichnis IX

IV. Ehegüterrecht 50
V. Trennung („separación") 52
VI. Scheidung („divorcio") 52
VII. Die Eltern-Kind-Beziehung („de la paternidad y filiación") 53
VIII. Unterhaltspflicht 54
IX. Väterliche Gewalt 54
X. Vormundschaft („tutela") und Pflegschaft („curatela") 55

§ 8. Vermögensrecht (Buch 2) 55
I. Begriffe, Einteilungen 55
II. Besitz 56
III. Eigentum („propiedad"; „dominio") 56
IV. Grundeigentum und „Registro de la Propiedad" 57
V. Schutz des guten Glaubens 58
VI. Eigentumswohnungen und andere dingliche Rechte 59
VII. Teilnutzung von Ferienimmobilien, „Timesharing" 59

§ 9. Erbrecht (Buch 3) 60
I. Erbfolge („sucesión") 61
II. Testamente 61
III. Erbeinsetzung, Vermächtnis 62
IV. Gesetzliche Erbfolge 63
V. Annahme, Ausschlagung, Verzicht, Haftung 63
VI. Erbengemeinschaft, Auseinandersetzung 64
VII. Vermögensübertragung unter Lebenden 64

§ 10. Allgemeines Schuldrecht (Buch 4 Tit. I–III) 65
I. Grundregeln 65
II. Schadensersatz 65
III. Verträge („De los contratos") 66
  1. Vertragsfreiheit 66
  2. Voraussetzungen 66
  3. Nichtigkeit 67
  4. Form 69
  5. Vertragsauflösung wegen Nichterfüllung 69

§ 11. Vertragliches Schuldrecht (Buch 4 Tit. IV–XV) 69
I. Kaufvertrag („Del contrato de compra y venta") 69
II. Insbesondere: Die Sachmängelhaftung 71
III. Miete („arrendamiento") 71
IV. Insbesondere Wohnungsmiete 72
V. Dienstvertrag – Arbeitsvertrag 73
VI. Werkvertrag 74
VII. Auftrag („mandato") 75
VIII. Leihe („préstamo") und Darlehen 75
IX. Verwahrung („depósito"), Art. 1758 75
X. Glücksspiele oder Wettgeschäfte („De los contratos aleatorios o de suerte") 76
XI. Bürgschaft („fianza") 76
XII. Pfandrecht und Hypothek 77

§ 12. Gesetzliche Schuldverhältnisse, Konkurrenz von Ansprüchen und „prescripción" (Buch 4 Tit. XVI–XVIII) 78
I. Geschäftsführung ohne Auftrag, Art. 1888 78
II. Die ungerechtfertigte Bereicherung 78

Inhaltsverzeichnis

III. Deliktsrecht („De las obligaciones que nacen de culpa o negligencia") 79
IV. Konkurrenz von Ansprüchen 79
V. Die „Prescripción" 80

B. Zivilprozeßrecht

§ 13. Verfahrensrecht 82
    I. Allgemeines 82
    II. „Juicio Ordinario" 82
    III. „Juicio verbal" 85
    IV. Einstweilige Verfügung oder Arrest 85
    V. Mahnverfahren 85
    VI. Wechselprozeß 86
    VII. Arbitraje = Schiedsgerichtsbarkeit 86
    VIII. Streitige und Freiwillige Gerichtsbarkeit 86
    IX. Gerichtsstandsvereinbarungen 86
§ 14. Zwangsvollstreckung 87

Dritter Teil. Handels-, Wirtschafts-, Steuer- und Arbeitsrecht

§ 15. Handelsrecht im engeren Sinne 89
    I. Quellen des Handelsrechts 89
    II. Der Einzelkaufmann („comerciante") 90
        1. Voraussetzungen 90
        2. Ausgeschlossene Personen 91
        3. Pflichten des Kaufmanns 92
        4. Ausübung des Handels durch Ausländer 92
    III. Handelsgeschäfte („contratos de comercio") 92
        1. Form 92
        2. Erfüllung 93
        3. Termine und Fristen (Art. 60 ff.) 93
        4. Verzug („morosidad") 93
        5. Die Stellvertretung im Handelsrecht 94
        6. Der Handelsvertretervertrag 95
    IV. Besondere Handelsgeschäfte 96
        1. Stille Beteiligung („Cuenta en Participación") 96
        2. Der Kommissionsvertrag („La Comisión Mercantil") 96
        3. Das handelsrechtliche Lagergeschäft („El Depósito Mercantil") 97
        4. Das handelsrechtliche Darlehen („El Préstamo Mercantil") 97
        5. Der handelsrechtliche Kaufvertrag („La Compraventa Mercantil") 98
        6. Leasingvertrag („Arrendamiento financiero") 99
        7. Frachtvertrag („Contrato mercantil de Transporte terrestre") 100
        8. Der Versicherungsvertrag („Contrato de Seguro") 100
        9. Franchising „Franquicia" 101
    V. Das Handelsregister („Registro Mercantil") 101
§ 16. Insolvenzrecht 101
    I. Voraussetzungen 101
    II. Gesetz über Zahlungseinstellungen („Ley de Suspension de Pagos", LSP) .. 102
    III. Wirkungen der Zahlungseinstellung 103
    IV. Der Konkurs 104
        1. Insolvenzgründe 104
        2. Formen des Konkurses 105
        3. Organe im Konkursverfahren 105

Inhaltsverzeichnis XI

4. Wirkungen des Konkurses 106
   a) Wirkungen für die Person des Schuldners 106
   b) Vermögensrechtliche Wirkungen 106
   c) Wirkungen des Konkurses auf die Gläubiger 106
   d) Wirkungen des Konkurses auf Kredite 106
5. Beendigung des Konkurses 106
6. Rangordnung der Kredite 107
7. Rehabilitierung des Schuldners 108

§ 17. Handelsgesellschaften 108
   I. Allgemeines 108
   II. Die Offene Handelsgesellschaft („Compañía Colectiva") 109
   III. Die Kommanditgesellschaft („Sociedad Comanditaria") 110
   IV. Die Aktiengesellschaft („Sociedad Anónima") 111
      1. Neuregelung 111
      2. Rechtsnatur und Gründung 112
      3. Nichtigkeit 112
      4. Einlagen 112
      5. Aktien 113
      6. Organe der Gesellschaft 113
      7. Satzungsänderung, Erhöhung und Reduzierung des Kapitals 114
      8. Ausgabe von Schuldverschreibungen („obligaciones") 115
      9. Umwandlung, Fusion, Spaltung 115
      10. Auflösung und Liquidation 115
   V. Die Gesellschaft mit beschränkter Haftung („Sociedad de Responsabilidad Limitada") 116
      1. Gesellschaftskapital 116
      2. Kaufmannseigenschaft 116
      3. Staatsangehörigkeit 117
      4. Sitz 117
      5. Keine Obligationen 117
      6. Gründung 117
      7. Keine Geheimabreden 117
      8. Urkunde 117
      9. Inhalt 118
      10. Statuten 118
      11. Beginn der Tätigkeit 118
      12. Beteiligungen 118
      13. Zusatzleistungen 119
      14. Übertragung und Verpfändung von Beteiligungen 119
      15. Organe 119
      16. Jahresabschluß 120
      17. Auflösung 120

§ 18. Sonstiges Wirtschaftsrecht 120
   I. Unlauterer Wettbewerb 120
   II. Kartellrecht (Verbot von Wettbewerbsbeschränkungen) 121
   III. Recht der Werbung 122
   IV. Verbraucherschutz und Produzentenhaftung 123
   V. Allgemeine Geschäftsbedingungen 124
   VI. Warenzeichenrecht 126
   VII. Patente, Urheberrecht 126
   VIII. Wechsel- und Scheckrecht 127
   IX. Börsenrecht 127
   X. Recht der Auslandsinvestitionen 127

§ 19. Steuerrecht ... 128
  I. Die spanische Verfassung ... 128
  II. Allgemeines Steuergesetz (Ley 230/1963 vom 28. 12., General Tributaria) .. 129
   1. Steuervorschriften ... 129
   2. Der Steuertatbestand ... 130
   3. Der Steuerpflichtige ... 130
   4. Besteuerungsgrundlage ... 131
   5. Steuerschuld ... 132
   6. Betriebsprüfung ... 132
   7. Steuerverstoß, Steuerstrafen und Steuerdelikte ... 133
   8. Rechtsmittel ... 134
   9. Steuerarten ... 135
  III. Einkommensteuer der natürlichen Personen ... 135
  IV. Körperschaftssteuer ... 137
  V. Einkommenssteuer für nichtansässige Personen ... 139

§ 20. Arbeitsrecht ... 141
  I. Allgemeines ... 142
   1. Begriff des Arbeitnehmers ... 142
   2. Quellen der arbeitsrechtlichen Regelung ... 143
   3. Rechte und Pflichten ... 143
   4. Der Arbeitsvertrag ... 145
  II. Inhalt des Arbeitsvertrages ... 145
   1. Vertragsdauer ... 145
   2. Schutz des Arbeitnehmers ... 146
   3. Arbeitslohn („salario") ... 147
   4. Arbeitszeit ... 148
  III. Änderung, Kündigung, Aufhebung ... 149
   1. Versetzung ... 149
   2. Änderung von Arbeitsbedingungen ... 150
   3. Suspendierung des Vertrages ... 150
   4. Erlöschen des Arbeitsverhältnisses, insbesondere Kündigung ... 151
    a) Allgemeine Erlöschensgründe ... 151
    b) Kündigung durch den Arbeitnehmer ... 152
    c) Disziplinarische Kündigung durch den Arbeitgeber ... 152
    d) Kündigung „por causas objetivas" ... 153
    e) Kündigung „por causas tecnológicas o económicas" ... 153
  IV. Betriebsverfassung („De los derechos de representación colectiva y de reunión de los trabajadores en la empresa") ... 155
  V. Tarifvertragsrecht ... 156
  VI. Zeitarbeitsfirmen ... 157
  VII. Arbeitsgerichtsbarkeit ... 157
  VIII. Schiedsgerichtsbarkeit ... 158
  Anhang zu § 20: „Don Quijote und Sancho Panza – ein Arbeitsverhältnis?" von Manuel Alonso Olea ... 158

Anhang: Constitución Española ... 165

Spanisch – deutsches Sachregister ... 193

Abreviaturas Utilizadas/Abkürzungsverzeichnis[1]

Ar.	Aranzadi, Repertorio de Jurisprudencia
Art.	Artículo
BOE	Boletín Oficial del Estado
BUP	Bachillerato Unificado y Polivalente
CC	Código Civil
CC. AA.	Comunidades Autónomas
CCom	Código de Comercio
CC. OO.	Comisiones Obreras
CE	Constitución Española
COU	Curso de Orientación Universitaria
CP	Código Penal
ET	Estatuto de los Trabajadores
et al.	und andere
INEM	Instituto Nacional de Empleo
IPR	Internationales Privatrecht
KD	Königliches Dekret = Real Decreto
L	Ley = Gesetz
LAU	Ley de Arrendamientos Urbanos
LBE	Ley Básica de Empleo
LCGC	Ley sobre Condiciones Generales de Contratación
LCT	Ley de Contrato de Trabajo
LDC	Ley de Defensa de la Competencia
LEC	Ley de Enjuiciamiento Civil
LGDCU	Ley General para la Defensa de los Consumidores y Usuarios
LGSS	Ley General de Seguridad Social
LGT	Ley General Tributaria
LIS	Ley sobre Infracciones y Sanciones en el Orden social
LO	Ley Orgánica
LODE	Ley Orgánica Reguladora del Derecho a la Educación
LOGSE	Ley de Ordenación General del Sistema educativo
LOLS	Ley Orgánica de Libertad Sindical
LOPJ	Ley Orgánica del Poder Judicial
LORTAD	Ley Orgánica de Regulación del Tratamiento automatizado de los Datos de Carácter Personal
LPL	Ley de Procedimiento Laboral
LRT	Ley de Relaciones de Trabajo
LRU	Ley de Reforma universitaria
LSA	Ley de Sociedades Anónimas
LSP	Ley de Suspension de Pagos
LSRL	Ley de Sociedades de Responsabilidad Limitada
OIT	Organización Internacional del Trabajo = ILO (International Labour Office)
OM	Orden Ministerial
RD	Real Decreto = Königliches Dekret

---

[1] Die üblichen deutschen Abkürzungen werden vorausgesetzt.

RDL	Real Decreto Ley
SAN	Sentencia de la Audiencia Nacional
STC	Sentencia del Tribunal Constitucional
STCT	Sentencia del Tribunal Central de Trabajo
STS	Sentencia del Tribunal Supremo
STSJ	Sentencia Tribunal Superior de Justicia
TC	Tribunal Constitucional
TCT	Tribunal Central de Trabajo
TS	Tribunal Supremo
TSJ	Tribunal Superior de Justicia
UGT	Unión General de Trabajadores

§ 1. Einleitung

Allgemeine Literatur: Spanien heute, Politik – Wirtschaft – Kultur, hrg. von *Bernecker/Dirscherl,* Frankfurt/M., 3. Aufl. 1998; Spanien-Lexikon, hrg. von *Bernecker* u. a., München 1990; *Becher,* Wörterbuch der Rechts- und Wirtschaftssprache, 2 Bde., 5. Aufl. 1999; *Köbler,* Rechtsspanisch, 1997; *Daum* et al., Terminología jurídica – español y alemán, 1998; *I. C. Ibán,* Einführung i. d. span. Recht, 1995; Enciclopedia Jurídica Básica, 4 Bde. Civitas 1995; Diccionario Enciclopédico Espasa, einbändig, 2000; *Juan Goytisolo,* Spanien und die Spanier, Frankfurt/M. 1982; *C. Nooteboom,* Umweg nach Santiago, Frankfurt/M. 1992; *Rafael Chirbes,* Der Fall von Madrid, 2000.

I. Geschriebenes Recht

Wenn ein deutscher Jurist sich in die Rechtsordnung Spaniens hineinfinden will und die Sprachbarriere erst einmal überwunden hat – allerdings ist diese Barriere nicht sehr hoch, juristische Texte sind meist leichter zu lesen als z. B. der „Don Quijote" des großen *Cervantes* – dann wird er sich alsbald wie zu Hause fühlen. Er hat vor sich eine Rechtsordnung des kontinentaleuropäischen Typs, die also vom geschriebenen Recht ausgeht (Gegensatz: der angelsächsische Rechtskreis,[1] wo tradierte richterliche Präjudizien im Mittelpunkt stehen). Das Hochplateau des Normenberges bildet hier wie dort eine geschriebene Verfassung: die „Constitución Española" von 1978 (CE), ebenfalls gehütet durch ein Verfassungsgericht („Tribunal Constitucional"). Bedeutende Rechtsmaterien sind wie bei uns in Kodifikationen zusammengefaßt, die durch Einzelgesetze ergänzt werden: das Zivilrecht im hundert Jahre alten „Código Civil", das Strafrecht im „Código Penal" von 1995,[2] das Arbeitsrecht im „Estatuto de los Trabajadores" von 1980. Andere Rechtsmaterien wie das Verwaltungsrecht sind nur aus einer Fülle verstreuter Einzelgesetze zu erschließen, aber diese Mühe wird einem durch leicht zugängliche, von privaten Verlagen angebotene Gesetzessammlungen abgenommen. Unterhalb der Gesetzesebene finden sich Verordnungen („reglamentos") und Erlasse („decretos"), abgedruckt im „Boletín Oficial del Estado" (BOE). In größeren juristischen Bibliotheken findet sich, nach Jahrgängen geordnet, das „Repertorio" von *Aranzadi,* einerseits zu „Legislación", andererseits zu „Jurispruden-

---

[1] Vgl. *Blumenwitz,* Einführung in das anglo-amerikanische Recht, 6. Aufl. (1998), bes. S. 69 ff.; *Graf von Bernstorff,* Einführung in das englische Recht, 2. Aufl. (2000); *Rheinstein/v. Borries,* Einführung in die Rechtsvergleichung, 2. Aufl. (1987), S. 83 ff.

[2] Das spanische Strafrecht ist in diesem Buch nicht im Zusammenhang dargestellt, sondern jeweils am gegebenen Ort berücksichtigt.

cia" = Rechtsprechung (!). Die juristische Literatur mit ihren *manuales, tratados, comentarios* und *monografías* ist im Prinzip leicht zu überschauen, die Titel der Neuerscheinungen finden sich wohlgeordnet in Katalogen und in den Internet-Angeboten der Madrider Buchhandlung Pons, des Verlages Bosch aus Barcelona und in anderen. Die wichtigste juristische Zeitschrift „La Ley" erscheint als Tageszeitung (Mo.–Fr.), doch der wöchentliche Gesamtumfang bleibt meist unter dem der NJW (natürlich ist der Zugang heute elektronisch erleichtert, durch Disketten oder Internet). An den Stil der dort veröffentlichten Urteile muß der deutsche Jurist sich erst gewöhnen, sie erinnern an die Übung französischer Gerichte,[3] die gesamte Begründung in möglichst wenigen Sätzen zu konzentrieren, die dann meist lang und verwickelt sind. Nach Hilfsmitteln wie „Fälle und Lösungen zum ..." wird ein deutscher Student vergeblich suchen; dies hängt mit den eher abstrakten Aufgabenstellungen in spanischen Examen zusammen.

Die Madrider Tageszeitung „El País" bringt in allgemein verständlicher Form solide juristische Information, besonders in den Teilen „Sociedad" und „Economía Trabajo", ähnlich die Zeitung „ABC", die von Konservativen geschätzt wird, dazu noch spezialisierte Wirtschaftsblätter wie „Dinero".

II. Demokratie und Königtum

Der Geist des heutigen spanischen Rechts ist für einen Juristen aus der Bundesrepublik Deutschland leicht zu fassen, steht dem Geist unserer Rechtsordnung nahe; auch die Entwicklung hat verwandte Züge. Die Bundesrepublik[4] wird seit ihrer Gründung im Jahre 1949, Spanien[5] jedenfalls seit der Verfassung von 1978 demokratisch regiert, der Regierungschef („Bundeskanzler", „Presidente del Gobierno") geht mit seinem Kabinett aus Wahlen hervor, die allgemein, unmittelbar, frei, gleich und geheim sind und bei denen verschiedene, frei gebildete Parteien um die Mehrheit konkurrieren.

Es gibt aber einen gravierenden Unterschied: die Bundesrepublik ist eine Demokratie – Spanien ein Königreich, nach dem Wortlaut der Verfassung eine „parlamentarische Monarchie" (Art. 1, 3). Das heutige spanische Staatsoberhaupt war noch vom Caudillo eingesetzt worden:

---

[3] Vgl. *Hübner/Constantinesco*, Einführung in das französische Recht, 3. Aufl. (1994), bes. S. 14 ff.
[4] Vgl. *Eschenburg*, Jahre der Besatzung 1945–1949, Bd. 1 der „Geschichte der Bundesrepublik Deutschland", hrg. v. *Bracher, Eschenburg, Fest, Jäckel*, 1994. Dieses Werk ist trotz seiner 536 Seiten als fesselnde Darstellung der Vorgeschichte unseres Staates sehr zu empfehlen.
[5] Als Kurzüberblick zu den Jahren 1975–1978 in Spanien s. Diccionario Enciclopédico Espasa, Bd. 5, Stichwort España, S. 947 ff., Madrid 1985; Kurzfassung „Nuevo Espasa ilustrado", 2000; Spanien-Lexikon, Stichwort Transición, S. 419.

§ 1. Einleitung 3

König *Juan Carlos I*. Der Monarch ist auch keineswegs auf bloße Repräsentationsbefugnisse beschränkt (wie der König oder die Königin im United Kingdom), ist vielmehr Staatsoberhaupt und hat den Oberbefehl über das Heer (mit politischer Verantwortlichkeit der Regierung, Art. 97 CE). Mit dem Einsatz dieser Macht zugunsten des neuen Staates und gegen die konservativen Militärs hatte *Juan Carlos* am dramatischen 23. 2. 1981 den reaktionären Putsch zerschlagen (unblutig: den Militärs war befohlen, in die Kasernen zurückzugehen) und die Demokratie gerettet: ein geschichtlich wohl einmaliges Phänomen, eine Art politisches Wunder im positiven Sinne.[6]

III. Sozialismus und Wirtschaftspolitik

Die sozialistische Arbeiterpartei (PSOE = Partido Socialista Obrero Español)[7] verfügte 1982–1993 über eine absolute parlamentarische Mehrheit und stellte bis 1996 den Regierungschef (*Felipe González*). Dadurch wurde der Bruch mit der Vergangenheit wohl am krassesten deutlich. Die Erhebung des General *Franco* gegen die II. Republik (1936) hatte das erklärte Ziel gehabt, die Macht der Sozialisten und der Gewerkschaften zu brechen.

Daher war, noch während der Übergangsphase, die Wiederzulassung der Gewerkschaften fällig, mit garantierter Tarifautonomie und Streikfreiheit (Dekret – Gesetz 19/1977, bestätigt in der Verfassung von 1978). Seitdem stimmt die spanische Rechtslage durchaus mit der unsrigen, die von Art. 9 III GG bestimmt ist, überein. Auch der „Estatuto de los Trabajadores", die sehr knappe (92 Artikel) Teilkodifikation des spanischen Arbeitsrechts,[8] liegt auf dieser Linie und in vielen Details erstaunlich nah an unserem Recht (vielfach unter direktem Einfluß), ermöglicht fruchtbare Rechtsvergleichung und Zusammenarbeit.[9]

Überraschend war dann die weitere Entwicklung der Wirtschafts- und Sozialpolitik. Von einer sozialistischen Regierung, die nach über 40 Jahren des Ausschlusses von jeder politischen Mitwirkung die Macht erlangt hatte, hätte man eine orthodoxe sozialistische Politik erwartet, also Verstaatlichung privater Unternehmen, Interventionen, Handelsbeschränkungen, Zurückdrängung jedweder selbstbestimmten Wirt-

---

[6] *Haubrich* (Hrg.), Juan Carlos I. von Spanien, Rede am 23. 2. 1981, EVA-Reden Bd. 4, 1992; *Bernecker*, Monarchie und Demokratie, in: Spanien heute, 3. Aufl. S. 161 ff.

[7] *Puhle*, Die Sozialistische Spanische Arbeiterpartei – Analyse ihres Wahlerfolgs, in: Spanien heute, 1. Aufl. S. 19 ff.; die „Sozialdemokratisierung" der Partei sei F. G. zu verdanken.

[8] Vgl. *Däubler*, Arbeitsbeziehungen in Spanien, 1982; *A. Ulrich*, Das Arbeitnehmerstatut in Spanien, 1998; *Chr. Karsten*, Spanisches Arbeitsrecht im Umbruch, 1999.

[9] Kritisch *Schütz/Konle-Seidl*, Arbeitsbeziehungen und Interessenrepräsentation in Spanien, 1990; *Ostermann*, Transition und sozialer Umbruch, in: Spanien heute, 3. Aufl. S. 297 ff.

schaftstätigkeit. Das Gegenteil davon geschah: die Regierung betrieb eine akzentuiert liberale Wirtschaftspolitik,[10] setzte voll auf die Kräfte des Marktes, nahm, um die Einstellung von Arbeitnehmern zu erleichtern, Regeln des Kündigungsschutzes zurück (Zulassung befristeter Arbeitsverträge 1984,[11] Flexibilisierung also schon vor unserem Beschäftigungsförderungsgesetz). Sie scheute nicht den unvermeidlichen Konflikt mit den beiden großen Gewerkschaftsorganisationen: der gemäßigten UGT (Unión General de Trabajadores) und den gemäßigt kommunistisch eingestellten CC.OO. (Comisiones Obreras). Aus unserer Sicht war es verblüffend, mit welcher Deutlichkeit die damalige spanische Regierung häufig gewerkschaftliche Lohnforderungen als unerwünscht und kontraproduktiv bezeichnete oder Streikaktivitäten im öffentlichen Dienst entgegentrat, sogar die massive Drohung des Generalstreiks mit Gelassenheit hinnahm.

Diese sehr pragmatische, kaum noch ideologische Wirtschaftspolitik bescherte Spanien für die 80er Jahre einen unerwarteten Aufschwung mit den höchsten Zuwachsraten aller europäischen Staaten, spektakulären Kurssteigerungen an der Madrider Börse und vielfältigem Kapitalimport, oft in Form großtechnischer Zusammenarbeit wie zwischen VW und Seat. Das Bruttosozialprodukt Spaniens (Producto Interior Bruto = P. I. B.) stand schon 1989 an fünfter Stelle unter den Mitgliedsstaaten der EG.[12]

Der positiven wirtschaftlichen Entwicklung Spaniens stand aber als bedrückendes Problem die Steigerung der Arbeitslosigkeit[13] gegenüber.

Die 1996 gewählte Regierung von *José María Aznar* mit seiner Partei „Partido Popular" (PP) hat den erfolgreichen liberalen wirtschaftlichen Kurs fortsetzen können, in Einzelheiten mit noch größerer Entschiedenheit. Spanien verzeichnet jetzt mit etwa 4% eine der höchsten wirtschaftlichen Wachstumsraten in Europa. Die Quote der Arbeitslosigkeit ist Mitte des Jahres 2000 erstmalig seit 20 Jahren unter 15% gefallen. Dadurch erklärt sich auch der Wahlerfolg der Regierung Aznar zum Jahresanfang 2000, der seitdem mit absoluter Mehrheit regiert.

Bei aller wirtschaftsfreundlichen Politik hat das demokratische Spanien auch aktuelle Gegentendenzen aufgenommen und durchgesetzt: Verbraucherschutz, Umweltschutz, Produzentenhaftung, Begrenzung der Gentechnik.

---

[10] Vgl. dazu *Adomeit*, RdA 1986, 354, über einen Vortrag von *Cabrera Bazán:* Die Arbeitsrechtspolitik der spanischen sozialistischen Regierung.
[11] Dekret 2104 v. 21. 11. 1984, ein Mittel der Beschäftigungsförderung (Fomento del Empleo), vgl. Ley 63/1997 de 26. 12. „de medidas urgentes para la mejora del mercado de trabajo...".
[12] Vgl. *Lang*, Die wirtschaftliche Entwicklung Spaniens seit dem Übergang zur Demokratie, in: Spanien heute, 1. Aufl. S. 189 ff.; *G. M. Pérez-Alcalá*, 3. Aufl. S. 225 ff.
[13] *López-Casero*, Die soziale Problematik des spanischen Entwicklungsprozesses in: Spanien heute, 1. Aufl. S. 287 ff; *Köhler*, Gewerkschaften und Arbeitsbeziehungen in der Demokratie, aaO 3. Aufl. S. 267 ff..

IV. Kirche und Liberalität

Für das alte Spanien war die beherrschende Stellung der katholischen Kirche prägend gewesen. Schon die Verfassung von 1978, ihr folgend das neue Familienrecht von 1981 (Gesetze 11/1981 und 30/1981), brach mit dieser Tradition, hatte Zivilehe (fakultativ neben der kirchlichen Eheschließung) und Scheidung eingeführt. Bemerkenswerterweise konnte diese einschneidende Reform ohne „Kulturkampf"[14] durchgeführt werden, die Kirche zog sich eher resignierend zurück, vielleicht unter dem mäßigenden Einfluß des Kardinals *Tarancón*, bei immerhin beibehaltenen staatlichen Subventionen für kirchliche Privatschulen. Auch im gesellschaftlichen Leben schwand der kirchliche Einfluß, und ein Zeitungsartikel mit der pointierten Frage, ob Spanien noch ein katholisches Land sei, hatte großes Aufsehen erregt. Die Kehrseite der neuen säkularen Freiheit zeigt eine Reihe von typischen Plagen, die ein autoritäres Regime leichter bekämpft oder gar nicht erst aufkommen läßt (z. T. wohl auch nur publizistisch unterdrückt): Terrorismus, Straßenkriminalität, Vandalismus, Drogensucht, Aids, Scheidungswaisen. In entsprechenden rechtspolitischen Diskussionen streitet man sich in lebhaftem Für und Wider, inwieweit die nunmehr allein zuständige Staatsgewalt Abhilfe schaffen könnte. Es versteht sich, daß durch Verfassung und reformierte Bestimmungen des Strafrechts und der Strafprozeßordnung auch die rechtsstaatlichen Garantien für den Bürger auf westeuropäischen Standard gehoben worden sind. Zusätzlich überwacht der „Defensor del Pueblo" die Einhaltung der Bürgerrechte als spanischer Ombudsmann (oder -frau).

V. Spanien und die Autonomien

Das neue Prinzip der Selbstbestimmung hat hervortreten lassen, daß Spanien kein einheitliches Volk, sondern eine Vielheit von Völkern ist, mit stolz fortgeführten eigenen Kulturen und eigenen Sprachen (deshalb heißt auch die Sprache, die man in Madrid spricht, keineswegs „español", sondern „castellano"). Der *Franco*-Einheitsstaat („España una, grande, libre") hatte es den Katalanen, den Basken und den Galiziern streng versagt, die jeweils eigene Sprache im Schulunterricht zu pflegen oder amtlich zu verwenden.[15] Die Verfassung von 1978 gab dem Wunsch nach Autonomie freie Bahn, durch die von Art. 137 ff. eingeräumte Möglich-

---

[14] *Payne*, Die Kirche und der Übergangsprozess, in Spanien heute, 1. Aufl. S. 105 ff.; C. *Collado Seidel*, Kirche und Religiosität, aaO. 3. Aufl. S. 321 ff.
[15] *Koppelberg*, Galegisch, Euskera und Katalanisch-Sprachen und Sprachpolitik im spanischen Staat, in: Spanien heute, 1. Aufl. S. 387 ff.; *Thomas Gergen*, Sprachengesetzgebung in Katalonien, 2000.

keit zur Schaffung von „Comunidades Autónomas"[16] (CC.AA., im Einzelfall CA). Bis 1983 waren schon alle 17 CC.AA., die das gesamte spanische Territorium ausmachen, auf dem Wege des Referendums oder des Parlamentsbeschlusses gebildet, sie genießen „autonomía para la gestión de sus respectivos intereses". Die Zuweisung von Autonomie in den jeweiligen Statuten ist unterschiedlich stark, sehr ausgeprägt für „Catalunya", „Euskadi" (Baskenland) sowie „Galicia", dann auch noch für die nach ihren Einwohnern (7,2 Mio.) größte Region „Andalucía". Die Verfassung regelt ausführlich, welche Kompetenzen übertragen werden können (Art. 148) und welche unbedingt der Zentralgewalt verbleiben (Art. 149).[17] Für den ausländischen Juristen oder den juristisch Betroffenen hat dieser neue Föderalismus den Nachteil, daß man sich im Zweifelsfall um mögliche Regionalgesetze kümmern muß. Bei regionalen Rechten, die aus älteren Zeiten, oft noch aus dem Mittelalter, in Geltung geblieben sind, spricht man von „fueros" oder vom Foralrecht, besonders charakteristisch für Navarra, Baskenland und Aragón. Foralrechte gibt es besonders zum Familien- und Erbrecht, gesammelt in „Compilaciones", sie verdrängen insofern den Código.

Unter allgemein-politischem Aspekt bleibt sehr schwer zu sagen: ist der neue Regionalismus als partielle Selbstbestimmung zu begrüßen, als Mini-Nationalismus zu verwerfen? Der Terror der ETA[18] („Euskadi Ta Askatasuna" = Baskenland und Freiheit) wirft die Frage immer neu auf und die Hoffnung, dieser Terror sei im Schwinden, sah sich durch schreckliche Vorfälle des Jahres 2000 grausam getäuscht.

VI. Spanien und Europa

Als letztes bestimmendes Moment des heutigen spanischen Rechts ist die Europäische Gemeinschaft zu nennen. Aus ist es mit dem früher oft zu hörenden, gegen Europa gerichteten Satz: „España es diferente!"[19] Das Königreich Spanien gehört seit dem 1. 1. 1986 zur EU. Vor dem Außenministerium, auf der Madrider Plaza de la Provincia, ist diesem Tag ein schönes Denkmal errichtet. Die spanische und die bundesdeutsche Rechtsordnung haben seitdem bereits einen *gemeinsamen Teil*, der an Umfang und Bedeutung ständig wächst. Sie unterstehen gemeinsam der

---

[16] *Jordi Solé Tura*, Das politische Modell des Staates Autonomer Gebietskörperschaften in: *López Pina*, Spanisches Verfassungsrecht, 1993; *Kirsten Wendland*, Spanien auf den Weg zum Bundesstaat?, 1998; *Bernd Pfeifer*, Probleme des spanischen Föderalismus, 1998.

[17] Die Autonomie-Statute sind vollständig abgedruckt in: *Aguiar de Luque/Blanco Canales*, Constitución Española, Bd. II, 1988.

[18] *Waldmann*, Terrorismus und Nationalismus im Baskenland, in: Spanien heute, 1. Aufl. S. 77 ff.

[19] *Rehrmann*, Ist Spanien noch anders?, in Spanien heute, 1. Aufl. S. 347 ff.

§ 1. Einleitung

Jurisdiktion des *Europäischen Gerichtshofs,* die sogar den Regeln der nationalen Verfassungen übergeordnet ist (bestritten). Diese Einbuße an Souveränität ist zu verschmerzen, wenn man Vorteile erhoffen kann. Für die wirtschaftliche Weiterentwicklung des Landes versprach man sich in Spanien viel. Der 1993 verwirklichte Binnenmarkt hatte bereits im Vorlauf eine Welle von Fusionen, Kooperationsverträgen, Filial- und Neugründungen ausgelöst. Besonders Firmen aus der Bundesrepublik Deutschland entdeckten günstige Möglichkeiten zur Kapitalinvestition, nutzten den früher größeren, aber immer geringeren Lohnkostenunterschied.[20] Entsprechend beschäftigt sind Anwälte in Praxen mit deutschspanischem Bezug. Für die nahe Zukunft zeichnet sich die freie Anwaltszulassung in Europa ab.[21] Üblich wird es, daß man, wie seit jeher die englischen Anwälte, am Ort des Schwerpunkts seiner Auslandstätigkeit ein Zweigbüro unterhält.

Auch dem Jurastudenten unseres Landes, der sich europäisch, z. B. nach Spanien hin, orientieren will, wird dies nicht gerade leicht gemacht.[22] Die meisten Prüfungsordnungen – außer z. B. der weitsichtigen von Baden-Württemberg – räumen dem Europarecht und der Rechtsvergleichung nur den bescheidenen Platz als Wahlfächer ein. Wenn ein Student ein Studienjahr in Spanien verbringen will – dort keine Einteilung in Semester! – so „verliert" (?!) er dieses Jahr. Angerechnet werden seine dortigen Leistungen allenfalls auf den Wahlfachschein. In dem Brüsseler ERASMUS-Programm, das die mittelalterliche Freizügigkeit der Scholaren an den Hohen Schulen Europas wiederherstellen will, drohen die Juristen das Schlußlicht zu bilden, wenn nicht bald integrierte Studiengänge angeboten werden. Gegen alle Hindernisse ist anzustreben, in den europäischen Rechtsfakultäten einheitliche Studienordnungen zu schaffen, mindestens insoweit, daß in *einem* Studienjahr bzw. in zwei Semestern alle Materien konzentriert werden, die über den nationalen Rechtsordnungen stehen: *Rechtsphilosophie, Rechtsgeschichte, Internationales Privatrecht* in allgemeiner Form, *Kriminologie, Verwaltungslehre, Völkerrecht,* natürlich *Europarecht,* dazu die notwendigen Sprachkurse. Ein in dieser Weise erfolgreich absolviertes Jahr könnte mit einem Punkte-Bonus honoriert werden, gemäß den höheren Anforderungen eines jeden Auslandsstudiums. Zur Zeit befinden wir uns in einer Übergangsphase. Einzelne Fakultäten (Saarbrücken, Passau, Freiburg und jetzt auch Frankfurt/Oder) sind schon weiter fortgeschritten.

Ein Rechtsreferendar kann seine Wahlstation beliebig verbringen, z. B., wie es bereits häufig geschieht, bei einem Anwalt in Madrid. Euro-

---

[20] Vgl. *Adomeit,* NJW 1989, S. 155 ff.
[21] Vgl. *Philipp Kirchheim,* Der Weg für Angehörige von Mitgliedstaaten der EU zur Zulassung als „Abogado" in Spanien, informaciones 1999 S. 224 u. 2000 S. 156.
[22] Vgl. *Mariano-José Jiménez Renodo,* Juristenausbildung in Spanien, informaciones 1998 S. 24.

päer bezweifeln, ob die deutsche Besonderheit eines zweiten Staatsexamens mit dem Prinzip der gleichen Berufszugangserfordernisse vereinbar sei. In der Tat wird ein spanischer Anwalt, der sich (zusätzlich) in der Bundesrepublik niederlassen will, zwar die Notwendigkeit des erwähnten Zusatzexamens einsehen, nicht aber, daß er zuerst die „Befähigung zum Richteramt" erwerben muß, obwohl er nicht Richter werden will. Das Europarecht[23] erzwingt eine baldige Revision unseres Systems der Juristenausbildung.

VII. Deutsch-spanische Rechtsvergleichung

Zwischen Spanien und der Bundesrepublik Deutschland hat es in der zweiten Hälfte dieses Jahrhunderts vielfältige Begegnungen großen Ausmaßes gegeben, die alles in allem nur positiv gewesen sind. In den 50er Jahren konnten wir vielen Spaniern Arbeitsplätze anbieten, rückwirkend gesehen ein erster großer Schritt zur europäischen Freizügigkeit[24] der Arbeitnehmer (auch lösten sich Mißverständnisse auf: viele sind zurückgekehrt, waren also keine „Emigranten", viele sind geblieben, waren also keine „Gastarbeiter"). Der in den 60er Jahren folgende Tourismus-Boom hat zwar die Schönheit iberischer Küstenstreifen beeinträchtigt, war aber, entgegen aller billigen Kritik, ein wichtiger Beitrag zur Entwicklung des Landes und zum gegenseitigen kulturellen Verstehen. Bei der nächsten Runde Grundstücksgeschäfte (Häuser, Eigentumswohnungen) konnten Enttäuschungen und Streitigkeiten nicht ausbleiben; entsprechend verbreitete sich die Einsicht, wie nützlich die Kenntnis fremden Rechts[25] sein kann. In ganz anderer Dimension bewegt sich seit langem die wirtschaftliche Zusammenarbeit, etwa die Gründung von Tochtergesellschaften deutscher Großfirmen. Aber auch im Bereich mittlerer oder kleiner Firmen finden sich oft deutsche Angestellte in spanische Arbeitsverhältnisse abgeordnet oder bekommen spanische Kollegen. Hier werden Juristen mit zweifachen Rechtskenntnissen gesucht und gefordert. Zu den vielfältigen deutsch-spanischen Begegnungen kommt also die Begegnung auf juristischer Ebene.

Bei der europäischen Perspektive jetzt im 21. Jahrhundert wird es immer weniger überzeugen, wenn der Jurist eine wichtige Rechtsfrage ausschließlich von der zufällig für ihn geltenden Rechtsordnung her beantworten will. Es soll nicht geleugnet werden, wie schwer es ist, sich in einer anderen Rechtsordnung beruflich wirklich sicher zu bewegen, und

---

[23] Lesenswert *Helmut Lecheler,* Einführung in das Europarecht, 2000.
[24] Vgl. VO Nr. 1612 des Raates der EWG v. 15. 10. 1968 über die Freizügigkeit der Arbeitnehmer in der Gemeinschaft.
[25] Vgl. *Gamillscheg,* Vom Wert der Rechtsvergleichung, „informaciones" 1985 S. 20 ff.

§ 1. Einleitung

schwerer noch als im materiellen Recht im Prozeßrecht mit seinen strengen und kaum übersehbaren Formalien, Fristen und Zuständigkeiten, obendrein mit nirgendwo schriftlich niedergelegten Usancen. Viele Gesprächspartner kritisieren die spanische Justiz, sie soll langsam und quälend bürokratisch sein,[26] und ob die Zivilprozeßreform 1999/2000 dies kuriert hat, wird bezweifelt. Solche Schwierigkeiten vergrößern aber nur die Chancen des beratenden Abogado: den wirklich guten Vertrag vorzubereiten – gesicherte Rechtspositionen auszuhandeln – schon vor dem Anwalt des Gegners präsent zu sein – die Kunst des friedlichen Ausgleichs zu beherrschen.

Dem jungen Juristen bietet Europa mehrere verlockende Alternativen,[27] eine davon ist Spanien.

---

[26] Eine umfassende Darstellung des spanischen Zivilprozesses: *Cremades*, Litigating in Spain, Madrid 1989 (Neuauflage geplant).
[27] Vgl. *Grossfeld/Vieweg*, Jurastudium und Wahlstation im Ausland, 2. Aufl. 1991; *Viviane Kalisch*, Studieren und Forschen mit einem DAAD-Stipendium, informaciones 2000 S. 158; *Kai Christian Fischer*, Trainee im „German Desk" von Clifford Chance España, (Barcelona), informaciones 2001 S. 64; *Maria Puentes*, Wahlstation in der Rechtsabteilung der SEAT S. A. (Barcelona), informaciones 2001 S. 62.

Erster Teil. Die spanische Verfassung von 1978 und ihre Verwirklichung im spanischen Recht

Deutschsprachige Literatur: López Pina (Hrg.), Spanisches Verfassungsrecht – Ein Handbuch, 1993; darin: *ders.*, Die spanische Staatsrechtslehre, S. 1 ff.; *E. García de Enterría,* Der normative Wert der spanischen Verfassung, S. 63 ff.; *A. Serrano de Triana,* Gewaltenteilung und Verfassungsinterpretation, S. 541 ff.; *Susana de la Sierra,* Die Europäische Menschenrechtskonvention im innerstaatlichen Recht Spaniens, informaciones 2001 S. 22.

Spanische Bibliographie: E. Alvarez Conde, El Régimen político español, 4.a edición, Madrid 1990; *L. López Guerra,* Las sentencias básicas del Tribunal Constitucional, 2. Ed. Madrid 2000; *E. García de Enterría,* La Constitución como norma y el Tribunal constitucional, 3.a edición, Madrid 1994; *L. López Guerra,* Derecho constitucional, Vol. I: El ordenamiento constitucional. Derechos y deberes de los ciudadanos, Valencia 2000; Vol. II: Los poderes del Estado, Valencia 2000; *S. Martín Retortillo,* Estudios sobre la Constitución española, homenaje al profesor Eduardo García de Enterría, 5 volúmenes, Madrid 1991; *I. de Otto y Pardo,* Derecho constitucional, Sistema de fuentes, 2.a edición, Barcelona 1988; *J. Pérez Royo,* Curso de Derecho Constitucinal, 7. Ed. Madrid 2000; *A. Predieri/E. García de Enterría,* La Constitución española de 1978, 2.a edición, Madrid 1988; *L. Sánchez Agesta,* Sistema político de la Constitución española de 1978, 6.a edición, Madrid 1991; *A. Torres del Moral,* Principios de Derecho constitucional español, 2 volúmenes, 2.a edición, Madrid 1988; *Luis Martín Rebollo,* Textausgabe mit Erläuterungen, 2000.

Die Darstellung folgt dem Aufbau des Verfassungstextes, der im Anhang zu diesem Buch abgedruckt ist.

§ 2. Vorspann: Präambel und „Título preliminar"

I. Entstehen der Verfassung[1]

Die spanische Verfassung vom 27. 12. 1978 (BOE v. 29. 12.) und seitdem, anders als unser Grundgesetz, so gut wie nicht geändert, ist, nicht nur im formalen Sinne, Fundament des modernen spanischen Rechts geworden. Keineswegs ging es bei der folgenden Gesetzgebung bloß darum, Verfassungswidrigkeit zu vermeiden, sondern vielmehr darum, die Verfassung konsequent zu verwirklichen. Wie in unserem Recht will auch dort bei nahezu jeder Rechtsfrage der verfassungsrechtliche Aspekt mitbedacht sein (man spricht von der „supralegalidad" der Verfassung). Der Verfassungsentwurf war ein Produkt der dreijährigen Transitionsphase gewesen, beruhte auf einem Kompromiß zwischen den Parteien, erhielt sogar die Zustimmung durch das Zentralkomitee

---

[1] Darüber *López Pina,* aaO, S. 19 ff.

der kommunistischen Partei PCE (7. 1. 1978). Der Entwurf wurde nach Annahme durch das Parlament – „Las Cortes" – einem Referendum unterworfen, an dem sich zwar ein Drittel der Wahlberechtigten nicht beteiligte (besonders wenige im Baskenland), aber das Ergebnis erbrachte mit etwa 16 Mio. Ja- und nur 1,4 Mio. Nein-Stimmen die absolute Mehrheit (59%) der Wahlberechtigten. Die demokratische Legitimation ist also eindeutiger als die unseres Grundgesetzes. Ein im Entwurf vorgesehenes Volksbegehren zur *Änderung* der Verfassung war nicht in Geltung gelangt.

II. Verkündung

Die auf den König bezogene altmodische Verkündungsformel entstammt offenbar Zeiten, als der an die Schloßtür angeheftete Text „für alle, die dies sehen und vernehmen mögen" mangels verbreiteter Lesekunst keineswegs allgemein verständlich war.

III. Ziele der Verfassung

Ziel der Verfassung ist gemäß der Präambel,[2] den Wunsch der Nation nach Gerechtigkeit, Freiheit, Sicherheit und Förderung des Gemeinwohls zu erfüllen. Ein Rechtscharakter wird nicht der Präambel, sondern erst den folgenden Verfassungsartikeln zugeschrieben. Auffällig ist das Fehlen eines religiösen Bezugs (vgl. die Präambel des Grundgesetzes), wohl eine Reaktion auf den früheren Klerikalismus.

IV. Der Rechtsstaat[3]

Art. 1 wirkte seinerzeit wie ein Fanfarenstoß: Spanien als sozialer und demokratischer Rechtsstaat. Die Kommentare betonen den unmittelbaren Einfluß von Art. 20 I GG.[4] Einen Rechtsstaat hatte es in der *Franco-Zeit* nur partiell gegeben, gefürchtet war die unkontrollierte Macht der Guardia Civil. Solches Unrecht ist in Spanien nicht strafrechtlich aufgearbeitet, vielmehr amnestiert worden (14. 10. 1977), im Gegensatz zu unserem Vorgehen in der Bundesrepublik, das Unrecht aus der früheren DDR systematisch zu verfolgen.[5] Zum Rechtsstaat gehört nach einer Entscheidung des Verfassungsgerichts (Sentencia del Tribunal Constitu-

---

[2] Vgl. *Morodo*, Randbemerkungen zur Präambel, in *López Pina*, aaO, S. 47.
[3] Vgl. *Díaz García*, Der soziale und demokratische Rechtsstaat, in *López Pina*, aaO, S. 119 ff.; *José Martínez Soria*, Die Garantie des Rechtsschutzes gegen die öffentliche Gewalt in Spanien, 1996.
[4] *Aguiar de Luque/Blanco Canales*, zu Art. 1.
[5] *Jakobs*, Die DDR vor Gericht, 1992; *Rogall*, Bewältigung von Systemkriminalität, BGH- Festschrift 2000, S. 383 ff.

§ 2. Vorspann: Präambel und „Título preliminar" 13

cional (= STC) 25/1981)[6] die Anerkennung der Menschenrechte, nicht bloß als Individualrechte zur Begrenzung der staatlichen Gewalt, sondern als „wesentliche Elemente der Ordnung des Gemeinwesens". Der „politische Pluralismus" steht im krassen Gegensatz zum früheren Ein-Parteien-Staat der Falange.

V. Staatsgewalt und Volk

Abs. 2 enthält das urdemokratische Prinzip: die Staatsgewalt geht vom Volke aus. Mit diesem Prinzip wäre ein imperatives Mandat der Abgeordneten durch ihre Parteien unvereinbar, STC 10/1983.[7] Deutlicher wird das Recht der Bürger auf Teilnahme an öffentlichen Angelegenheiten und auf Zugang zu öffentlichen Ämtern in Art. 23 CE. Alle Staatsgewalt ist an die Grundrechte und -freiheiten des Capítulo II gebunden, Art. 53 I.

VI. Eine Monarchie

Die besondere Staatsform Spaniens ist die parlamentarische Monarchie (Abs. 3). Es wäre daher ungenau, Spanien als „Demokratie", und sogar falsch, als eine „Republik"[8] zu bezeichnen, es sei denn im allgemeinen Sinne von *Ciceros* „de re publica". Der König hat mit dem Dekret 18/1987 v. 7. 10. an eine noch ältere Vergangenheit angeknüpft, indem er den Nationalfeiertag auf den 12. Oktober legte, auf den Tag „de la Hispanidad", oder, in überholter Formulierung, „la fiesta de la Raza", als *Kolumbus* (= *Colón*) vor 500 Jahren vermeintlich Indien fand.

VII. Wertproblematik

An den Ausdruck „Werte" (valores)[9] in Abs. 1 knüpft sich eine Diskussion unter den Verfassungsrechtlern an: ob diese im vollen Sinne justiziabel sind und der Überprüfung durch das Verfassungsgericht

---

[6] 14. 7., BOE Nr. 172, 22. 7. 1981.
[7] 21. 2., BOE Nr. 70, 23. 3. 1983.
[8] Diese Frage wurde in aufsehenerregender Weise relevant, weil *Picassos* Guernica-Gemälde nach der Bestimmung des Meisters erst dann nach Spanien verbracht werden sollte, wenn dieses Land wieder eine Republik sein würde. Das Metropolitan Museum in New York zögerte nicht lange mit der positiven Entscheidung: seit 1981 war dieses grandiose Werk im „Casón del Buen Retiro", gelegen über dem Prado-Museum, in Madrid, jetzt im „Museo Nacional Reina Sofía".
[9] Vgl. *Hernández Gil*, Das Wertsystem in der Verfassung; *Peces Barba*, Die obersten Werte als Rechtsnorm, in: *López Pina*, aaO, S. 285 ff., 299 ff.; *Ollero Tassara*, La Constitución: entre el Normativismo y la Axiología, Anuario de Filosofía del Derecho, 1987, S. 389 ff.

unterliegen *(Ollero, Peces Barba, Pérez Luño)* oder ob ein Gestaltungsspielraum für den Gesetzgeber verbleibt *(Prieto)*. Das Verfassungsgericht behauptet seine Kompetenz zur vollständigen juristischen Überprüfung (STC 11/1981 v. 8. 4.).

VIII. Regionale Autonomie

Das schwierige Gleichgewicht zwischen Einheitsgedanken und Regionalautonomie wird in den Art. 3–5 austariert (im einzelnen Art. 137 ff.).[10]

IX. Politische Parteien[11]

Zu den politischen Parteien ist Art. 6 CE realistischer als Art. 21 GG: Parteien wirken nicht bloß bei der Willensbildung des Volkes mit, sondern konkurrieren bei „formación y manifestación" dieses Willens. Wenn die „Achtung (respeto) der Verfassung" und eine interne demokratische Struktur gefordert werden, hört man wieder Anklänge an das Grundgesetz heraus. Zur Konkretisierung ist das Gesetz 54/1978 v. 4. 12. „de Partidos políticos" ergangen. Die Parteien gewinnen danach Rechtspersönlichkeit am 21. Tag nach Hinterlegung der notariellen Gründungsurkunde und der Statuten in einem vom Innenminister geführten Register. Die Auflösung einer Partei kann wie nach dem GG aus zwei Gründen geschehen: strafbares Verhalten im Sinne des Código Penal; Verstoß gegen demokratische Prinzipien. Die Parteienfinanzierung durch den Staat wird in Art. 6 behandelt, darüber genauer die „Ley Orgánica" (= LO) 3/1987 v. 2. 7., worin die Parteien unter Titel IV („Fiscalización y control") zur genauen Rechnungsführung und -legung verpflichtet werden.

X. Gewerkschaften

Die Gewerkschaften[12] waren ein wichtiges Thema bei der politischen Neuordnung Spaniens. Art. 7 gibt ihnen – auch den Unternehmerverbänden – das Recht zur freien Interessenvertretung innerhalb der Rechtsordnung. Die innere Ordnung der Koalitionen muß demokra-

---

[10] *Hildenbrand/Nohlen,* Regionalismus und politische Dezentralisierung, in: Spanien heute, S. 41 ff.; 3. Aufl. S. 101 ff.
[11] Vgl. *Rubio Llorente,* Der Parteienstaat, in: López Pina, aaO, S. 531 ff.; *Tomás y Valiente,* Demokratie und Parteienstaat, aaO, S. 535 ff.
[12] *Bernecker,* Gewerkschaften und Arbeitsbeziehungen in der Monarchie, in: Spanien heute, 1. Aufl. S. 121 ff.; *Schütz/Konle-Seidl,* Arbeitsbeziehungen und Interessenrepräsentation in Spanien – Vom alten zum neuen Korporatismus?, 1990.

§ 2. Vorspann: Präambel und „Título preliminar"

tisch sein (S. 3), was im Wortlaut von Art. 9 III GG fehlt. Schon vorkonstitutionell war das G 19/1977 v. 1. 4. „sobre Regulación del Derecho de Asociación sindical" erlassen worden (teilweise ersetzt durch LO 11/1985 v. 2. 8 „de Libertad sindical"; dazu unter Abweisung einer Verfassungsbeschwerde STC 98/1985 v. 29. 7., BOE v. 14. 8. 1985). Die Anerkennung der Gewerkschaftsfreiheit wurde damals ungeduldig erwartet. Wichtig war der Grundsatz Art. 2 II:

„Los trabajadores y los empresarios gozarán de protección· legal contra todo acto de discriminación tendente a menoscabar la libertad sindical en relación con su empleo o función."	Die Arbeiter und die Unternehmer geniessen den gesetzlichen Schutz gegen jeden Akt der Diskriminierung, wodurch die Koalitionsfreiheit hinsichtlich der Beschäftigung oder des Wirkens behindert wird.

Die Koalitionen erwerben Rechtspersönlichkeit nach ähnlichen Regeln wie die politischen Parteien (oben S. 14). Vorbehalte bleiben gegenüber Soldaten und – gemäßigt – für den öffentlichen Dienst. Die Gewerkschaftsfreiheit und auch das Streikrecht werden nachdrücklich bestätigt in Art. 28 CE und in den dazu ergangenen Gesetzen (unten S. 24). Schwierigkeiten entstehen, wenn das Recht den „sindicatos más representativos", also den Organisationen mit der größeren Mitgliederzahl in den Betriebsvertretungen, bessere Rechte gewährt (STC 98/1985 v. 29. 7.). Vor allem die Rivalität zwischen UGT und den CC.OO. ist dann im Spiele.

XI. Streitkräfte

Den bewaffneten Streitkräften[1] wird durch Art. 8 ihre Aufgabe zugewiesen. Die Seestreitkräfte heißen bis heute „la Armada". Die in Abs. 2 vorgesehene LO erging als 6/1980 v. 1. 7., „por la que se regulan los Criterios básicos de la Defensa nacional y de la Organización militar", mit Änderungen LO 1/1984 v. 5. 1. Wehrdienstverweigerung: Ley 22/1998 de 6. 7. „reguladora de la Objeción de Conciencia y de la Prestación Social Sustitutoria".

XII. Bürger im Staat

Der den Titel abschließende Art. 9 konkretisiert das Prinzip des Rechtsstaats, des „Estado de Derecho". Im Abs. 3 übersetzt man „la interdicción de la arbitrariedad de los poderes publicos" am besten mit „Verbot der Willkür für alle Staatsgewalt", man könnte auch sagen

---

[1] *Martina Fischer,* Zur Bedeutung der Armee, in: Spanien heute, S. 167 ff.; *M. Domínguez-Berrueta de Juan* u. a., Constitución, Policía y Fuerzas armadas, Madrid 1997.

"Gesetzmäßigkeit der Verwaltung". Dem Schutz der Bürger entspricht das Petitionsrecht, garantiert in Art. 29 CE, mit Einschränkungen bei den Streitkräften dort in Abs. 2; weitergeführt durch die Einrichtung des "Defensor del Pueblo" in Art. 54, darüber G 3/1981 v. 6. 4. Der erste Amtsinhaber wurde 1982 ein Professor der Rechtsfakultät von Madrid, der würdige *J. Ruiz-Giménez.*

§ 3. "Título primero: De los Derechos y Deberes fundamentales"[1]

I. Würde des Menschen

Mit der "dignidad de la persona" setzt die spanische Verfassung im Art. 10 genauso ein wie Art. 1 GG, gemeinsam beruft man die große abendländische Tradition.[2] "Grundpflichten" im Sinne des Titels kannte wohl die Weimarer Reichsverfassung, nicht aber unser Grundgesetz. Hier zeigt sich ein Mehr an Patriotismus bei den Spaniern, denen auch eine begründete Inanspruchnahme des Bürgers durch den Staat nicht nur erlaubt, sondern als selbstverständlich und geboten erscheint.

II. Menschenrechte

"Menschenrechte" ist ein weiterer, zum Zeitpunkt des Entstehens besonders glücklicher Bezug auf allgemeine Werte. Der Verfassung vorhergegangen war die Schlußakte der KSZE Helsinki 1975, die mit unerwarteter Kraft den menschenrechtswidrigen Gewaltregimes des Ostblocks den Garaus machte, jedenfalls dazu beitrug.[3]

III. Spanier, Ausländer, EU-Bürger

Bei den Art. 11 ff. vermißt man eine Revision des Verfassungstextes im Hinblick auf die europäische Solidarität, die alle EU-Staaten verpflichtet, alle Bürger der Mitgliedsländer wie Inländer zu behandeln. Stattdessen gewährt Art. 11 III eine Vorzugsbehandlung Bürgern der iberoamerikanischen Staaten: für sie kann die doppelte Staatsbürgerschaft durch völkerrechtliche Verträge vereinbart werden. Durch Gesetz

---

[1] Vgl. *de Otto y Pardo,* Die Regelung der Ausübung der Grundrechte, in: *López Pina,* aaO, S. 309 ff.

[2] *Legaz y Lacambra,* Filosofía del Derecho, 4. Aufl. (1975), S. 703 ("El Hombre y su Derecho").

[3] *McCormick/Bankowski,* Enlightenment, Rights and Revolution, Aberdeen 1989; *J. Ara Pinilla,* Las Transformaciones de los Derechos Humanos, Madrid 1990; *A. Squella Narducci,* Estudios sobre Derechos Humanos, Valparaiso 1991.

§ 3. „Título primero: De los Derechos y Deberes fundamentales"   17

18/1990 v. 17. 12. sind personenbezogene Vorschriften des Código Civil (Art. 26) geändert worden (unten S. 49).

Nur die Spanier, so wird mit einigem Bürgerstolz in Art. 13 II gesagt, haben das Recht, in öffentlichen Angelegenheiten mitzuwirken, direkt oder durch Volksvertreter, die frei und allgemein gewählt sind, in periodisch erfolgenden Wahlveranstaltungen. Diese Vorschrift wurde 1992 geändert: Kommunalwahlrecht für EG-Ausländer, auch das passive. Nur die Spanier (Art. 23 II) haben das Recht, nach den Regeln der Gleichheit in öffentliche Tätigkeiten oder Amtsstellen zu gelangen, auch hier ist die EG-Anpassung erforderlich.

Ein Asylrecht wird nur unter Gesetzesvorbehalt gewährt: Art. 13 IV. Dazu erging Gesetz 5/1984 v. 26. 3. „Reguladora del Derecho de Asilo y de la Condición de Refugiado", modifiziert 1994.

Das Ende 2000 neu in Kraft getretene Ausländergesetz – LO 8/2000 v. 22. 12. „sobre Derechos y Libertades de los Extranjeros en España y su Integración social" – ist restriktiv: man muß bei der Einreise „medios económicos suficientes" nachweisen (Art. 25 I), Art. 29 bringt den Unterschied zwischen „estancia" (Aufenthalt) und „residencia" (Wohnsitz), für maximal fünf Jahre, gesetzlich gebunden an eine wirtschaftliche Grundsicherung oder die Arbeitserlaubnis („permiso de trabajo"), mit vielen Ausnahmen (Art. 38).[4] Die „residencia permanente" kann anschließend gewährt werden, setzt aber eine besondere Verbundenheit mit Spanien voraus (Art. 32).

Für Spanien, besonders deutlich in Andalusien, stellt sich das Auftreten von Nicht-Spaniern zwiespältig dar: auf der einen Seite willkommene Touristen, die vielleicht Residenten werden (nach 90 Tagen Aufenthalt ist die „residencia" zu beantragen); auf der anderen Seite die illegale Einwanderung über die Meerenge von Gibraltar, vordringlich aus Marokko. Die zur dumping-Löhnen angebotene Schwarzarbeit von Afrikanern hat besonders in Almería zu Konflikten geführt, die den – uns leider bekannten! – Vorwurf der Ausländerfeindlichkeit auch dort ausgelöst haben.

IV. „Rechte und Pflichten"

1. Das Gleichheitsprinzip[5]

Art. 14 korrespondiert ohne Abstriche dem Art. 3 GG. Die Durchsetzung voller Gleichberechtigung der Frau[6] im Zivilrecht bedeutete eine echte Revolution, noch ausgeprägter als bei uns gegenüber dem

---

[4] Vgl. *Löber*, Ausländer in Spanien, 5. Aufl. 2000; *Francisco Alonso Pérez*, Régimen jurídico del extranjero en España, 2. ed. 1999.
[5] *Pérez Luño*, Sobre la lgualdad en la Constitución Española, Anuario de Filosofía del Derecho, Madrid 1987, S. 133 ff.
[6] *Kreis*, Zur Entwicklung der Situation der Frau in Spanien nach dem Ende der Franco-Ära, in: Spanien heute, S. 381 ff.

wilhelminischen BGB (§ 1354 alt: „Dem Manne steht die Entscheidung in allen das gemeinschaftliche eheliche Leben betreffenden Angelegenheiten zu; er bestimmt insbesondere Wohnort und Wohnung.") Durch G 40/1999 v. 5. 11. „sobre nombre y apellidos" ist den Eltern erlaubt, die Reihenfolge der Nachnamen des Kindes frei zu bestimmen, also den Familiennamen der Mutter voranzustellen.

2. Recht auf Leben

„Todos" (also ist dies wie nach Art. 2 GG ein Menschenrecht, nicht nur ein Bürgerrecht der Spanier) haben gemäß Art. 15 das Recht auf *Leben* und auf physische und moralische *Integrität*. In keinem Fall darf ein Mensch der Folter oder unmenschlicher oder erniedrigender Behandlung unterworfen werden. Die Todesstrafe ist abgeschafft, aber nicht als Militärstrafe im Kriegsfall.

3. Gedankenfreiheit[7]

Bei der *Gedankenfreiheit* des Art. 16 war es seinerzeit (1978) sensationell, daß die „libertad ideológica", z. B. auch die der Kommunisten, der „libertad religiosa" gleichgestellt worden war, und daß „religiös" allgemein aufgefaßt wurde, z. B. Lutheraner oder Mohammedaner einschloß. „Keine Konfession hat Staatscharakter" (Abs. 3). Erst nebenher wird die „Iglesia Católica" erwähnt, mit der die staatlichen Stellen gemäß den Glaubensvorstellungen der Gesellschaft (!) zusammenarbeiten müssen, wie auch mit den anderen Konfessionen. Ausführung: LO 7/1980 v. 5. 7. „de Libertad religiosa". Zwischen dem spanischen Staat und „la Santa Sede" in Rom wurden 1979 vier wichtige Vereinbarungen (Acuerdos; BOE Nr. 300 v. 15. 12.) getroffen, um die Überleitung vom klerikalen zum weltlichen Spanien zu ermöglichen, außerdem gibt es auch Vereinbarungen mit anderen Religionsgemeinschaften. Die Kündigung einer Schullehrerin aus Gründen mangelnder religiöser Einstellung kann nichtig sein: STC 47/1985 v. 27. 3.

4. Freiheitsrecht (Art. 17)

Freiheit und persönliche Sicherheit sind jedem garantiert. Die vorläufige Festnahme ist nach Abs. 2 an strenge Voraussetzungen gebunden (averiguación = Ermittlung) und endet spätestens nach 72 Stunden (vgl. Art. 104 II GG). Der Festgenommene hat nach Abs. 3 das Recht auf Information, aber seinerseits keine Pflicht zur Aussage. Die Hinzuziehung eines Rechtsanwalts muß ihm möglich sein. Abs. 4 nimmt die alte

---

[7] *Javier Cremades;* Das Grundrecht der Meinungsfreiheit in der spanischen Verfassung, 1994.

§ 3. „Título primero: De los Derechos y Deberes fundamentales" 19

Formel vom „habeas corpus" auf, entstammend der englischen Rechtstradition (Habeas-corpus-Akte von 1679, Vorläufer die Magna Charta von 1215). Versuch einer Übersetzung: „Du mögest über deinen Körper selbst verfügen." In Ausführung des Art. 17 erging die LO 14/1983 v. 12. 12. über die „Asistencia letrada al detenido y al preso", also über die anwaltliche Beratung des Festgenommenen oder Häftlings mit Änderungen zur „Ley de Enjuiciamiento Criminal" = StPO, Art. 520–527 (ergänzt durch LO 10/1984 v. 26. 12.). Das Verfahren des „Habeas Corpus" ist geregelt in der LO 6/1984 v. 24. 5. mit einem eindrucksvollen Vorspruch („Exposición de Motivos"). Unberechtigte Verhaftung ist eine Straftat gemäß dem Código Penal 1995, Art. 163 ff., die Folter gemäß Art. 173 ff. Nach dem Tribunal Constitucional ist die gewaltsame Blutentnahme bei Verdacht auf Trunkenheitsfahrt verfassungsgemäß (STC 103/1985 v. 4. 10.), ebenso die aufgezwungene medizinische Betreuung bei einem Häftling im Hungerstreik (STC 11/1991 v. 17. 1.). Datenschutz in Spanien: „Ley Orgánica de Regulación del Tratamiento Automatizado de los Datos de carácter personal" 5/1992 = LORTAD, erweitert durch G 15/1999 v. 13. 12.

5. Ehre

Das *Recht auf Ehre* des Art. 18 ist sehr spanisch.[8] Daneben sind gestellt der Schutz der persönlichen und familiären Intimsphäre, das Recht am eigenen Bild. Dazu erging LO 1/1982 v. 5. 5. „de Protección civil del Derecho al Honor, a la Intimidad personal y a la propia Imagen" (modifiziert 1992 und 1995). Diese Rechte sind danach unverzichtbar, unübertragbar und unverjährbar = „irrenunciable, inalienable, imprescriptible", jedoch vererblich. Als Sanktion sind in erster Linie Unterlassungsansprüche vorgesehen, als „medidas necesarias para poner fin a la intromisión (Eingriff) ilegítima", aber auch Schadensersatz. „La indemnización se extenderá al daño moral que se valorará atendiendo a las circunstancias del caso (weiter sind wir auch nicht!) y a la gravedad de la lesión efectivamente producida ...", Art. 9 III des Gesetzes. Es gibt also *Schmerzensgeld*. Speziell zum Schutz gegen Abhörgeräte gibt es LO 7/1984 v. 15. 10. „sobre Tipificación (= Einordnung) penal de la Colocación ilegal de Escuchas telefónicas" (vgl. auch Código Penal 1995 Art. 205 ff. „Delitos contra el Honor"). Über die schwierige Abgrenzung zwischen Ehrenrecht und Meinungsfreiheit STC 104/1986 v. 17. 7.

6. Freizügigkeit

Die *Freizügigkeit* der Spanier (Art. 19) war noch nicht einmal während der *Franco*-Diktatur generell aufgehoben gewesen. Um so selbst-

---

[8] Vgl. *Feliu Rey*, Tienen honor las personas jurídicas?, Madrid 1989.

verständlicher ist die verfassungsrechtliche Bestätigung. Die Mauer („el muro") in Berlin und um die frühere DDR war dort immer als Monstrosität empfunden worden. Ausnahmen von der Freizügigkeit gibt es für den Notstandsfall, Art. 55 CE. Das Paßrecht ist in den Dekreten (RD) 3129/77 v. 23. 9. u. 684/1981 v. 27. 3. geregelt. Das Streikrecht der Arbeitnehmer ist vorrangig, die damit verbundenen tatsächlichen Einschränkungen der Freizügigkeit (etwa von Metro-Benutzern) sind hinzunehmen (STC v. 14. 5. 1982).

7. Meinungsfreiheit

Geschützt sind in Art. 20 *Meinungsfreiheit,* Freiheit von Kunst und Wissenschaft, Lehrfreiheit, Informationsfreiheit.[9] Eine Zensur findet nicht statt (Abs. 2). Die Informationsfreiheit ist begrenzt auf die wahrhaftige („veraz") Information. Wichtig ist der Anspruch des Bürgers auf Berichtigung. Darüber LO 2/1984 v. 26. 1. über das „Derecho de Rectificación", Art. 1:

„Toda persona, natural o jurídica, tiene derecho a rectificar la información difundida, por cualquier medio de comunicación social, de hechos que le aludan, que considere inexactos y cuya divulgación pueda causarle perjuicio."	Jede natürliche oder juristische Person hat das Recht eine verbreitete Information bei jedem Mittel der Verbreitung richtig zu stellen, auch bei bloßen Hinweisen oder Andeutungen, wenn sie diese für ungenau hält und deren Verbreitung ihr Schaden bereiten könnte.

In Abs. 3 ist die parlamentarische Kontrolle der staatlichen Medien vorgesehen, damit der Zugang für die wichtigen sozialen und politischen Gruppierungen gewahrt wird, unter Beachtung des Pluralismus in der Gesellschaft und der verschiedenen Sprachen Spaniens. Dazu ist ergangen Ley 4/1980 v. 10. 1. als „Estatuto de la Radio y Televisión" mit sehr komplizierten Organisationsvorschriften. Daneben steht Ley 10/1988 v. 3. 5. „de Televisión privada", worin die Konzession zur Ausstrahlung von 3 Programmen (z. B. Antena Tres) an scharfe Voraussetzungen geknüpft wird. Der Versuch einer Vorzensur ist unter Strafe gestellt, Art. 538 Código Penal 1995. Durch STC 159/1986 v. 12. 12. hat das Verfassungsgericht klargestellt, daß die Freiheit zur Berichterstattung nicht in eine Verherrlichung von Terrorismus ausarten darf.

8. Versammlungsfreiheit

Art. 21 entspricht Art. 8 GG, ist aber nicht auf die Bürger des Landes beschränkt. Straßendemonstrationen sind in den Großstädten häufig. Einzelheiten regelt LO 9/1983 v. 15. 7. „del Derecho de Reunión"

---

[9] *Bischoff,* Presse und Redemokratisierung, in: Spanien heute, 1. Aufl. S. 451 ff.; *Castellani,* Die Tagespresse..., aaO. 3. Aufl. S. 565 ff.

§ 3. „Título primero: De los Derechos y Deberes fundamentales" 21

(verschärft in LO 4/1997 durch Haftungspflichten und durch zugelassenen Einsatz von Videokameras). Das Verfassungsgericht betont immanente Schranken für die Ausübung dieses Grundrechts, so „ejercer sobre terceros una violencia moral de alcance intimidatorio (= einschüchternd)", STC 2/1982 v. 29. 1. Aktuelle Ausschreitungen („la violencia callejera") führten 1998 zur LO Nr. 2 v. 16. 6. mit Erweiterung des Art. 514 des Código Penal von 1995, gerichtet gegen „los promotores o directores" einer verbotenen Demonstration, auch LO 7/2000 v. 22. 12.

Über den bürgerlichen Ungehorsam und dessen Grenzen: *Maria José Falcón y Tella*, La Desobediencia civil, Madrid 2000; vgl. *Battis/Grigoleit*, Neue Herausforderungen für das Versammlungsrecht? NVwZ 2001 S. 121.

9. Rechtsschutz

Dem Anspruch der Bürger auf *Rechtsschutz* tragen die Art. 24–26 Rechnung. Jeder hat danach das Recht auf wirksame Betreuung („tutela efectiva") durch Richter und Gerichte, juristische Schutzlosigkeit („indefensión") darf nicht eintreten.[10] Aus der Praxis hört man aber, daß Gerichte oft verzögernd und bürokratisch arbeiten, daß der die Interessen seines Mandanten ernst nehmende Anwalt bei bloßen Geldforderungen von der Klageerhebung im Zweifel eher abrät. Um so größere Bedeutung hat die Schiedsgerichtsbarkeit.[11]

Der gesetzliche Richter („Juez ordinario") wird in Art. 24 II garantiert, genauer darüber der Titel VI: „Del Poder judicial" (unten S. 37). Die Rechte des Angeklagten sind: freie Wahl des Anwalts; Information über die Anklage; öffentlicher Prozeß „ohne überflüssige Verzögerungen"; Freiheit in der Wahl der Beweismittel; die Freiheit, eine Aussage zu verweigern; sich als unschuldig zu erklären; die Unschuldsvermutung. Die richterliche Rechtsbeugung ist bestraft nach Art. 446 Código Penal, 1995 („El Juez o Magistrado que, a sabiendas, dictare sentencia o resolución injusta será castigado . . ."). Im Dezember 2000 wird die Bestrafung eines Richters wegen Rechtsbeugung gemeldet, zugleich dessen sofortige Benadigung.

Im Monat der Verfassung erging Gesetz 62/1978 v. 26. 12. „de protección jurisdiccional de los derechos fundamentales de la persona". Über die Unbeträchtlichkeit von Beweismitteln, die unter Verletzung von Grundrechten erlangt worden waren, STC 114/1984 v. 29. 11. Die Unschuldsvermutung wird bei flagranter (= frischer) Tat durch polizeiliche Aussagen widerlegt, Tribunal Supremo v. 9. 10. 1986.

Das *Rückwirkungsverbot* für Strafgesetze findet sich in Art. 25 I. Der Código Penal 1995 führt dies fort in Art. 2 II.

---

[10] *José Marínez Soria*, Die Garantie des Rechtsschutzes gegen die öffentliche Gewalt in Spanien, 1996.
[11] Vgl. *Bernardo M. Cremades*, El Arbitraje societario, La Ley 2000 Nr. 5211.

Freiheitsstrafen und Sicherungsmaßnahmen müssen nach Abs. 2 dem Zweck der Resozialisierung dienen („hacia la reeducación y reinserción social"), dürfen nicht in Zwangsarbeit bestehen. Gefängnisarbeit muß bezahlt werden und in das System der Sozialversicherung einbezogen sein. Der Strafgefangene muß den Zugang zur Kultur, die Möglichkeit zur Persönlichkeitsentwicklung behalten. Einzelheiten ordnet das StrafvollzugsG = LO 1/1979 General Penitenciaria v. 26. 9., verändert durch LO 13/1995.

Das Verfassungsgericht bestätigt die Straffreiheit von im Ausland begangenen Abtreibungen: STC 75/1984 v. 27. 6. Ob eine Verteidigung (Apologie) des Terrorismus schon Beihilfe sein kann, darüber STC 159/1986 v. 12. 12.

Zum Abs. 3, worin der Verwaltung jede Strafgewalt, auch nur indirekte, abgesprochen wird, STC 31/1985 v. 5. 3. Ausnahmen bei der Militärverwaltung, wo es offenbar so etwas wie den Karzer gibt (wie früher an den Universitäten auch bei uns).

10. Erziehung

a) Das Schulwesen. Erziehung ist das große Thema des Art. 27. Alle Spanier haben ein Recht auf Erziehung. Entwicklung der Persönlichkeit, demokratisches Zusammenleben, Respektierung der Grundrechte sind die Ziele. Religiöse und moralische Bildung ja, soweit dies den Überzeugungen der Eltern (!) entspricht (Abs. 3). Die „enseñanza básica" ist Pflicht und kostenlos. Allen ist die Möglichkeit der Schulbildung zu gewähren. Privatschulen dürfen sein (Abs. 6). Eine Mitbestimmung der Eltern und der Schüler ist vorgesehen (Abs. 7). In Abs. 10 das sibyllinische Wort: „Die Autonomie der Universitäten wird anerkannt, unter den Bedingungen, die das Gesetz festlegt."

Für das *Schulwesen*[12] gilt LO 8/1985 v. 3. 7. „Reguladora del Derecho a la Educación" (verändert 1995), abgekürzt LODE. Die konservative Opposition hatte das Verfassungsgericht angerufen, um volle Autonomie privater und katholischer Schulerziehung zu bewahren, ohne Erfolg (STC 77/1985 v. 27. 6.). Ein von Eltern und Schülern zu wählender Beirat („Consejo escolar") hat sich offenbar nicht bewährt.

Eine Weiterentwicklung geschah nach heftigen politischen Auseinandersetzungen durch LO 1/1990 v. 3. 10. „de Ordenación General del Sistema educativo", abgek. LOGSE. Dieses Gesetz behandelt die „Educación infantil" (Art. 7), die „Educación primaria" (Art. 12), die „Educación secundaria" (Art. 17) und das „Bachillerato" = Abitur (Art. 25). Im V. Titel erhebt das Gesetz die verständliche, aber natürlich

---

[12] Vgl. Claudia Hölzle, Das Schulsystem ..., in: Spanien heute, 3. Aufl. S. 353 ff.; R. Ma. Satorras Fioretti, La Libertad de Enseñanza en la Constitución Española, 1998.

§ 3. „Título primero: De los Derechos y Deberes fundamentales"   23

unerfüllbare Wunschvorstellung: „De la compensación de las Desigualdades en la Educación".

Aufgrund der zehn Schulpflichtjahre werden spanische Schüler bis zum 16. Lebensjahr gemeinsam in einer Schulform unterrichtet. Im 9. und 10. Schuljahr sollen Elemente der Berufsbildung einbezogen werden („ciclo polivalente"). Der Schulabschluß ist für alle gemeinsam. Danach hat der etwa 16 jährige Abgänger die Wahl zwischen der zweijährigen gymnasialen Sekundarstufe II („bachillerato") - in der Übergangszeit bleiben das 1970 eingeführte „Bachillerato Unificado y Polivalente" = BUP sowie der „Curso de Orientación Universitaria" = COU - und dem meist einjährigen spezialisierten Ausbildungsgang für einen Lehrberuf im Sinne der „Formación Profesional" = FP. Im Gegensatz zu unserer Berufsschule, die berufsbegleitend ist („duales System"), geht die spanische Berufsschule der praktischen Ausbildung voraus. Das „Bachillerato" wird in curriculare Wahlmöglichkeiten gegliedert, vier wichtige Zweige („modalidades") sind: Geistes-, Sozial-, Naturwissenschaften, „bellas artes". Verbindlich ist der Kernunterricht: Spanisch, eine Fremdsprache, Philosophie (!).

b) Die Universitäten. Den erfolgreichen „Bachiller", der (die) an einer Universität studieren möchte, erwartet dort als erstes Hindernis die Aufnahmeprüfung („Prueba de Acceso a la Universidad" = PAU). Diese Notwendigkeit wird unter dem Stichwort „selectividad" politisch kritisiert. Die mehrtägige „selectividad" besteht aus drei Teilen, zwei allgemeinen, dem dritten entsprechend der gewählten Fachrichtung. Inhalte und Form werden zentral vom Erziehungsministerium festgelegt, durchgeführt werden sie an den Universitäten. Aufgetretene Unregelmäßigkeiten werden gelegentlich beklagt. Die Durchfallquote liegt bei 20%, da die PAU aber zweimal wiederholt werden kann, überwinden 93% der Studierwilligen diese Hürde. Der Zugang zum Studium hängt bei Studienfächern mit „numerus clausus" wie bei uns von erreichten Punktzahlen ab, gibt genug Anlaß zu juristischem Streit.

Der spanische Philosoph *José Ortega y Gasset* hatte 1929 in seinem Buch „La rebelión de las masas" das Phänomen der Überfüllung beklagt. Damals gab es noch nicht die „Universidad Complutense" von Madrid mit ihren etwa 130 000 Studenten (die Bezeichnung erklärt sich wie folgt: die historisch erste Universität in der Mitte Kastiliens war und ist die von Alcalá de Henares, wenige Kilometer nordöstlich von Madrid, und diese im Ursprung römische Siedlung hatte „complutum" geheißen. Madrid wollte mit der Gründung seiner Universität im Jahre 1972 sich diese Tradition zu eigen machen). Wie andere Länder Westeuropas hatte Spanien das „Recht auf Bildung" zunächst einmal pur quantitativ verstanden und praktiziert, ohne die menschlichen, sozialen und später politischen Konsequenzen zu bedenken.

Spanien ist unter den großen Nationen Europas das Land mit der höchsten Studentenquote. 36% aller spanischen Studenten sind in den insgesamt neun Universitäten der beiden Millionenstädte Madrid und Barcelona immatrikuliert. An die Tradition von Salamanca (gegründet 1218) denkt man gern, doch mit einiger Melancholie. Als Ausgleich für erweckte, aber unerfüllbare Hoffnungen ist, wie bei uns, den Studenten *Mitbestimmung* gewährt, LO 11/1983 v. 25. 8. „de Reforma universitaria" = LRU. Oberstes Organ der Universität ist der gewählte Konvent („Claustro universitario"), der zu 60% aus Professoren besteht, geführt vom „Rector" (Art. 15). Den Zwecken der Mitbestimmung dient der „Consejo Social" (Art. 14), genauer Ley 5/1985 v. 21. 3. „que regula el Consejo Social de las Universidades". Wie sehr man sich etwas vormacht, ist in Art. 25 nachzulesen: „El estudio en la Universidad de su elección es un derecho de todos los españoles...".

Man verlangt Studiengebühren: bei den staatlichen Hochschulen etwa 50 000 Pesetas = etwa 300 € für das Studienjahr, bei den Privatuniversitäten beträchtlich mehr (über „Universidades privadas" LRU Art. 57 ff.). Stipendien = „becas" werden meist nur als Darlehn gewährt („sistema de Crédito educativo"), mit der Rückzahlung soll der Stipendiat vier Jahre nach Beendigung seines Studiums beginnen.

11. Gewerkschaften[13]

Über *Gewerkschaften* war schon deren grundsätzliche Anerkennung zu Art. 7 behandelt (oben S. 14). Art. 28 setzt die Regelung fort. Die Gewerkschaftsfreiheit bedeutet das Recht, Syndikate zu gründen, diesen beizutreten, auch Spitzenorganisationen zu bilden. Aber (Art. 28 I):

„Nadie podrá ser obligado a afiliarse a un sindicato."   Keiner darf verpflichtet werden, einer Gewerkschaft beizutreten.

Die negative Koalitionsfreiheit ist also deutlicher herausgehoben, als dies im deutschen Recht der Fall ist.[14] Die allgemeine Gewerkschaftsfreiheit war im G 19/1977 schon vorkonstitutionell anerkannt worden (oben S. 15); aber später ersetzt durch LO 11/1985 v. 2. 8. mit den Titeln: „De la Libertad sindical"; „Del Régimen jurídico sindical"; „De la Representatividad sindical"; „De la Acción sindical"; „De la Tutela de la Libertad sindical y Represión de las Conductas antisindicales."

Es ist Art. 28 II, der ausdrücklich das Streikrecht der Arbeiter anerkennt.

„Se reconoce el derecho a la huelga de los trabajadores para la defensa de sus intereses."   Das Streikrecht der Arbeiter wird zur Wahrung ihrer Interessen anerkannt.

---

[13] Vgl. dazu „Legislación sindical", hrg. v. *Montoya/García Abellán.*
[14] *Hanau/Adomeit,* Arbeitsrecht, 12. Aufl. 2000, Rn. 172.

§ 3. „Título primero: De los Derechos y Deberes fundamentales" 25

In den Jahren der „transición" war Spanien das westeuropäische Land mit der höchsten Streikfrequenz. Heute bewirken Schlichtungsvereinbarungen meist die friedliche Regelung.[15]

12. Arbeitskampf

Vor der Verfassung, als Real-Decreto Ley 17/1977 v. 4. 3. „Regulador del Derecho de Huelga y de los Conflictos de Trabajo" war ein *Gesetz über den Arbeitskampf* ergangen, das allzu restriktiv war, teilweise aufgehoben, teilweise obsolet geworden ist. Ein neues, schon geplantes Streikgesetz ist nicht zustande gekommen.

Mit dem deutschen Arbeitsrecht stimmt überein, daß im Arbeitskampf die Arbeitsverhältnisse nur suspendiert werden: „El ejercicio del derecho de huelga no extingue la relación de trabajo, ni puede dar lugar a sanción alguna ...", Art. 6 I, ebenso Art. 45 I lit. l ET. „Durante la huelga se entenderá suspendido el contrato de trabajo y el trabajador no tendrá derecho al salario" (die Lehre von *Nipperdey!*).

Im alten Text, in bezweifelbarer Geltung, wird sogar die Handlungsfreiheit der Streikbrecher („esquiroles") in hervorgehobener Weise geschützt (Abs. 4):

| „Se respetará la libertad de trabajo de aquellos trabajadores que no quisieran sumarse a la huelga." | Die Arbeitsfreiheit derjenigen Arbeiter, welche sich nicht am Streik beteiligen möchten, wird respektiert. |

Nur friedliche Mittel werden den Streikenden erlaubt, die Kollegen zur Teilnahme am Streik anzuhalten (Abs. 6):

| „Los trabajadores en huelga podrán efectuar publicidad de la misma, en forma pacífica, y llevar a efecto recogida de fondos sin coacción alguna." | Die streikenden Arbeiter dürfen in friedlicher Form Werbung für den Streik machen und Geldmittel ohne jeglichen Zwang einsammeln. |

Es sind auch die im Interesse der Fortführung der Betriebe unentbehrlichen Notstandsarbeiten gesetzlich vorgeschrieben (Abs. 7):

| „El comité de huelga habrá de garantizar durante la misma la prestación de los servicios necesarios para la seguridad de las personas y de las cosas, mantenimiento de los locales, maquinaria, instalaciones, materias primas...". | Das Streikkomitee muß während des Streiks die Leistungen garantieren, welche für die Sicherheit der Personen und der Gegenstände, Unterhalt der Räume, Maschinen, Installationen, Rohstoffe ... notwendig sind. |

Was man in Art. 7 II liest, ist für wohl jeden sonstigen europäischen Arbeitsrechtler überraschend:

| „Las huelgas rotatorias, las efectuadas por los trabajadores que presten servicios en sectores estratégicos con la finalidad | Die rotierenden Streiks, solche, durch Arbeiter ausgeführt werden, welche Leistungen in strategischen Zwei- |

---

[15] Vgl. BOE v. 26. 2. 2001: Acuerdo de Solución Extrajudicial de Conflictos, gültig bis Ende 2004.

de interrumpir el proceso productivo, las de celo o reglamento y, en general, cualquier forma de alteración colectiva en el régimen de trabajo distinta a la huelga, se considerarán actos ilícitos o abusivos."

gen erbringen, mit dem Ziel, den produktiven Prozeß zu unterbrechen, Bummelstreiks oder „Dienst nach Vorschrift" und, generell, jegliche Form von gemeinsamer Störung im Arbeitsplan außerhalb des Streiks, sind rechtswidrig und missbräuchlich.

Damit wird vieles als rechtswidrig („ilícito") oder mißbräuchlich („abusivo") erklärt, was jeder Spanier als schlichter Bürger erduldet, mancher als Arbeitnehmer praktiziert hat: der rotierende Streik, der Schwerpunktstreik, der Bummelstreik. Daß ein solches Verbot eher auf dem Papier steht, ist zu erahnen. Das Verfassungsgericht hat in einer seiner ersten Entscheidungen (STC 11/1981 v. 8. 4., besonders lesenswert),[16] das Arbeitskampfrecht stark modifiziert, so daß es jetzt dem unsrigen sehr ähnlich ist. Die Artikel über die Aussperrung („Cierre patronal", Capitulo II, Art. 12–14) werden in manchen Ausgaben erst gar nicht mehr abgedruckt, obwohl es keineswegs sicher ist, daß diese Artikel konkret eine wirkliche Derogation erfahren haben. Wichtig noch zum Arbeitskampfrecht STC 43/1990 v. 15. 3. über einen Streik bei Iberia; STC 122/1990 v. 2. 7.: „en las huelgas que se produzcan en servicios esenciales de la comunidad debe existir una razonable proporción entre los sacrificios que se impongan a los huelguistas y los que padezcan los usuarios de aquellos", also die betroffenen Bürger. Die speziell einschränkende Behandlung des Streiks im öffentlichen Dienst (Art. 4) verdient allgemeine Beachtung: Vorankündigung (preaviso) nötig!

V. Rechte und Pflichten

1. Bürgerliche Pflichten; Wehrpflicht

Die spanische Verfassung nimmt auch, anders als das Grundgesetz, *Pflichten* der Bürger in die allgemeinen Grundsätze auf. Am Anfang steht die *Landesverteidigung*, Art. 30. „Los españoles . . ." ist keineswegs nur bezogen auf den männlichen Teil der Bevölkerung. Im spanischen Heer gibt es auch Soldatinnen, aber nicht bei Elitetruppen wie den Fallschirmjägern („la Brigada Paracaidista"), was in der Presse als machistischer Sündenfall hingestellt wird. Es wird ein Recht der Wehrdienstverweigerung aus Gewissensgründen eingeräumt, „la objeción de conciencia", verwirklicht in LO 8/1984 v. 26. 12. (dazu STC 35/1985 v. 7. 3.). Nach Abs. 3 kann ein Zivildienst zur Erfüllung von gemeinnützigen Zwecken eingerichtet werden, konkretisiert im G 22/1998 v. 6. 7.

---

[16] Abgedruckt bei *Casas Baamonde/Baylos Grau/Aparicio Tovar:* Legislación de la Huelga, 1992, S. 65, vgl. zu Streik und Aussperrung *Hanau/Adomeit*, Arbeitsrecht 12. Aufl. 2000 Rn. 254 ff.

§ 3. „Título primero: De los Derechos y Deberes fundamentales"

2. Steuern

Steuern zu zahlen, das wird in Art. 31 unbeschönigt den Spaniern als Pflicht deklariert, „mediante un sistema tributario justo", das zugleich den Prinzipien der Gleichheit und der progressiven Besteuerung entsprechen soll, in keinem Fall konfiskatorisch (= enteignend) sein darf. Es gelten noch immer Steuergesetze aus der *Franco*-Zeit, vor allem G 230/1963 v. 28. 12. „General Tributaria" (dazu unten S. 129). 1992 wurde eine Steuernummer („Número de Identificación fiscal" = NIF) eingeführt, die bei allen Zahlungsvorgängen anzugeben ist, was bei uns wohl Bedenken vom Datenschutz her ausgelöst hätte, über Europa jetzt aber wohl unser aller Schicksal wird.

3. Ehe

Die *Heirat* von Mann und Frau vollzieht sich nach Regeln voller juristischer Gleichstellung, Art. 32. Dies bedeutete eine Revolution gegenüber dem traditionellen patriarchalischen Eherecht, ebenso wie das Grundgesetz mit Art. 3 II gegenüber dem früheren wilhelminischen BGB. Durch eine ganze Zahl von Reformgesetzen ist der alte *Código civil* modernisiert worden. Er sagt jetzt (Art. 66 ff. zu „De los Derechos y Deberes de los Cónyuges"):

„El marido y la mujer son iguales en derechos y deberes.... deben respetarse y ayudarse mutuamente ...; están obligados a vivir juntos, guardarse fidelidad (!!) y socorrerse mutuamente."	Der Ehemann und die Ehefrau sind gleich in Rechten und Pflichten.. sie müssen sich gegenseitig respektieren und helfen .. sie sind verpflichtet gemeinsam zu leben, sich die Treue zu halten (!!) und sich gegenseitig zu unterstützen.

Es gibt aber das Recht, sich vom Ehepartner zu trennen (Art. 81 „De la Separación"), anders als in Deutschland aber nur dann, wenn dafür Gründe vorliegen (Art. 82), die an die früheren Scheidungsgründe des alten Ehegesetzes erinnern. Es gibt die Scheidung („Divorcio"), die (Art. 86) wie bei uns auf der vorhergegangenen Trennung aufbaut.

Die nichteheliche Lebensgemeinschaft – man spricht von „parejas de hecho", faktischen Eheleuten – muß ohne rechtliche Anerkennung auskommen. Nach dem Tribunal Supremo ist sie „una unión ajurídica, pero no antijurídica" (10. 3. 1998). Allerdings gibt es seit 1997 eine Gesetzesvorlage über die Schaffung eines „Contrato de Unión Civil", der auch Homosexuellen offenstehen soll. Catalunien ist mit einer eigenen Regelung vorgeprescht („Ley de Uniones estables de pareja" 10/1998 v. 15. 7.), bei zweifelhafter Gesetzgebungskompetenz.

4. Eigentum und Erbrecht (Art. 33)

Beide Rechte werden gewährleistet, wie bei uns mit der Einschränkung: „La función social de estos derechos delimitará (= begrenzt) su contenido". Die sehr konditionierte Möglichkeit der *Enteignung:* Abs. 3. *Stiftungen* dürfen zu gemeinnützigen Zwecken gegründet werden: Art. 34, vgl. G v. 24. 11. 1994 „de Fundaciones".

5. Arbeit

Alle Spanier haben die Pflicht zu arbeiten und das „Recht auf Arbeit". Diese Formulierung, in ihrem zweiten Bestandteil („derecho al trabajo") ist den Verfassungsschöpfern im politischen Streit immer wieder vorgehalten worden, weil sich alsbald die Arbeitslosigkeit ständig erhöht hatte. Es ist das in Art. 35 I enthaltene Versprechen nur erfüllbar zu sehen, wenn man es im vorsichtig eingeschränkten Sinne versteht: als das ständige und vernünftige Bestreben des Staates, Arbeitslosigkeit, soweit dies möglich ist, gering zu halten. Zum Recht auf Arbeit gehört auch das Recht auf ein ausreichendes Entgelt, „una remuneración suficiente", festgesetzt als Minimallohn, unten S. 147.

6. Arbeiterstatut

Das Versprechen des Art. 35 II, ein Arbeiterstatut zu schaffen, war schnell (in nur zwei Jahren) erfüllt worden. Durch G 8/1980 v. 10. 3. wurde der „Estatuto de los Trabajadores" geschaffen, verändert 1984 und 1995, um dem Gedanken der Beschäftigungsförderung (= „Fomento del Empleo") größeren Spielraum zu geben. Das Statut[17] stand unter der politisch schwierigen Notwendigkeit, individualrechtliche Garantien für die Stabilität von Arbeitsplätzen, die in der *Franco-*Zeit gegeben waren, *zurückzunehmen,* und dies nach feierlichen Versprechen, sozial fortschrittlich zu sein.

Der Arbeitsvertrag erlischt nach ET Art. 49.1 a durch „mutuo acuerdo de las partes" (das ist kein oder fast kein Problem), nach Art. 50 „por voluntad del trabajador" (überhaupt kein Problem!), durch objektive oder disziplinarische Gründe (Art. 52, 53, 54) mit großen Problemen. Das größte Problem ist aber die „extinción" (des Arbeitsvertrages) „en causas económicas, técnicas, organizativas o de producción" (Fassung 1996) des Artikels 51, wozu vor allem der ganze große Bereich der industriellen Umstrukturierung gehört. Das Verfahren ist ein bürokratisches. Der Arbeitgeber darf nicht, wie nach deutschem Arbeitsrecht, zunächst selbst (nach Anhörung des Betriebsrats) kündigen – danach folgt erst, auf Initiative des Entlassenen, das Verfahren vor dem Arbeitsgericht –, sondern er muß die Behörde („la Autoridad laboral") von der Notwendigkeit seiner Absichten überzeugen, sonst verwaltungsgerichtlich klagen.

---

[17] Vgl. Martín Valverde/Rodríguez-Sañudo Gutiérrez/García Murcia, Derecho del Trabajo, 9. Ed. 2000, S. 80 ff.

§ 3. „Título primero: De los Derechos y Deberes fundamentales" 29

7. Wirtschaftsfreiheit

Die *Unternehmensfreiheit* und die *Marktwirtschaft* anzuerkennen, mit solcher Entschlossenheit, wie Art. 38 dies tut, war 1978 kühn gewesen. Später hatte sich die vom Kommunismus erlöste freiheitliche Welt zu diesen Prinzipien bekannt.[18] Heute, nach dem wirtschaftlichen Desaster in Osteuropa, beneidet man die früh und zu einem guten Zeitpunkt begonnene spanische Entwicklung. Das spanische G 27/1984 „sobre Reconversión y Reindustrialización" ist vom 26. 7. Durch RD 664/1999 v. 23. 4. über „las inversiones exteriores" ist die Freiheit des Kapitalverkehrs *hergestellt*. Überholt ist Art. 131 der Verfassung (Planwirtschaft).

VI. „De los Principios rectores de la Política social y económica"

Man kann von Prinzipien oder auch *Staatszielbestimmungen* sprechen.

1. Eltern-Kind-Beziehung

Sie stehen im Vordergrund des Familienrechts – Art. 39. Hier ist Gleichstellung der nichtehelichen Kinder garantiert. Das Recht ermöglicht die Nachprüfung der Vaterschaft, was frühere lateinische Ordnungen („la recherche de la paternité est interdite") vaterfreundlich ausgeschlossen hatte (vgl. Art. 340 franz. CC). Der Código Civil regelt in Art. 108 ff. das Thema „de la Paternidad y Filiación", ab Art. 112 „de la Determinación y Prueba de la Filiación", ab Art. 127 die Ansprüche („Acciones"), die sich aus solchem Verhältnis ergeben. Das G 1/1996 v. 15. 1. „de protección jurídica del menor" gewährt Minderjährigen juristische Unterstützung.

2. Das Sozialstaatsprinzip[19]

Es wird in Art. 40 konkretisiert: gerechte Verteilung des Sozialprodukts, Bemühen um wirtschaftliche Stabilität, um Vollbeschäftigung. Eine effektive *Sozialversicherung* ist in Art. 41 verfassungsrechtlich garantiert. Diese Garantie ist schwer zu erfüllen. Das maßgebende Reformgesetz ist 26/1985 v. 31. 7. „de Medidas urgentes para la Racionalización de la Estructura y de la Acción protectora de la Seguridad Social". Die Sozialversicherung ist zu einer Staatsfunktion geworden: STC 103/1983 v. 22. 11.; 65/1987 v. 21. 5. Spanische *Arbeiter im Ausland* werden nach

---

[18] Vgl. das Schlußprotokoll der Pariser KSZE-Folgekonferenz mit dem eindeutigen Bekenntnis zur Marktwirtschaft, auch durch die früheren kommunistischen Staaten einschließlich der damals noch existierenden Sowjetunion; vgl. auch *David García Pazos*, La Libertad de empresa en la Constitución Española, informaciones 1995, S. 167.
[19] Vgl. *Díaz García*, Der soziale und demokratische Rechtsstaat, in: *López Pina*, aaO, S. 119 ff.; *Eva Romanski*, Sozialstaatlichkeit und soziale Grundrechte..., 2000.

Art. 42 besonders geschützt. *Gesundheitsschutz:* Art. 43. Besondere Rechte von Behinderten, auch zu deren Rechten auf Rehabilitation: Art. 49 (G 13/1982 v. 7. 4. „de Integración social de los Minusválidos").

3. Kultur

Die Verpflichtung der Staatsgewalten (Art. 44), *die Kultur*[20] und den Zugang zur Kultur zu fördern, war 1992 mit der Weltausstellung in Sevilla, mit Madrid als Kulturhauptstadt Europas eindrucksvoll erfüllt worden. Ein konkretes Problem behandelt Gesetz 13/1986 v. 14. 4. „de Fomento y Coordinación general de la Investigación científica y técnica". Das „Patrimonio histórico", also das historische, kulturelle und künstlerische Erbe der Völker Spaniens, wird noch besonders in Art. 46 geschützt.

4. Umwelt (Art. 45)

Saubere Umwelt läßt sich leicht versprechen, weniger leicht effektiv garantieren. Der Umweltschutz hat in Spanien viel später begonnen als bei uns, ist bis heute nicht weit gediehen. Konkrete Gesetze: „de Residuos tóxicos y nucleares", 20/1986 v. 14. 5.; „de Conservación de los Espacios naturales y de la Flora y Fauna silvestres", 4/1989 v. 27. 3.; auch STC 64/1982 v. 4. 11.; Ley 8/1990 v. 25. 7. „del Suelo" ist Grundlage des „ordenamiento urbanístico".[21]

5. Wohnungsprobleme

Die Verfassung (Art. 47) will jedem Spanier eine „würdige und angemessene Wohnung" zugestehen. Erlassen wurde G 41/1980 v. 5. 7. „de Medidas urgentes de Apoyo a la Vivienda". Art. 47 II will die Allgemeinheit am Vermögenszuwachs beteiligen, der den Hauseigentümern durch urbanistische Maßnahmen entsteht, jedoch wird die fehlende Realisierung beklagt.[22] Der rechtspolitisch umstrittene *Mieterschutz* wird später im Zivilrecht zum Stichwort „Arrendamientos urbanos" (unten S. 72) behandelt.

6. Jugend (Art. 48)

Die *Jugend* soll frei und wirksam an der Entwicklung des Staates teilnehmen, der Staat soll dies fördern. Es gibt einen Jugendrat: G 18/1983

---

[20] *Oehrlein,* Privatbühnen, freie Gruppen und der Staat: Spaniens Theater- und Musikleben im Wandel; *Eichenlaub,* Zwischen Zensur und staatlicher Förderung: Film in Spanien, beide Beiträge in: Spanien heute, 1. Aufl. S. 463 ff. u. 491 ff.; vgl. 3. Aufl. S. 517 ff.
[21] Vgl. *Javier Zurita/Ursula Vestweber,* RIW 1995, S. 194.
[22] *Lasarte Alvarez,* Arrendamientos urbanos, 4. Aufl. (1991), S. 12.

v. 16. 11. „del Consejo de la Juventud de España", mit Befugnissen zur politischen Mitbestimmung.²³ Strafmündigkeit LO 5/2000 v. 12. 1.

7. Alter

Die Alten sollen gesichert sein, die man auch dort nicht mehr „die Alten" nennt, aber auch nicht „Senioren". Vielmehr spricht man von „la tercera edad", Art. 50: „Asimismo, y con independencia de las obligaciones familiares, promoverán su bienestar...", was bedeutet, daß frühere selbstverständliche Leistungen der Großfamilie, die ihre alten und kranken Mitglieder unauffällig betreute und versorgte, als „Abhängigkeit" verstanden werden: ist das angemessen? Die Liberalisierung des Eherechts im Sinne freier Scheidung usf. setzt nun einmal die älteren Familienmitglieder Gefahren großer Not aus; doch darüber will man weder dort wie hier ernsthaft rechtspolitisch verhandeln. Einführung einer Zwangspflegeversicherung: bisher nicht.

Nach Verlautbarung des „Instituto Nacional de Servicios Sociales" (*Inserso*) ist die Überalterung in Spanien stärker als sonstwo in Europa; schon jetzt soll die Zahl der Rentner die aller Spanier übersteigen, die noch nicht 15 Jahre alt sind. „España, condenada al envejecimiento" schreibt EL PAIS am 14. 8. 2000.

8. Verbraucherschutz (Art. 51)

Verbraucher sollen geschützt sein. In Spanien war man lange erschüttert von der im Jahre 1981 geschehenen Katastrophe des vergifteten „Speise"-Öls („Escándalo de la Colza") mit etwa 25 000 geschädigten Menschen, etwa 650 Toten, wozu 1992 aufsehenerregende Strafen ausgesprochen wurden. Speziell: Gesetz 26/1984 v. 19. 7. „Ley General para la Defensa de los Consumidores y Usuarios" (LGDCU),²⁴ modifiziert 1994.

Neue Kennzeichnungsvorschriften für Lebensmittel: *Mónica Weimann* u. *Christina Sánchez*, informaciones 1999, S. 163.

§ 4. Die spanischen Staatsgewalten[1]

I. Die Krone[2]

Der König ist Staatsoberhaupt. Sein in Art. 56 vorgesehenes Tun, „arbitrar y moderar el funcionamento regular de las instituciones",

---

[23] Vgl. *Julia Beck*, Jugendrechte und Jugendschutz in Spanien, 2000.
[24] *Kai Christian Fischer*, Verbraucherschutz im spanischen Vertragsrecht..., 2000.
[1] Vgl. *Tomás y Valiente*, Unser Verfassungsstaat, in *López Pina*, aaO, S. 149 ff.
[2] Vgl. *Herrero Rodríguez de Miñón*, Der König, in: *López Pina*, aaO, S. 163; *K. M. Rogner*, Die Befugnisse der Krone im spanischen Verfassungsrecht, 1999.

hat er nach (fast) allgemeinem Urteil gut bewältigt. Wie sich die übrigen Kronrechte und mögliche Erbschaftskonflikte regeln, Art. 57 ff.: um sich dafür zu interessieren, muß man schon begeisterter Monarchist sein (RD 1368/1987 v. 6. 11. „sobre Régimen de Títulos, Tratamientos y Honores de la Familia Real y los Regentes"). Aber: Art. 62 enthält die höchst wichtigen Königsrechte, beginnend mit (a) „Sancionar y promulgar las leyes", hat den Höhepunkt in (h) „El mando supremo de las Fuerzas Armadas" und endet in (j) mit einer für das Ansehen der Wissenschaftsakademien wichtigen Ehrenstellung: „El Alto Patronazgo de las Reales Academias." Die außenpolitische Vertretung des Landes (Art. 63) gehört zu den vornehmsten Rechten der Krone.[3]

II. „De las Cortes Generales"

1. Zwei Kammern (Art. 66 ff.)

Historisch bezieht sich die sprachlich beibehaltene Bezeichnung „las Cortes" wohl auf die versammelten Höflinge. In Cádiz gab es 1810 schon die Ständeversammlung als Versuch einer frühen Demokratie. Das Wahlgesetz LO 5/1985 v. 19. 6. „del Régimen electoral" ist zuletzt 1998 erneuert worden. Die „Cortes" repräsentieren das spanische Volk durch das Abgeordnetenhaus, den „Congreso de los Diputados" und den Senat („Senado"), der den Charakter einer Territorialkammer („Cámara de representación territorial") insofern hat, als für jede Provinz vier Senatoren gewählt, für jede autonome Region außerdem ein Senator und ab 1 Mio. Einwohner pro Autonomía ein weiterer, der von der Legislative der jeweiligen Comunidad bestimmt wird (Reglamento v. 3. 5. 1994).

Die Cortes sind (und dann wohl auch alle ihre Mitglieder) unantastbar, „inviolables". Diese feierliche Zuschreibung hängt wohl mit der alten sakrosankten Stellung des Tribuns in der römischen Republik zusammen. Die Regeln der Verfassung haben der Fortführung bzw. Wiedererweckung der politischen Kultur in Spanien einen gut geeigneten Rahmen geschaffen, der auch, auf der unausgesprochenen zivilisatorischen Grundübereinstimmung des „caballerismo" (ohne Ausgrenzung von Politikerinnen) die Abgeordneten der KP umfaßt. Zwischen beiden Kammern besteht Inkompatibilität in der Mitgliedschaft, Art. 67 I. Das imperative Mandat durch eine Partei oder durch wen auch immer ist verboten. Die Angestellten („funcionarios") bei den Cortes haben Gewerkschaftsfreiheit, aber unter der Pflicht, strikt die Unparteilichkeit zu wahren; Acuerdo v. 26. 6. 1989 „de las Mesas del Congreso ... y del Senado."

---

[3] Vgl. *Niehus*, Die Außenpolitik Spaniens nach Franco, in: Spanien heute, S. 225 ff.

2. Gesetzgebung[4]

Wichtigste Aufgabe ist die *Gesetzgebung*, geregelt ab Art. 81 („De la Elaboración de las Leyes"). Grundlegend ist die Unterscheidung zwischen normalen Gesetzen und „Leyes Orgánicas". Die letzteren sind (Art. 81) „... relativas al desarollo de los derechos fundamentales y de las libertades públicas ...", die also die Verfassung weiterentwickeln. Für diese Gesetze sind Erlaß, Änderung oder Aufhebung nur mit absoluter Mehrheit des Kongresses möglich, sonst gilt das Prinzip der einfachen Mehrheit.

Beim „decreto-ley" gilt nach Art. 86 II ein kürzeres Verfahren zugunsten der Regierung. „En caso de extraordinaria y urgente necesidad" kann die Regierung vorläufige normative Regeln setzen, die innerhalb von 30 Tagen dem „Congreso de los Diputados" vorzulegen sind. Die Voraussetzungen dieser Verordnungsgewalt zu konkretisieren, ist nicht leicht.[5]

Für den Normalfall liegt die Gesetzesinitiative bei der Regierung, beim Kongreß und beim Senat. Im Gesetzgebungsverfahren (Art. 87 ff.) gibt es keine auffälligen Unterschiede zum Grundgesetz, außer natürlich bei dem sehr monarchistischen Art. 91:

„El Rey sancionará en el plazo de quince días las leyes aprobadas por las Cortes Generales, y las promulgará y ordenará su inmediata publicación".	Der König bestätigt innerhalb einer Frist von fünfzehn Tagen die Gesetze, welche durch die Kammern beschlossen wurden, er verkündet sie und ordnet ihre unverzügliche Veröffentlichung an.

Auch das mögliche Volksreferendum über eine besonders wichtige Frage wird von niemandem anders als vom König herbeigerufen, Art. 92 (LO 2/1980 v. 18. 1.), auf Vorschlag des Regierungschefs. Besonders beachtet wurde das 1986 durchgeführte Referendum über das Verbleiben Spaniens in der NATO (dort: „OTAN"), mit positivem Ergebnis.

3. Mißtrauensvotum

Die spanische Verfassung hat in Art. 113 II das *konstruktive Mißtrauensvotum* übernommen, die Kommentatoren berufen sich ausdrücklich auf das Bonner Grundgesetz.[6] Ein Antrag, der Regierung das Mißtrauen auszusprechen, („moción de censura"), kann von mindestens einem Zehntel der Deputierten eingebracht werden und muß den Kandidaten für die Nachfolge im Amt des Ministerpräsidenten aufführen. Scheitert der Antrag, dann dürfen die Unterzeichner während der laufenden

---

[4] Vgl. *Rubio Llorente*, Das Gesetzgebungsverfahren in Spanien, in *López Pina*, aaO, S. 377.
[5] Darüber STC 166/1986 v. 19. 12. und A. S. *de Vega García*, En qué casos puede el Gobierno dictar decretos – leyes?, 1991.
[6] Zu Art. 67 GG vgl. *Pieroth*, in: *Jarass/Pieroth*, GG, 4. Aufl. 1997.

Wahlperiode den Antrag nicht wiederholen (Abs. 4). Ist der Antrag erfolgreich, hat die Regierung zurückzutreten, und der König wird den genannten Kandidaten ernennen. Bisher ist das nicht geschehen, aber zwei erfolglose Versuche 1980 und 1987 hat es gegeben.

4. Parlamentsauflösung

Der „Presidente del Gobierno" kann nach Verständigung mit dem Ministerrat dem König die Auflösung des Kongresses, des Senats oder sogar beider Kammern („las Cortes Generales") vorschlagen. Das Auflösungsdekret (Art. 115) muß auch das Datum der Neuwahlen enthalten. Während eines laufenden Mißtrauensvotums darf ein solcher Vorschlag nicht erfolgen. Das neue Parlament ist wenigstens ein Jahr lang vor Auflösung gesichert. Das Bemühen des Verfassungsgebers um größtmögliche Stabilität ist unverkennbar. Umstritten ist, ob der König auch ohne Antrag das Parlament auflösen darf („disolución discrecional").

III. „Del Gobierno y de la Administración"

1. Regierung[7] (Art. 97 ff.)

Die Regierung beherrscht die Innen- und Außenpolitik, die zivile und die Militärverwaltung und die Landesverteidigung, sie hat die Verordnungsgewalt („potestad reglamentaria"). Näheres regelt G 6/1997 v. 14. 4. „de Organización y Funcionamiento de la Administración General del Estado", mit Kompetenzabgrenzungen und Regeln über Vertretungen im Kabinett, und G 50/1997 v. 27. 11. „del Gobierno". Wichtig ist der Ministerrat („Consejo de Ministros"), bestehend aus dem Präsidenten, dem Vizepräsidenten und den Ministern. Nach Art. 98 II bestimmt der „Presidente del Gobierno" das Handeln der Regierung, „dirige la acción del Gobierno" (was wohl noch mehr ist als „die Richtlinien der Politik" zu bestimmen, Art. 65 GG) und koordiniert die Funktionen der übrigen Kabinettsmitglieder.

2. Verwaltung[8]

Die Verwaltung dient nach Art. 103 I unparteiisch („con objetividad") dem Allgemeininteresse. Sie verfährt nach den Prinzipien der Wirksamkeit, Kompetenzordnung, Dezentralisation und Koordination. Sie ist Recht und Gesetz unterworfen. Über das praktische Agieren der Ver-

---

[7] Vgl. Gallego Anabitarte/Menéndez Rexach, Die Regierungsfunktionen in der spanischen Verfassung, in: López Pina, aaO, S. 407 ff.
[8] Vgl. Landelino Lavilla Alsina, Verrechtlichung der Macht und Gewaltenbalance, in: López Pina, aaO, S. 355 ff.

waltung hört man viel Kritik, immer mehr sich steigernde Anschuldigungen über Korruption. Die Rechtsstellung der Beamten (Art. 103 III) regelt G 9/1987 v. 12. 6. „sobre las Condiciones de Trabajo y Participación de los Funcionarios Públicos".

3. Sicherheitsorgane

Eine genaue und einschränkende Regelung der Kompetenzen für Sicherheitsorgane (Art. 104) war nach den Schrecken früherer Zeiten eine besonders dringliche Aufgabe. Im LO 2/1986 v. 13. 3. „... de Fuerzas y Cuerpos de Seguridad" wird dies in der ausführlichen Präambel eindrucksvoll geschildert. Pflicht der Sicherheitskräfte ist nach Art. 11:

„... proteger el libre ejercicio de los derechos y libertades y garantizar la seguridad cuidadana..."	.. die freie Ausübung der Rechte und Freiheiten beschützen und die städtische Sicherheit garantieren...

Die Mitbestimmung der Polizeikräfte wird nach Art. 25 durch einen „Consejo de Policía" gewährleistet, in den ihre Vertreter paritätisch mit denen der Verwaltung entsandt werden. Während die Polizeikräfte („Cuerpo Superior de Policía") zivilen Charakters sind, bleibt die Guardia Civil „un Instituto Armado de naturaleza militar", mußte aber 1986 die Ernennung eines Zivilisten zu ihrem Generaldirektor hinnehmen. Die Guardia ist etwa 70 000 Mann stark.[9] Die nationalen Sicherheitskräfte werden ergänzt durch die Polizei der „Comunidades Autónomas" und durch Gemeindepolizei („Policías Locales").

4. Staatsrat

Der „Consejo del Estado" des Art. 107 ist das oberste Beratungsorgan der Regierung, dazu LO 3/1980 v. 22. 4. Die wichtigste Arbeit besteht darin, Gesetzesvorhaben zu begutachten (Art. 20). Für verdiente Professoren des Öffentlichen Rechts ist es höchste Ehre, Ratsmitglied zu werden. Das Wirken dieses Gremiums ist unauffällig, jedoch hoch einzuschätzen.

5. Haushalt („presupuesto")[10]

Eine wichtige Pflicht der Regierung ist die Vorlage des Haushalts, eine wichtige Pflicht der „Cortes Generales" dessen Prüfung, evtl. Änderung („enmienda") und Annahme („aprobación"), Art. 134 I CE. Haushaltsgesetze pflegen oft weitreichende Änderungen für das Steuer-, Sozialversicherungs- und Arbeitsrecht mit sich zu bringen. Die Haushaltsführung ist jahresbezogen, Art. 134 II. Der neue Haushalt ist späte-

---

[9] Spanien-Lexikon, Stichwort „Guardia Civil".
[10] Vgl. *López Pina*, Die Finanzverfassung, aaO, S. 223 ff.

stens drei Monate vor Ablauf des Haushaltsjahres vorzulegen. Für eventuelle Unstimmigkeiten sind Kollisionsregeln vorgesehen. Einzelheiten zum Haushaltsrecht: Ley General Presupuestaria v. 4. 1. 1977; das letzte Haushaltsgesetz für 1999: BOE Nr. 313/1998.

6. Notstand

In das Grundgesetz wurde erst fast 20 Jahre später (1968) ein Notstandsrecht eingefügt (das glücklicherweise bisher nicht benutzt werden mußte), die CE regelte gleich in Art. 116 „los estados de alarma, de excepción y de sitio (= etwa Belagerung)" unter Kompetenzzuweisung an eine Ley orgánica, die als LO 4/1981 v. 1. 6. ergangen ist.

Der *Alarmzustand* kann erklärt werden bei Katastrophen oder schweren Unglücksfällen wie Erdbeben, Überschwemmungen, Bränden, Epidemien, Ausfällen im öffentlichen Dienst oder in der Lebensmittelversorgung (Art. 4). Die Erklärung geht von der Regierung aus, ist auf maximal 15 Tage befristet und kann ohne das Parlament, das sofort zusammengerufen wird, nicht verlängert werden.

Der *Ausnahmezustand* tritt ein, wenn die freie Ausübung der Bürgerrechte und -freiheiten, das normale Funktionieren der demokratischen Instanzen oder der öffentlichen Dienste nicht mehr gewährleistet ist und dadurch eine Störung der öffentlichen Ordnung eintritt, die mit den regulären Einrichtungen nicht behoben werden kann (Art. 13). Die Erklärung des Ausnahmezustandes durch die Regierung bedarf einer Ermächtigung vom Parlament her, beschränkt auf 30 Tage, aber verlängerbar.

Der *Belagerungszustand* (oder: Bürgerkriegszustand) ist da, wenn eine Erhebung oder ein Gewaltakt gegen die Souveränität oder Unabhängigkeit Spaniens, seine territoriale Integrität oder seine Verfassungsordnung ausgeführt oder angedroht werden. Die entsprechende Erklärung kann nur mit absoluter Mehrheit des Kongresses ergehen, beantragt von der Regierung, beschränkt auf Region, Zeit, bestimmte Bedingungen. Erklärt worden ist dieser „estado de sitio" ebensowenig wie eine der anderen beiden Notstandsformen, aber die Rebellion des Oberst *Tejero* (oben S. 3) wäre zweifellos ein solcher Fall gewesen.

Die möglichen Einschränkungen von Rechten, Verhaftungen und Eingriffen sind in Art. 16 ff. LO geregelt. Geht es um die Einschränkung von Rechten, die (auch) in der Europäischen Menschenrechtskonvention garantiert sind, so muß die Regierung sich vorher mit dem Generalsekretär des Europarats verständigen. Die Streitkräfte der Autonomen Regionen (wie Baskenland, Katalonien) unterstehen im Notstandsfall der Zentrale –: hoffentlich!

IV. Justiz („Poder Judicial")[11]

1. Richter und Gerichte[12] (Art. 117 ff.)

Der traditionelle Ausdruck „Poder Judicial" bezeichnet sowohl die richterliche Gewalt wie die Gesamtheit des Richterstandes. Man unterscheidet Einmanngerichte („Juzgados"; Richter: „Juez") und Kollegialgerichte („Tribunales"; Richter: „Magistrado"). In unterster Instanz sind die „Juzgados de Primera Instancia e Instrucción" und unter ihnen die „Juzgados de Partido" (etwa: Amtsgerichte) sowohl als Erstinstanzgerichte in Zivilsachen wie als Untersuchungsgerichte in Strafsachen tätig. Übergeordnet sind die „Audiencias Provinciales" (etwa: Landgerichte) und die „Tribunales Superiores de Justicia" für jede Comunidad Autónoma (etwa: Oberlandesgerichte) und die „Audiencia Nacional" für zentrale Fragen. Die Arbeitsgerichtsbarkeit wird von einzelrichterlichen „Juzgados de lo Social" ausgeübt, das „Tribunal Central de Trabajo" ist 1988 aufgelöst worden. An der Spitze der nicht-verfassungsrechtlichen Gerichtsbarkeit steht das „Tribunal Supremo" mit fünf Senaten (Salas) für Zivil-, Straf- und Sozial-(im weitesten Sinne!)gerichtsbarkeit, sowie einen Senat für streitige Verwaltungssachen („contencioso" = streitig) sowie einen Militärrechtssenat.

Hauptbestreben der Verfassung war es, die Unabhängigkeit der Richter zu garantieren und zu wahren. Die Richter können nach Art. 117 II nicht (gegen ihren Willen) befördert, versetzt oder pensioniert werden, wenn nicht das Gesetz dies vorsieht (Pensionierung mit 70 Jahren: Art. 386 LO 6/1985, modifiziert 1992). Mit Art. 127 I CE geht das spanische Recht zum Zwecke der Wahrung richterlicher Unabhängigkeit weit über das deutsche hinaus: Richter im aktiven Dienst dürfen weder einer Partei noch einer Gewerkschaft angehören, wohl aber ihren einflußreichen Berufsorganisationen (z. B. „Jueces para la Democracia"). Der Gedanke der Inkompatibilität des Richteramtes mit sonstigen Ämtern oder Engagements ist in Spanien stark ausgeprägt (LO 1/1985 v. 18. 1. „de incompatibilidades del Personal al Servicio del Tribunal"). Als Dozenten an der Universität dürfen Richter und Staatsanwälte wirken.

In Ausführung der Verfassung erging die LO 6/1985 v. 1. 7. „del Poder Judicial" mit 447 Artikeln. Für jede Comunidad Autónoma wird darin ein „Tribunal Superior de Justicia" eingeführt. Dazu kommt LO 2/1987 v. 18. 5. „de Conflictos Jurisdiccionales".

---

[11] *Ibánez*, Die rechtsprechende Gewalt in der spanischen Verfassung, in: *López Pina*, aaO, S. 435 ff,; *Gregorio Peces-Barba*, Poder de los jueces y gobierno de los jueces, EL PAIS 1. 5. 2000; *Ingrid Heinlein*, Die Justizlaufbahn in Spanien, informaciones 2001 S. 34.
[12] Vgl. *Díez Picazo y Ponce de León*, Verfassung, Gesetz, Richter – in: *López Pina*, aaO, S. 459 ff.

Die Gerichtsverfassung ist 1999, anders als der Zivilprozeß, nicht geändert worden, weil die entsprechende Vorlage im Parlament scheiterte.

2. Richterrat

Zur Wahrung der Eigenständigkeit der Justiz gegenüber der Exekutive ist ein Richterrat, der „Consejo General del Poder Judicial", geschaffen (Art. 122). Dieser Rat besteht aus 20 Richtern aller Rangstufen (oder „juristas de reconocido prestigio"), vom König auf Vorschlag des Parlaments für fünf Jahre ernannt, sowie dem Präsidenten des „Tribunal Supremo" als Vorsitzenden. Aufgaben sind: Vorschlagsrechte für den Präsidenten des Tribunal Supremo und für die Mitglieder des Verfassungsgerichts; Dienstaufsicht über die Richter und Disziplinargerichtsbarkeit; Einwirkung auf die Juristenausbildung; Einwirkung auf die Justizgesetzgebung.

3. Justizprinzipien

Daß Gerechtigkeit *kostenlos* zu haben sei, wie Art. 119 CE besagt, ist für den Normalfall zuviel versprochen, es gibt Regelungen über Gerichtsgebühren in allen Verfahrensgesetzen, aber doch spezielle Vorschriften über „la asistencia jurídica gratuita" (Ley 1/1996 v. 10. 1.), die unserer Prozeßkostenhilfe ähneln. – Die Grundsätze der *Öffentlichkeit* (Art. 120 I) und der *Mündlichkeit* des Verfahrens (Abs. 2) entsprechen unserem Recht. Die mündliche Verhandlung bedeutet im Zweifel „usar el castellano", Art. 231 LO 6/1985.

4. Bürgerrechte[13]

Art. 125 kennt die „acción popular" (Popularklage) im Rahmen der Gesetze, die nur im Boden- und Nachbarschaftsrecht Bedeutung hat. Der Geschworene („Jurado") hat seinen Platz im Gerichtswesen bei der „Audiencia Provincial" (LO 6/1985 Art. 83 u. 5/1995 v. 22. 5. „del Tribunal del Jurado").

5. Verfassungsgericht

Der Tribunal Constitucional (Art. 159 CE), dessen Rechtsprechung die spanische Rechts- und Verfassungsentwicklung stark beeinflußt, war in seiner Regelung orientiert an Modellen des italienischen und des französischen Rechts, aber auch am Grundgesetz. Die zwölf Richter werden vom König für neun Jahre ernannt, die verschiedenen Vorschlagsrechte regelt Art. 159 I.

---

[13] Vgl. *García Pelayo*, Der Status des Verfassungsgerichts, in: *López Pina*, aaO, S. 475 ff.

Der „recurso de inconstitucionalidad" (Normenkontrolle) richtet sich gegen die Gültigkeit eines Gesetzes oder einer Rechtsquelle mit normativem Rang, Art. 161 I a). Erhoben werden kann dieser Rechtsbehelf durch den „Presidente del Gobierno", den „Defensor del Pueblo", 50 Deputierte, 50 Senatoren und durch Organe der CC.AA, Art. 162. Die dazu ergangene Ley Orgánica 2/1979 v. 3. 10. hatte auch den vorbeugenden Organstreit („recurso previo...") eingeführt, der aber nach zahlreichen Verdrießlichkeiten durch LO 4/1985 v. 7. 6. wieder abgeschafft wurde.[14]

Der „recurso de amparo"[15] (etwa: Verfassungsbeschwerde) betrifft die Verletzung der individuellen Bürgerrechte und -freiheiten (Art. 161 I b) und kann von jeder natürlichen oder juristischen Person eingebracht werden. Von diesem Recht wird starker Gebrauch gemacht. Die Beschwerde kann sich nur auf eine Verletzung des Gleichheitsprinzips (Art. 14) oder der Art. 15–29 beziehen, also nicht etwa auf eine Verletzung des Eigentumsrechts i. S. von Art. 33.

Art. 163 CE ähnelt Art. 100 GG: der Richter kann bei Zweifeln über die Verfassungsmäßigkeit eines Gesetzes die Frage dem TC vorlegen, doch ohne Suspensiveffekt. *Unterschied:* Nach Art. 100 GG genügt nicht ein Zweifel, der Richter muß negativ überzeugt sein.

Die Entscheidungen werden im BOE abgedruckt, auch gegebenenfalls eine „dissenting opinion", voto particular, Art. 164. Die jährliche Zahl der Entscheidungen ist um 300. Die Vorentscheidungen heißen „autos".

Das Ausführungsgesetz erging als LO 2/1979 v. 3. 10. „del Tribunal Constitucional". Im Art. 44 wird der „recurso de amparo" an die Voraussetzung geknüpft, „... que hayan agotado todos los recursos utilizables dentro de la vía judicial", daß also der Rechtsweg erschöpft ist[16] (agotar = ausschöpfen, aufbrauchen). Der Abdruck der Entscheidungen im BOE läßt die Bedeutung des Verfassungsgerichts noch stärker hervortreten.

§ 5. Verfassungsänderung[1]

Die spanische Verfassung ist kaum geändert worden, wird von allen politischen Kräften sorgsam gehütet. Art. 167 über die Verfassungsände-

---

[14] Vgl. *Peréz Royo,* Chronik eines Irrtums, in: *López Pina,* aaO, S. 497 ff.
[15] *Daniela H. Brückner,* Vergleich zwischen den Verfahren des spanischen Recurso de amparo und der deutschen Verfassungsbeschwerde, 1997.
[16] Vgl. *López Pina,* Der gerichtliche Grundrechtsschutz in Spanien, KritVJschr 1990, 34 ff.
[1] Vgl. *de Vega,* Das Verfahren der Verfassungsänderung in der spanischen Rechtsordnung, in: *López Pina,* aaO, S. 91 ff.; *A. v. Kuhlberg,* Änderung und Revision der spanischen Verfassung..., 2000

rung (Dreifünftelmehrheit in beiden Kammern, danach Referendum auf Antrag von einem Zehntel von einer der Kammern) oder gar Art. 168 über die Totalrevision (Zweidrittelmehrheit mit notwendigem Referendum) blieben also theoretisch. Eine inhaltliche Grenze für Verfassungsänderungen wie Art. 79 III GG („Ewigkeitsgarantie") gibt es nicht, es wäre also eine Gesamtrevision zulässig, aber die spanische Doktrin hält an wichtigen Prinzipien fest.[2] Im Zusammenhang mit der europäischen Integration, nach der Einigung von Maastricht (10. 12. 1991), ergab sich die Notwendigkeit, Art. 13 II zu ändern, wonach nicht nur Spanier das aktive und passive Wahlrecht haben, sondern auch EG-Bürger bei Kommunalwahlen.

---

[2] *Robert Fischer*, Die Offenheit des deutschen Grundgesetzes und der spanischen Verfassung für den Fortgang der europäischen Integration, 1999; *Benito Aláez Corall*, Los limites materiales a la reform de la Constitución Española de 1978, 2001.

Zweiter Teil. Der „Código Civil" und das Zivilprozeßrecht

A. Der „Código Civil"

Deutschsprachige Literatur: W. *Peuster,* Código Civil (deutsche Ausgabe), Neuauflage 2000; *Amelia Castresana,* Grundbegriffe des spanischen Privatrechts I, Salamanca 1999. *Spanische Bibliographie:* M. *Albaladejo,* Curso de Derecho Civil Español, Tomos I–V, Barcelona 1994–1997; *J. Castán Tobeñas,* Derecho Civil Español, Común y Foral, Tomos I–VI, Madrid 1984 ff.; *F. de Castro y Bravo,* El Negocio jurídico, Madrid 1997; *A. de Cossio,* Instituciones de Derecho Civil, Madrid 1987; *L. Díez-Picazo/A. Gullón Ballesteros,* Sistema de Derecho Civil, Vol. 1–4, Madrid 1997–2000; *D. Espín Cánovas,* Manual de Derecho Civil Español, Vol. 1–5, Madrid 1982; *J. L. Lacruz Berdejo,* Elementos de Derecho Civil, Tomos I–V, 2. Ed. Madrid 2000; *C. Lasarte Alvarez,* Principios de Derecho Cicil, 6 Bde. Madrid 2000; *J. Puig Brutau,* Fundamentos de Derecho Civil, Tomos I–V, Barcelona 1983–1994; *X. O'Callaghan Muñoz,* Compendio de Derecho Civil, Tomos I–V, Madrid 1997 ff.; *V. Torralba Soriano,* Lecciones de Derecho Civil, Barcelona 1984.

§ 6. Entstehung, Prinzipien, System

I. Entstehung und Reformen

Der „CC" von 1888/89 ist eine Schöpfung derselben hochbürgerlichen Epoche, der das BGB entstammt, im Ursprung ebenso fest gegründet auf Vertragsfreiheit, Eigentumsrecht, Familienschutz und Erbrecht. Stark war der aus Frankreich vom „Code Napoléon" herüberkommende Einfluß gewesen, dagegen gab es, wohl zum Glück, kaum einen Einfluß der deutschen, damals schon zur Scholastik entarteten Pandektistik.[1]

Ebenso wie das BGB hat die spanische Zivilrechtskodifikation heute ihre geistige Einheit verloren, seit die Einheit der bürgerlichen und partriarchalisch bestimmten Familie in eine Vielheit lose verknüpfter, einander gegenüberstehender Einzelpersonen dissoziiert ist (Familienrechtsreform Ley 11/1981 v. 13. 5. „de Modificación del Código Civil en Materia de Filiación, Patria Potestad y Régimen económico del Matrimonio"). Auch ist für den CC – wie für das BGB – die Herrschaft über die praktisch wichtigsten und, nach der Zahl der Rechtsverhältnisse, weitaus größten Regelungsbereiche verlorengegangen: durch Sonderre-

---

[1] Vgl. *Wieacker,* Privatrechtsgeschichte der Neuzeit, 1. Aufl. (1952), S. 253 ff.; *Hattenhauer,* Europäische Rechtsgeschichte, 2. Aufl. 1994.

gelungen für das Arbeitsverhältnis („Estatuto de los Trabajadores"), die Wohnungsmiete („Ley de Arrendamientos urbanos") sowie Spezialentwicklungen wie Verbraucherschutz („Protección del Consumidor"). Trotzdem steht der Código nach wie vor im Zentrum des Rechtsstudiums und der weiteren Juristenausbildung, und zwar, wie *R. Bercovitz Rodríguez-Cano*[2] sagt, weil er Haupterbe („heredero principal") der gesamten juristischen Dogmatik ist, die aus dem Römischen Recht[3] über das Gemeine Recht in unser modernes Recht einfloß; und bleibt damit die Grundlage juristischen Denkens.

„En sus artículos se encuentran encarnadas ejemplarmente la mayor parte de los dogmas, figuras, técnicas y conceptos, frutos de la tradición y de la doctrina, que constituyen el acervo (= Erbmasse) común de los juristas".

Man kann daher mit gutem Grund sagen, daß der Código „derjenige Gesetzestext ist, der die Grundlagen unseres überkommenen Rechtssystems enthält." In den spanischen Zivilrechtslehrbüchern wird „überkommenes" römisches Recht (vor allem: die Institutionen des Justinian!) fast auf jeder Seite zitiert, und man macht sich Sorgen, daß unsere Studenten von diesen Wurzeln schon ganz abgeschnitten sind.[4] Auch benutzt der CC lateinische Wendungen, so in Art. 1057 „inter vivos" und „mortis causa" (also: „unter Lebenden", „von Todes wegen").

II. Rechtsquellen und Auslegung

Die Grundsätzlichkeit des CC wird noch verstärkt durch den „Título preliminar: De las Normas jurídicas, su Aplicación y Eficacia", der nicht aus der Entstehungsepoche stammt, sondern am Ende der *Franco*-Zeit (1974) eingefügt wurde. Rechtsquellen sind nach Art. 1 I Gesetz – Gewohnheitsrecht – generelle Rechtsprinzipien, ohne daß die letztgenannten näher bestimmt oder auch nur umschrieben werden. Art. 3 ist Grundregel der Gesetzesauslegung:

(1) „Las normas se interpretarán según el sentido propio de sus palabras, en relación con el contexto, los antecedentes históricos y legislativos, y la realidad social del tiempo en que han de ser aplicadas, atendiendo fundamentalmente al espíritu y finalidad de aquéllas."	(1) Normen werden ausgelegt nach ihrem eigentlichen Wortsinn, unter Berücksichtigung des Kontextes, der geschichtlichen und gesetzlichen Vorstufen sowie der sozialen Wirklichkeit zur Zeit ihrer Anwendung, unter Zugrundelegung des Geistes und Zwecks dieser Normen.

---

[2] Prólogo zur Textausgabe bei tecnos, (Aufl. 2000).
[3] Vgl. *d'Ors*, Derecho Privado Romano, 2. Aufl., Pamplona 1973; *Filippe Ranieri*, Europäisches Obligationenrecht, 1999.
[4] Als Gegensteuerung: *Adomeit*, Civis Romanus – Latein für Jurastudenten, 2. Aufl. 1999.

§ 6. Entstehung, Prinzipien, System

Es findet sich hier also die klassische Vierstufung der Auslegungslehre des großen *Savigny*:[5] Wortlaut – Kontext – Entstehungsgeschichte – Zweck. Die historische Auslegung – also dritte Stufe – wird dadurch erleichtert, daß wichtigen spanischen Gesetzen oft eine „Exposición de motivos" vorangestellt ist. Weiter:

(2) „La equidad habrá de ponderarse en la aplicación de las normas, si bien las resoluciones de los Tribunales sólo podrán descansar de manera exclusiva en ella cuando la ley expresamente lo permita."	(2) Die Billigkeit ist bei der Anwendung von Normen zu prüfen, doch dürfen sich Gerichtsentscheidungen nur dann ausschließlich darauf stützen, wenn das Gesetz dies ausdrücklich erlaubt.

Die Billigkeit, lat. aequitas, gr. epieikeia, geht auf *Aristoteles* zurück und bedeutet die Gerechtigkeit des Einzelfalles im Gegensatz zur vom Gesetz allgemein erstrebten Gerechtigkeit.[6] Es ist zweifelhaft, ob die hier beabsichtigte strenge Bindung des Richters die Gefahr der Willkür für die Praxis wirklich aufhebt. Art. 4 bringt eine nähere Bestimmung der *Analogie:*

(1) „Procederá la aplicación analógica de las normas cuando éstas no contemplen un supuesto específico, pero regulen otro semejante entre los que se aprecie identidad de razón."	(1) Man wendet Normen analog an, wenn diese zwar einen konkreten Fall nicht erfassen, aber einen ähnlichen, aus dem gleichen Gesetzeszweck.

Für Strafgesetze, Ausnahmevorschriften und befristete Regelungen wird in Art. 4 II die Möglichkeit der Analogie ausgeschlossen (anders wohl aber auch im Strafrecht:[7] zugunsten des Täters!). Art. 7 I fügt zwei Generalklauseln ein: *Treu und Glauben* („buena fe") und in Abs. 2 das Verbot des Rechtsmißbrauchs:

(2) „La ley no ampara el abuso del derecho o el ejercicio antisocial del mismo."	(2) Das Gesetz unterstützt nicht den Mißbrauch des Rechts oder dessen unsoziale Ausübung.

Die Bedeutung dieser Generalklauseln reicht über das Zivilrecht hinaus, gilt vielmehr nach Art. 4 III auch in Rechtsmaterien, die durch andere Kodifikationen oder Gesetze geregelt sind.[8] Bei Gesetzesumgehung spricht man von „fraude de la ley" (lat.: „fraus legis").

---

[5] System des heutigen Römischen Rechts, I. Bd, 1840, § 33.
[6] Vgl. *Legaz y Lacambra,* Filosofía del Derecho, 4. Aufl., Barcelona 1975, S. 362 ff.; *Adomeit,* Rechts- und Staatsphilosophie, Bd. I, 2. Aufl. (1992), S. 110 ff., spanische Ausgabe Madrid 1999.
[7] *Jescheck,* Lehrbuch des Strafrechts – Allgemeiner Teil, 5. Aufl. 1996 (ein auch in Spanien maßgebendes Lehrbuch!), § 18 („Die Auslegung der Strafgesetze"); vgl. Art. 9 Nr. 3 CE.
[8] Über die Interpretation von Verträgen Art. 1281 ff. CC.

III. Internationales Privatrecht („Normas de Derecho internacional privado")

Das sog. IPR ist noch nicht international. Durch das spanische IPR will ein spanischer Richter erfahren, welches Recht – das eigene? ein fremdes? – er in einem Fall mit Auslandsberührung anwenden soll. Die Grundzüge entsprechen dem deutschen IPR, noch zunehmend unter Einwirkung des Europarechts. Hervorzuheben ist:

1. *Natürliche Personen* werden von spanischen Gerichten nach dem Recht des Staates behandelt, dem sie angehören („nacionalidad"), Art. 9 Nr. 1 Código civil. Dazu gehören Personenstand, Rechtsfähigkeit,[9] Geschäftsfähigkeit, Rechte und Pflichten aus dem Familienrecht, die Erbfolge, und zwar auch in unbewegliche Sachen. Bei Adoptionen kann das Recht des Annehmenden wie des Anzunehmenden wichtig werden, vgl. seit 1996 Art. 9 Nr. 5 Código civil. Bei in Spanien geschlossenen Geschäften wird eine daran beteiligte, nach spanischem Recht geschäftsfähige Person als solche behandelt, Art. 10 Nr. 8 Código civil. Bei doppelter Staatsangehörigkeit kommt es auf den gewöhnlichen, sonst auf den zuletzt erworbenen Wohnsitz an, Art. 9 Nr. 9.

2. Auch bei *juristischen Personen* soll es auf das Personalstatut, auf die „nacionalidad" ankommen, Art. 9 Nr. 11, also darauf, nach welchem Recht diese Gesellschaft gegründet ist und wo sie ihren *Sitz* hat[10] (Sitztheorie).

3. Im *Vertragsrecht* gilt Vertragsfreiheit, Art. 3 Abs. 1 EVÜ.[11] Bis zum Beitritt Spaniens zum EVÜ galten die autonomen spanischen vertragsrechtlichen IPR-Normen des Art. 10 Nr. 5 Código civil. Seit dem Beitritt gilt das EVÜ („Rom-Übereinkommen") in vollem Umfange, so daß dieselben Normen wie für Deutschland gelten (vgl. Art. 27 ff. EGBGB).

Für die vor dem 1. September 1993 abgeschossenen Verträge gilt nach wie vor das autonome spanische internationale Vertragsrecht des Art. 10 Nr. 5 Código civil.

| „Se aplicará a las obligaciones contractuales la ley a que las partes se hayan sometido expresamente..." | Auf vertragliche Pflichten wendet man das Recht an, dem sich die Parteien ausdrücklich unterworfen haben... |

Dies gilt/galt allerdings, anders als im EVÜ, mit der Einschränkung, daß das gewählte Recht irgendeine Verbindung („alguna conexión") mit

---

[9] Vgl. *Kegel/Schurig*, Internationales Privatrecht, 8. Aufl. 2000, S. 477 mit Hinweisen auf das spanische Recht.
[10] Vgl. *Kegel/Schurig* (o. Fußn. 9), S. 359 ff.; *Peuster*, Das spanische internationale Privatrecht, in: *Löber/Peuster* aaO, S. 5; *Palandt/Heldrich*, Anhang zu Art. 12 EGBGB; *Ulrike Stücker*, Das spanische internationale Gesellschaftsrecht, 1999.
[11] Spanien ist dem EVÜ-Übereinkommen über das auf vertragliche Schuldverhältnisse anzuwendende Recht von 1980 am 18. Mai 1992 beigetreten; am 2. Juni 1993 wurde dies ratifiziert und trat am 1. September 1993 in Kraft.

§ 6. Entstehung, Prinzipien, System 45

dem geschlossenen Geschäft haben muß (Ausweg: Vereinbarung eines ausländischen Gerichtsstandes).[12] Die Rechtsordnung, der sich die Parteien unterwerfen wollen, kann sich schon aus der im Vertragstext verwendeten Sprache, aus der Bestellung eines Schiedsgerichts oder der Vereinbarung einer gerichtlichen Zuständigkeit ergeben.[13]
4. Bei fehlendem erkennbaren Parteiwillen soll gemäß Art. 4 Abs. 1 EVÜ (vgl. Art. 28 Abs. 2 EGBGB) das Recht des Staates Anwendung finden, mit welchem der Vertrag die engsten Beziehungen aufweist. Es gelten hilfsweise eine Reihe von Vermutungen (Maßgeblichkeit der charakteristischen Leistung, der Grundstücksbelegenheit, Hauptniederlassung des Beförderers bei Güterbeförderungsverträgen), wobei es einen gewissen Spielraum für den Richter gibt.

Nach den autonomen spanischen Normen gemäß Art. 10 Nr. 5 Código civil richtet/e sich das anzuwendende Sachrecht nach der gemeinsamen Staatsangehörigkeit der Vertragsparteien, hilfsweise nach dem (gemeinsamen) gewöhnlichen Wohnsitz („residencia"), schließlich nach dem Ort des Vertragsschlusses („la ley del lugar de celebración del contrato"). Anders bei Geschäften über Grundstücke: dort gilt das Recht des Belegenheitsortes („la ley del lugar donde estén sitos"); bei Verträgen über bewegliche Sachen in Handelsgeschäften: das Recht der Verkaufsstätte,[14] bei Arbeitsverträgen: das Recht der Stätte der Leistung, Art. 10 Nr. 6 Código civil (die Freiheit der Rechtswahl ist beschränkt wie bei uns nach Art. 30 EGBGB).

Das Vertragsstatut bezieht sich umfassend auf Zustandekommen, Erfüllung und Folgen der Nichterfüllung eines Vertrages, ebenso auf Willensmängel und die Verjährung vertraglicher Rechte; das Recht der Vollstreckung von Forderungen richtet sich nach dem Ausführungsort.

5. Im spanischen IPR, wie im deutschen, wird die *Form* als abgespaltene Teilfrage des Rechtsgeschäfts gesondert in Art. 9 EVÜ (vgl. Art. 11 EGBGB) behandelt. Maßgebend ist als Grundregel gemäß Art. 9 Abs. 1 EVÜ[15] die Form der *lex causae* (Geschäftsrecht, Wirkungsstatut) oder die der *lex loci actus* (Vornahmeort, Ortsrecht). Es reicht aus, einer der beiden Formen zu genügen. Es gibt Besonderheiten bezüglich der Form von Verträgen unter Abwesenden (Art. 9 Abs. 2 EVÜ) und der Form von Stellvertretergeschäften (Art. 9 Abs. 3 EVÜ) und der Form einseiti-

---

[12] *Silvia Barona Vilar,* u. a., Contratación internacional, 2. Ed. Valencia 2000.
[13] *Fernández Rozas,* Private International Law, in: *Cremades,* Spanish Business Law, 1985, S. 95; über das deutsche IPR zum Vergleich *Kegel/Schurig* (o. Fußn. 9), S. 561 ff.
[14] Wohl einschließlich des Verbraucherschutzes: *Zabala Escudero,* Aspectos Jurídicos de la Protección del Consumidor en el Derecho Internacional Privado, Rev. Esp. de Derecho Int. 1985, 109.
[15] Vgl. *Sarrate i Pou, Joaquim:* „Formprobleme bei Grundstücksveräußerungen im deutsch-spanischen Rechtsverkehr: Zur Wirkung der Art. 9 EVÜ und Art. 11 EGBGB", 1998.

ger Rechtsgeschäfte (Art. 9 Abs. 4 EVÜ). Art. 9 Abs. 5 EVÜ enthält Sonderformvorschriften für Verbraucher- und Grundstückgeschäfte.

Das spanische autonome IPR ist/war vom Prinzip der Formstrenge weit entfernt, widmet aber in seinem IPR der Formfrage den ganzen Art. 11 Código civil, der mit dem Grundsatz beginnt:

„Las formas y solemnidades de los contratos, testamentos y demás actos jurídicos se regirán por la ley del país en que se otorguen."	Die Formen und Förmlichkeiten der Verträge, Testamente und übrigen Rechtsgeschäfte regeln sich nach dem Recht des Landes, in dem sie geschlossen, errichtet bzw. vorgenommen werden.

Die zahlreichen Ausnahmen im folgenden Text lassen die Tendenz erkennen, die Gültigkeit eines Rechtsgeschäfts möglichst nicht an Formmängeln scheitern zu lassen.

6. *Dingliche Rechte,* und zwar an beweglichen Sachen wie an Immobilien, unterfallen nach Art. 10 Nr. 1 Código civil dem Belegenheitsrecht (lex rei sitae):

„La posesión, la propiedad y los demás derechos sobre bienes inmuebles, así como su publicidad, se regirán por la ley del lugar donde se hallen. La misma ley será aplicable a los bienes muebles."	Der Besitz, das Eigentum und übrige Rechte an unbeweglichen Sachen, auch ihre Eintragung, regeln sich nach dem Recht des Ortes, wo sie sich befinden. Dasselbe Recht gilt für bewegliche Sachen.

Dies gilt nicht für den *Kaufvertrag* über ein Grundstück, hier gilt der zum Ausdruck gebrachte Parteiwille (Art. 3 Abs. 1 EVÜ).

Hinsichtlich der beweglichen Sachen war wohl die ältere Anknüpfung am Personalstatut des Eigentümers praktischer, besonders im Hinblick darauf, daß die Beweglichkeit mit Entwicklung der Technik atemberaubend zugenommen hat,[16] s. Art. 10 Nr. 2 Código civil über Schiffe, Flugzeuge und „das Recht der Flagge" („ley del lugar de su abanderamiento").

7. *Deliktische Ansprüche* und andere außervertragliche Verbindlichkeiten richten sich nach dem Recht des Ortes des anspruchsbegründenden Tatbestandes, Art. 10 Nr. 9 Código civil. Bei der Geschäftsführung ohne Auftrag kommt es auf den Ort an, an dem der „gestor" hauptsächlich handelt; bei der ungerechtfertigten Bereicherung („enriquecimiento sin causa") auf das Gesetz, das man mit der bereichernden Handlung hatte erfüllen wollen.

8. Die „ordre-public"-Klausel findet sich in Art. 12 Nr. 3 Código civil.

9. Das spanische System der internationalen Zuständigkeit beruht auf dem *Vorrang staatsvertraglicher Regelungen.* Dieser Vorrang ergibt sich

---

[16] Vgl. *Kegel/Schurig* (o. Fußn. 9), S. 380 ff.; *Heldrich,* Anhang II zu Art. 38 EGBGB in Palandt, BGB; kritisch zur spanischen Regelung mit Recht *Peuster* (o. Fußn. 10), S. 15.

§ 6. Entstehung, Prinzipien, System 47

unmittelbar aus Art. 96.1. der spanischen Verfassung. Ist die Frage nicht staatsvertraglich geregelt, ist auf die subsidiäre Regelung im autonomen spanischen Recht (Art. 21–25 LOPJ – Ley Orgánica del Poder Judicial [sp. GVG]) zurückzugreifen.

Staatsverträge, insbesondere im Bereich der internationalen Zuständigkeit, können unterschiedliche Bedeutung haben:
a) Einerseits gibt es Staatsverträge, die Spezialmaterien des Sachrechts regeln – wie etwa konkrete Fragen des Transportrechts, die außervertragliche Haftung oder das Seerecht. Diese Übereinkommen regeln die internationale Zuständigkeit nur fragmentarisch.
b) Andererseits enthalten das *Brüsseler Übereinkommen* vom 27. September 1968, betreffend die gerichtliche Zuständigkeit und die Vollstreckung von Entscheidungen im Bereich des Zivil- und Handelsrechts (EuGVÜ),[17] sowie sein Schwesterübereinkommen, das *Lugano-Übereinkommen* vom 16. September 1988,[18] eine umfassende Regelung der internationalen Zuständigkeit, die einen großen Ausschnitt des Sachrechts abdeckt. Stark vereinfacht, beziehen sie sich auf vermögensrechtliche Auseinandersetzungen im Zivil- und Handelsrecht. Diese Übereinkommen sind bei der Prüfung stets und mit Vorrang zu berücksichtigen. – Fortschreibung: VO (EG) Nr. 44/2001 des Rates v. 22. 12. 2000, in Kraft ab 1. 3. 2002.
10. *Gerichtsstandsklauseln*. S. Art. 54 LEC 2000 u. unten S. 86.

IV. Das System des CC

Das Römische Recht war „gewissermaßen ganz natürlich"[19] zum Gemeinen Recht der Iberischen Halbinsel geworden, bestätigt durch die „Philippischen Ordonancen" von 1603. In der mittelalterlichen Epoche wurde das Römische Recht durch regionale „Fueros" verdrängt, die germanischen Ursprungs waren, auf der Grundlage der „lex visigotorum", also vom Recht der Westgoten. Die maßgebliche Systematisierung des Römischen Rechts geht zurück auf die Institutionen des *Gaius*,[20] der Mitte des 2. nachchristlichen Jahrhunderts wirkte, mit der Einteilung

---

[17] Vgl. Beitrittsübereinkommen von Donostia/San Sebastián vom 26. Mai 1989 über den Beitritt Spaniens und Portugals zum EuGVÜ. BGBl. 1994 II, S. 519 und BOE Nr. 24 vom 28. Januar 1991; STS v. 22. 7. 1999, informaciones 2000 S. 32.
[18] Dieses trat für Spanien am 1. November 1994 in Kraft. Vgl. BOE Nr. 251 vom 20. Oktober 1994).
[19] *Müller-Gugenberger*, in: David/Grasmann, Einführung in die großen Rechtssysteme der Gegenwart, 2. Aufl., München 1988, S. 106.
[20] *Sohm*, Institutionen – Geschichte und System des Römischen Privatrechts, 16. Aufl., München u. Leipzig 1919, bes. § 29 „Die Grundgedanken des Systems"; eine schöne Ausgabe der Institutionen des Gaius (dort als „Gayo" eingemeindet) bringen *Hernández-Tejero* et al., Madrid 1990.

Personen – Sachen – Aktionen, die sich als Binnengliederung von Buch I BGB wiederfindet. Der CC ist demgemäß gegliedert:

Libro primero:	„De las personas"
Libro segundo:	„De los bienes, de la propiedad y de sus modificaciones"
Libro tercero:	„De los diferentes modos de adquirir la propiedad"
Libro cuarto:	„De las obligaciones y contratos"

Damit wird das vertraute BGB-System so gut wie auf den Kopf gestellt, jedenfalls kräftig durcheinandergeschüttelt. Einen „Allgemeinen Teil" in unserem Sinne gibt es nicht. Einen solchen Abstraktionsaufwand hielt der spanische Kodifikator für unangebracht (auch hier römisch: „omnis definitio est periculosa"). Dafür wird das Buch I „Von den Personen" so umfassend verstanden, daß hier das Eherecht, das Scheidungsrecht, das Kindschaftsrecht, auch Unterhalt und Vormundschaft geregelt sind. Buch II „Vom Vermögen ..." entspricht weitgehend unserem Sachenrecht, weil hier Eigentum („propiedad"), Besitz („posesión"), Nießbrauch („usufructo") und Dienstbarkeiten („servidumbres") geregelt sind, aber nicht die Übertragung dieser Rechte. Hierfür ist erst Buch III „Von den verschiedenen Arten des Eigentumserwerbs" zuständig, das man nur verstehen kann, wenn man alles vergißt, was man über den Unterschied zwischen Verpflichtungs- und Erfüllungsgeschäften, zwischen Schuldrecht und Sachenrecht gelernt hat, ganz zu schweigen vom angeblich unentbehrlichen Abstraktionsprinzip beim Eigentumserwerb.[21] Die Erwerbstitel gliedern sich in: Aneignung („ocupación"), Schenkung („donación") und Rechtsnachfolge („sucesión"), wozu das ganze Erbrecht, die gewillkürte („de los testamentos") und die gesetzliche („de la sucesión intestada") Erbfolge gehören. Eine Vorschrift über die „abstrakte" Eigentumsübertragung sucht man vergebens. Der vorgezogene Art. 609 besagt:

„La propiedad se adquiere por la ocupación. La propiedad y los demás derechos sobre los bienes se adquieren y transmiten por la ley, por donación, por sucesión testada e intestada, y **por consecuencia de ciertos contratos mediante la tradición** ..."	Das Eigentum wird durch Aneignung erworben. Das Eigentum und andere Sachenrechte werden erworben und übertragen durch Gesetz, durch Schenkung, durch gewillkürte oder gesetzliche Erbfolge und als Folge gewisser Verträge vermittels Übergabe....

Erst hier, bei den „ciertos contratos" und bei der „tradición", verbirgt sich also die Eigentumsübergabe beim Kauf, beim Tausch, beim Darlehen. Darüber finden sich endlich Einzelheiten im Buch IV: „Von den Verpflichtungen und Verträgen", also im Schuldrecht, das auch hier in einen eher allgemeinen Teil (Titel 1–3) und einen Besonderen

---

[21] *Baur/Stürner*, Lehrbuch des Sachenrechts, 17. Aufl. 1999, S. 47 ff.; *Westermann/Gurski/Eickmann*, Sachenrecht, 1998 S. 25 ff.

§ 7. Personen- und Familienrecht (Buch 1)

Teil (Titel 4–18) zerfällt, wobei die vertraglichen Schuldverhältnisse zuerst behandelt werden, dann die „cuasi contratos" mit der Geschäftsführung ohne Auftrag („de la gestión de negocios ajenos"), zuletzt die Schuldverhältnisse aus Unerlaubten Handlungen („de las obligaciones que nacen de culpa o negligencia"). Also ergibt die Synopse mit dem BGB:

Allgemeiner Teil	–: Fehlanzeige!
Schuldrecht	Buch IV
Sachenrecht	Buch II
Familienrecht	Buch I
Erbrecht	Buch III

Die Darstellung folgt, wie sich versteht, der spanischen Art der Einteilung.

§ 7. Personen- und Familienrecht (Buch 1)[1]

I. Staatsbürgerrecht („Nacionalidad")[2]

Im Título I „de los Españoles y Extranjeros" ist das Recht der Staatsbürgerschaft enthalten. Spanier ist, wessen Vater oder Mutter spanisch ist; für die auf spanischem Boden Geborenen gibt es in Art. 17 aufgeführte Bedingungen, nach Volljährigkeit für Spanien zu optieren. Wer die „residencia" in Spanien hat, kann nach zehn Jahren eingebürgert werden (Art. 22), wenn ein entsprechender Antrag vom Justizministerium bewilligt wird. Zwei Jahre genügen bei Bürgern iberoamerikanischer Staaten (sowie von Andorra, den Philippinen, von Guinea, Portugal oder bei sephardischen, also spanisch-stämmigen Juden), ein Jahr beim Ehepartner eines Spaniers/einer Spanierin. Ausländer genießen nach Art. 27 gleiche Zivilrechte wie Spanier, solange in Gesetzen oder in internationalen Verträgen nicht das Gegenteil bestimmt ist. – Vergleichsproblem: wer ist Deutscher? Bieten wir deutsch-stämmigen Juden auch Vorteile an?

II. Personeneigenschaft („la personalidad civil")

Auch hier beginnt Rechtsfähigkeit mit der Geburt („nacimiento"); der nasciturus wird zu seinen Gunsten als schon geboren behandelt, Art. 29, 30. Geboren im Rechtssinne ist ein Fötus nach Art. 30 keineswegs schon

---

[1] *Hernández Ibánez*, Die Reform des Familienrechts in Spanien, informaciones 1986, S. 2ff.
[2] Vgl. G 18/1990 v. 17. 12. „sobre reforma en materia de nacionalidad".

mit Vollendung der Geburt, sondern nur, wenn er menschliche Gestalt hat und 24 Stunden außerhalb des Mutterleibes gelebt hat. Die Volljährigkeit („mayor edad") tritt auch mit 18 Jahren ein, Art. 315, frühere Erklärung der Volljährigkeit = „emancipación" nach Art. 314. Die Rechtsfähigkeit der natürlichen Person endet mit dem Tod, Art. 32. Verschollenheit („ausencia") und Todeserklärung („declaración de fallecimiento") sind geregelt in den Art. 181 ff.

Die juristischen Personen werden in Art. 35 ff., wie im BGB, nur pauschal benannt, das Nähere ergibt sich aus dem Gesellschaftsrecht und aus dem Öffentlichen Recht.

III. Die Ehe („matrimonio")

Aus einem Verlöbnis („promesa de matrimonio") kann nicht auf Eingehen der Ehe geklagt werden, wohl aber auf Entschädigung, Art. 42 f., doch ohne „Kranzgeld". Die Eheschließung kann zivil („ante el Juez, Alcalde o funcionario") oder kirchlich („celebración en forma religiosa") vonstatten gehen. Art. 60:

„El matriomonio celebrado según las normas del Derecho canónico o en cualquiera de las formas religiosas previstas en el artículo anterior produce efectos civiles." – RD 142/1981 v. 9.1. über eingeschriebene Religionsgemeinschaften.	Die nach den Regeln des kanonischen Rechts oder in religiösen Formen, die im vorhergehenden Artikel vorgesehen sind, geschlossene Ehe hat zivilrechtliche Wirkung.

Für die volle rechtliche Wirksamkeit der Ehe ist die Eintragung in das „Registro Civil" nötig, Art. 61 ff. Mann und Frau sind seit der Neufassung des Código 1981 gleichberechtigt, sollen sich respektieren und unterstützen, zuammenleben, sich treu bleiben und sich hilfreich sein, Art. 66–70. Eine gegenseitige Vertretung gibt es nur bei erteilter Vollmacht, Art. 71.

Das eheliche Güterrecht ist erst im Buch IV Obligationenrecht geregelt: „Del régimen económico matrimonial", Art. 1315 ff. Dies muß aber schon hier behandelt werden.

IV. Ehegüterrecht[3]

Der Código Civil behandelt das Ehegüterrecht als einen Titel innerhalb des Buches 4 über Obligationen und Verträge. Das Ehegüterrecht bildet praktisch den ersten im einzelnen behandelten Vertrag. Der Código Civil geht aus von der Vertragsfreiheit im Ehegüterrecht. Die Ehe-

---

[3] *Thomas Rinne*, Das spanische Ehegüterrecht unter besonderer Berücksichtigung der Schuldenhaftung und des Gläubigerschutzes, 1994.

gatten können jede Vereinbarung treffen, ohne andere Beschränkungen als die dieses Gesetzbuches. Mangels eines Vertrages gilt das System der „Sociedad de Gananciales" (Art. 1316) als gesetzlicher Güterstand.[4] Die Sociedad de Gananciales bildet ein ähnliches System wie die deutsche Zugewinngemeinschaft, entstammt jedoch nicht einer auf Gleichberechtigung der Frau gerichteten Familienrechtsreform, sondern ist ursprüngliches CC-Recht, geht auf mittelalterliche Vorbilder zurück. Im Gegensatz zum deutschen Familienrecht, wo die Zugewinngemeinschaft genau genommen ein System der Gütertrennung mit evtl. späterem Zugewinnausgleich ist, handelt es sich in Spanien um eine echte Gemeinschaft, um Gesamthandseigentum der Ehegatten. Art. 1344:

| „Mediante la sociedad de gananciales se hacen comunes para el marido y la mujer las ganancias o beneficios obtenidos indistintamente por cualquiera de ellos, que les serán atribuidos por mitad al disolverse aquélla." | Bei der Zugewinngemeinschaft werden die Zugewinne oder Vorteile, die ununterscheidbar von einem Ehegatten gemacht sind, gemeinsames Vermögen von Mann und Frau, und zwar zur Hälfte zugeschrieben, für den Fall der Auflösung dieser Gemeinschaft. |

Gesamthand heißt „comunidad en mano común" oder „mancomunidad". Auf den germanischrechtlichen Ursprung wird ausdrücklich hingewiesen. Den Ehegatten gehört persönlich nur das Vermögen, das sie vor der Eheschließung erworben haben, ferner jedes Vermögen, das sie persönlich nach der Eheschließung durch Erbschaft, Legat oder Schenkung erwerben. Dagegen gelten als „Gananciales" (Vermögen, das beiden Ehegatten gehört) alle Zugewinne, die nach der Eheschließung wie folgt erworben worden sind (Art. 1347):

- durch die Arbeit oder Geschäftstätigkeit irgend eines der Ehegatten,
- alle Früchte, Renten oder Zinsen, sowohl aus dem Privatvermögen der Ehegatten, wie auch aus dem gemeinschaftlichen Vermögen selbst,
- alles Vermögen, welches gegen Entgelt zu Lasten der gemeinsamen Mittel erworben ist, unabhängig, ob der Erwerb für die Gemeinschaft oder für einen einzelnen Ehegatten erfolgt,
- das Vermögen, das durch einen Rückkauf („derecho de retracto") zum gemeinschaftlichen Vermögen erfolgt,
- die Unternehmen, die während der Ehe von irgendeinem der Ehegatten zu Lasten des gemeinschaftlichen Vermögens gegründet worden sind.

Es wird vermutet, daß vorhandenes Vermögen gemeinsam ist. – Die „Sociedad de Gananciales" ist das normale güterrechtliche System in Spanien. Normalerweise kann jeder der Ehegatten über dieses Vermögen verfügen, mit Ausnahme der Immobilien oder der Veräußerung von Geschäftslokalen. In diesen Fällen ist stets die Unterschrift von beiden Ehegatten erforderlich (Art. 1375). Das Gesetz regelt ferner das sogenannte „Régimen de Participación", in welchem jeder der Ehegatten sich

---

[4] Angelika Nake, Der spanische Güterstand der Errungenschaftsgemeinschaft …, 1996.

an dem Gewinn des anderen beteiligt (Art. 1411). Jedem Ehegatten steht die Verwaltung, der Genuß und die freie Verfügung des Vermögens zu, das er im Zeitpunkt der Eheschließung besaß. Wenn nach der Eheschließung irgendein Vermögen erworben wird, gehört es beiden gemeinschaftlich. Ferner regelt das Gesetz auch das eine besondere Vereinbarung erfordernde System der Gütertrennung (Art. 1435).

Im Erbrecht hat der gesetzliche Güterstand die Wirkung, daß bei Tod eines der Ehegatten vorweg das vermögensrechtliche Gesellschaftsverhältnis aufgelöst werden muß. Dann ist wie folgt vorzugehen: Es ist festzustellen, welches Vermögen dem verstorbenen Ehegatten allein gehörte, welches allein dem überlebenden Ehegatten. Das erstgenannte Vermögen unterliegt den normalen Erbschaftsbestimmungen. Danach sind die „Gananciales" festzustellen, also das gemeinsame Vermögen, das nach der Eheschließung erworben wurde. Davon wird die Hälfte sofort dem überlebenden Ehegatten zugeschlagen und zwar erbschaftssteuerfrei, da er das Vermögen nicht erbt, es gehörte ihm bereits. Die andere Hälfte der Gananciales wird zusammen mit dem Privatvermögen des Erblassers gemäß den anwendbaren erbschaftsrechtlichen Bestimmungen verteilt.

Rosa María Sánchez-Henke, Das Ehegattenerbrecht im spanischen Recht, 1999.

V. Trennung („separación")

Die Trennung von Eheleuten („separación") bedarf, um juristisch relevant zu sein, eines Gerichtsbeschlusses, ist aber nicht von Gründen abhängig, wenn sie von beiden Teilen oder von einem Teil mit Zustimmung des anderen beantragt ist. Bei einseitigem Antrag muß einer der Gründe des Art. 82 vorliegen: unbegründetes Verlassen – Untreue – ehewidriges Verhalten – Vernachlässigung der Kinder – des anderen Partners – Freiheitsstrafe – Alkoholismus, Drogensucht – gemeinschaftliches Aufgeben des ehelichen Zusammenlebens seit sechs Monaten – einseitiges Aufgeben seit drei Jahren.

VI. Scheidung („divorcio")

Die Scheidungsgründe des Art. 86 knüpfen bei der Trennung („el cese efectivo de la convivencia conyugal") an, setzen diese im Regelfall voraus. An das besonders heikle Problem des § 1567 II BGB wagt sich ebenso vorsichtig Art. 87 CC heran: die Beendigung des ehelichen Zusammenlebens (mit den daraus resultierenden Fristen) wird nicht aufgehoben durch Beibehaltung oder (zeitweilige) Wiederaufnahme des Lebens in gemeinsamer Wohnung, wenn dies notwendig ist oder einem Versöhnungsversuch dient oder im Interesse der Kinder liegt.

Weder Trennung noch Scheidung entheben die Eltern ihrer Pflichten gegenüber den Kindern, Art. 92. Richterliche Anordnungen haben dem Wohl („beneficio") der Kinder zu dienen (Abs. 2). Der Erzeuger („progenitor"), der nicht die Kinder mit sich führen darf, erhält Besuchsrechte. Näheres bestimmt der Richter, ebenso über Vermögensfragen. Die knappe Regelung des Art. 97 ist unscheinbar gegenüber unserer Regelung zum Versorgungsausgleich. Der Grundsatz lautet:

„El cónyuge al que la separación o divorcio produzca desequilibrio económico en relación con la posición del otro, que implique un empeoramiento en su situación anterior en el matrimonio, tiene derecho a una pensión que se fijará en la resolución judicial, teniendo en cuenta, entre otras, las siguientes circunstancias ..."	Der Ehegatte, für den die Trennung oder Scheidung ein wirtschaftliches Ungleichgewicht herbeiführt im Verhältnis zum anderen im Sinne einer Verschlechterung der Lage vor der Eheschließung, hat Recht auf eine Pension, die durch richterliche Entscheidung festgelegt wird, unter Berücksichtigung ...

Die zu berücksichtigenden Umstände werden ohne präzise Gewichtung aufgezählt: Vereinbarungen der Ehegatten – Alter und Gesundheit – Berufsqualifikation – Widmung und Aufopferung für die Familie – berufliche Mitarbeit – Dauer der Ehe und des ehelichen Zusammenlebens – Rechtsverluste – Einkommen („caudal") und die sonstige wirtschaftliche Lage. Dem Richter wird also unbegrenzte Gestaltungsfreiheit eingeräumt, eine solche „Pension" zu gewähren oder nicht. Auch wenn sie gewährt ist, gibt es das Erlöschen nach Art. 101 I.

„El derecho a la pensión se extingue por el cese de la causa que lo motivó, por contraer el acreedor nuevo matrimonio o por vivir maritalmente con otra persona."	Ein Recht auf Unterhalt erlischt mit dem Ende des Rechtsgrundes, wenn der Gläubiger eine neue Ehe eingeht oder eheähnlich mit einer anderen Person zusammenlebt.

So vernünftige Regeln sucht man vergebens in unserem Recht, § 1579 Nr. 7 BGB drückt sich vor dem wichtigsten Regelungsproblem.

VII. Die Eltern-Kind-Beziehung („de la paternidad y filiación")[5]

Art. 108:

„La filiación puede tener lugar por naturaleza y por adopción. La filiación por naturaleza puede ser matrimonial y no matrimonial. Es matrimonial cuando el padre y la madre están casados entre sí."	Elternschaft kann natürlich oder durch Adoption entstehen. Die natürliche Elternschaft kann ehelich oder nichtehelich sein. Ehelich ist sie, wenn Vater und Mutter miteinander verheiratet sind.

---

[5] Vgl. *Susanne Höhn,* Das deutsche Kindschaftsrecht im Vergleich zum spanischen Recht, informaciones 1998 Nr. 3 S. 10.

Diese aus der Reform 1981 stammende Vorschrift hat die frühere Unterscheidung zwischen „hijos legítimos e ilegítimos" aufgehoben. Die eheliche Elternschaft wird vermutet, wenn die Geburt nach der Eheschließung oder vor 300 Tagen nach Auflösung oder Trennung geschieht. Wenn das Kind binnen 180 Tagen nach Eheschließung zur Welt kommt, kann der Ehemann diese Vermutung widerlegen, Art. 117. Sonst bleibt ihm nur die Anfechtung der Ehelichkeit („impugnación") binnen eines Jahres nach Eintragung des Kindes in das Zivilregister, Art. 136. Die nicht-eheliche Vaterschaft wird durch Anerkennung beim Zivilregister oder durch rechtskräftiges Urteil („sentencia firme") amtlich. Im Vaterschaftsprozeß werden alle Beweismittel zugelassen, auch biologische, Art. 127. Auch das Zusammenleben des beklagten Mannes mit der Kindesmutter während der Empfängniszeit („época de la concepción") kann Grundlage der Verurteilung sein, Art. 135. Über künstliche Befruchtung L 35/1988 v. 11. 11. „sobre técnicas de reproducción asistida".

VIII. Unterhaltspflicht

Gegenseitig zum Unterhalt verpflichtet sind Ehegatten und Verwandte in gerader Linie („ascendientes y descendientes"). Aber auch Geschwister können verpflichtet sein, im Gegensatz zum deutschen Recht, Art. 143 II, bei unverschuldeter Bedürftigkeit:

| „Los hermanos sólo se deben los auxilios necesarios para la vida, cuando los necesiten por cualquier causa que no sea imputable al alimentista, y se extenderán en su caso a los que precisen para su educación." | Die Geschwister schulden sich nur die notwendige Unterstützung zum Leben, wenn der Unterhaltsempfänger bedürftig ist aus einem Grunde, den er nicht zu vertreten hat, und sie erstreckt sich gegebenenfalls auf die Kosten der Erziehung (Ausbildung). |

Sonst gilt der Grundsatz des Art. 146:

| „La cuantía de los alimentos será proporcionada al caudal o medios de quien los da y a las necesidades de quien los recibe." | Der Umfang des Unterhalts richtet sich verhältnismäßig nach dem Vermögen oder Mitteln desjenigen, der gibt, und den Bedürfnissen desjenigen, der empfängt. |

Für nichteheliche Kinder sind keine besonderen Bestimmungen vorgesehen, diese sind vielmehr vollständig gleichgestellt.

IX. Väterliche Gewalt

Bei der altertümlichen „patria potestad" ist es geblieben, nur steht sie jetzt entgegen dem Wortsinn Vater *und* Mutter zu, Art. 154. Allerdings läßt die Reform von 1981 der patriarchalischen Ehe ein weit geöffnetes Einfallstor, Art. 156 Abs. 1:

„La patria potestad se ejercerá conjuntamente por ambos progenitores o por uno solo con el consentimiento expreso o tácito del otro."	Die väterliche Gewalt wird von beiden Eltern zusammen ausgeübt oder von einem Elternteil allein mit ausdrücklicher oder stillschweigender Zustimmung des anderen.

Die elterliche Gewalt ist stets zum Wohl der Kinder auszuüben und bedeutet im einzelnen (Art. 154): (1) zu ihrem Schutz wachsam zu sein, sie zu begleiten, zu unterhalten, zu erziehen und für eine Berufsausbildung zu sorgen, (2) sie zu vertreten und ihren Besitz zu verwalten. Es gilt auch hier die Zweiteilung in Personen- und Vermögenssorge.

Aber: korrespondierende *Pflichten* der Kinder, Art. 155: sie müssen ihren Eltern gehorchen und diese achten („respetarles"), sogar „immer"; sie müssen angemessen, gemäß ihren Möglichkeiten, zum Familienaufwand beitragen, solange sie in der Familie leben. Sehr nahe an den Zehn Geboten!

Die elterliche Gewalt kann bei Unfähigkeit oder schuldhafter Verletzung durch Urteil entzogen werden: Art. 170.

Das G 1/1996 „de protección jurídica del menor" v. 15. 1. versucht, Jugendlichen richterliche Unterstützung zu geben.[6]

X. Vormundschaft („tutela") und Pflegschaft („curatela")

Beide Einrichtungen sind in den Art. 215 ff. geregelt. Die Reform von 1983 (Nr. 13 v. 24. 10.) hatte frühere Familienbefugnisse dem Staat übertragen. Daneben gibt es noch den „Defensor judicial" zur Führung bestimmter Prozesse.

§ 8. Vermögensrecht (Buch 2)

Literatur: P. Gantzer, Spanisches Immobilienrecht, 8. Aufl. 1999; *Markus Hellmann,* Immobilienkauf nach spanischem Recht, 1999; *Carlos Wienberg,* Immobilienerwerb in Spanien, informaciones 2000 S. 117; *Leo J. Heinl,* Immobilien kaufen in Spanien, 1998; *Dieter Gebel,* Der Immobilienerwerb in Spanien ..., RIW 1998 S. 210 ff.; *L. Díez-Picazo,* Fundamentos del Derecho Civil Patrimonial, 5 Bde, Madrid 1996; *J. González Pérez,* Comentarios a la Ley sobre régimen del suelo y valoraciones, Madrid 1998.

I. Begriffe, Einteilungen

Art. 333 besagt:

„Todas las cosas que son o pueden ser objeto de apropiación se consideran como bienes muebles o inmuebles."	Alle Sachen, die Gegenstand einer Aneignung sein können, gelten als bewegliche oder unbewegliche Güter.

---

[6] *Julia Beck,* Jugendrechte und Jugendschutz in Spanien, 2000.

Die unbeweglichen Güter werden in Art. 334 sehr detailfreudig aufgeführt, bis hin zu Fischteichen und Bienenkörben. Für die beweglichen Güter ist nach Art. 335 wesentlich, daß sie transportiert werden können, ohne daß die Grundlage, auf der sie sich befanden, im Wert gemindert wird. Die Bedeutung des Unterschiedes beweglich/unbeweglich ist viel geringer als im deutschen Recht.

Güter stehen im öffentlichen oder privaten Eigentum. Beim Staatseigentum sind herausgehoben die Güter des „Patrimonio Real", des nationalen Erbes, darüber Ley 44/1995 v. 27. 12.

II. Der Besitz

Besitzformen sind, ähnlich unseren Unterscheidungen:

- der redliche Eigenbesitz und sonstige tatsächliche Sachgewalt (posesión civil y posesión natural), Art. 430; („tenencia" = Innehabung der Sache)
- die eigenhändige Besitzausübung und die durch einen anderen (ejercicio propio de la posesión y por medio de otro), Art. 431;
- Eigenbesitz und Fremdbesitz (posesión en concepto de dueño y en concepto de tenedor), Art. 432;
- mittelbarer und unmittelbarer Besitz (abgeleitet aus Art. 432, vgl. § 868 BGB);
- redlicher und unredlicher Besitz (posesión de buena y de mala fe), Art. 433, vgl. unten bei der „prescripción".

Erworben wird der Besitz gem. Art. 438 durch „ocupación" oder durch Rechtsakte. Ein materieller Schutz gegen verbotene Eigenmacht existiert nicht im CC. Eine Besitzschutzklage ist jedoch gem. Art. 446 CC i. V. m. Art. 1651 LEC („defensa interdictal") gegen den Besitzstörer möglich. Auch hier ist der CC beim römischen Recht stehengeblieben. Der Besitzer verliert seinen Besitz durch die vier in Art. 460 genannten Fälle: Aufgabe („abandono"), Übertragung („cesión"), Verlust („pérdida") und fremde Eigenmacht, wenn die Sachgewalt länger als ein Jahr andauert.

III. Eigentum („propiedad"; „dominio")

Art. 348 zieht die §§ 903 und 985 BGB zusammen:

„(1) La propiedad es el derecho de gozar y disponer de una cosa, sin más limitaciones que las establecidas en las leyes.

(2) El propietario tiene acción contra el tenedor y el poseedor de la cosa para reivindicarla."

(1) Das Eigentum ist das Recht, eine Sache zu nutzen und über sie zu verfügen, ohne andere Beschränkungen als die der Gesetze.

(2) Der Eigentümer hat Anspruch gegen den Inhaber und Besitzer der Sache, diese herauszufordern.

Dieser letzte Absatz 2 ist ohne Rückverweisung zum Römischen Recht wohl nicht zu verstehen. Dieses kannte noch nicht den materiell-

§ 8. Vermögensrecht (Buch 2) 57

rechtlichen Anspruch, sondern bestimmte prozessuale Positionen, die als „actio" vom Kläger eingenommen werden konnten. Dem Eigentümer stand als „actio in rem" die „rei vindicatio",[1] die Herausforderung der Sache, zu. In „vindicatio" steckt „dicare vim", also Gewalt ansagen, als Selbsthilfe oder staatliche Vollstreckung. Ein Anspruch, durch Gewalt bewehrt! Diese actio konnte sich gegen den schlichten Besitz richten („posesión") oder gegen den, der die Sache aufgrund eines Besitzmittlungsverhältnisses innehatte („tenedor"). Es wird also mit dem genannten Artikel viel Rechtsgeschichte fortgeführt.

Voraussetzung der „acción reivindicatoria" ist gem. STS v. 10. 6. 69 und v. 5. 12. 77

– daß der Anspruchsteller Eigentümer der Sache ist,
– daß der Anspruchsgegner im Besitz der Sache ist und kein Recht zum Besitz hat,
– daß die Sache genau bestimmt wird („identificación de la cosa").

Die Übereignung setzt bei beweglichen Sachen wie bei Immobilien einen Erwerbsgrund (título, causa remota) und einen „modo", eine Erwerbsart (causa próxima) voraus. Die bloße Übergabe reicht niemals zur Übertragung des Eigentums. Ihr muß vielmehr ein Kauf oder eine andere gerechtfertigte „causa" zugrunde liegen. Somit kennt das spanische Recht zwar das *Trennungsprinzip*, das *Abstraktionsprinzip* ist ihm jedoch *fremd*.[2] Der Erwerb vom Berechtigten ergibt sich aus Art. 609 II letzte Alternative: „por consecuencia de ciertos contratos mediante la tradición".

Eine „Auflassung", als eine Einigung über den Übergang von Grundstückseigentum mit rechtsgeschäftlichem Charakter gibt es nicht, konsequenterweise auch keine Vormerkung. Entscheidend für den Zeitpunkt des Erwerbs ist der Eingangsvermerk des Registerbeamten über die vorgelegten Urkunden („asiento de presentación").

Umgekehrt ist die Vereinbarung des Eigentumsvorbehalts auch bei Immobilien möglich, erfolgt dann in der Regel durch die „escritura".[3]

IV. Grundeigentum und „Registro de la Propiedad"

Da dieses Register zur Eintragung des Eigentums und von anderen dinglichen Rechten an Grundstücken[4] dient (Art. 60 II), wird man es leicht mit unserem Grundbuch(amt) verwechseln. Der Registereintrag

---

[1] *Kaser*, Das Römische Privatrecht, Bd. I, München 1955, S. 110 ff., 340 ff.; *Wieakker*, Römische Rechtsgeschichte, Bd. I, München 1988, S. 447 ff.
[2] Vgl. *Diéz-Picazo/Gullón*, Sistema de Derecho Civil, Bd. II S. 150 unter Zitierung von *Savigny*, unter Ablehnung der französischen Doktrin.
[3] Vgl. RD 2537/1994 v. 29. 12. „sobre la colaboración entre las Notarías y los Registros de la Propiedad para la seguridad del tráfico inmobiliario".
[4] *Löber*, Grundeigentum in Spanien, 6. Aufl. 2000; *A. Monserrat Valero*, Derecho Inmobiliario Registral, Madrid 2000.

hat aber nach spanischem Recht im strikten Gegensatz zum deutschen Recht nur *deklaratorische*, keine konstitutive Wirkung (Ausnahmen: Hypothek; time-sharing; Schenkung von Immobilien). Schon der Kaufvertrag (Art. 1445 ff.) kennt keinen Unterschied zwischen beweglichen Sachen und Grundstücken. Nur für Zwecke der späteren Eintragung bedarf es der „escritura pública" des Art. 1280 Nr. 1. Auch der Übergang des Eigentums an einem Grundstück vollzieht sich wie bei beweglichen Sachen durch Übergabe („tradición") in Erfüllung des geschlossenen Kaufvertrages, bei einem Hausgrundstück etwa mit der Einweisung in den Besitz und Aushändigung der Schlüssel (Art. 609 II) oder durch Aushändigung des notariellen Kaufvertrages, Art. 1462 II. Erst für die Außenwirkung ist die Registereintragung rechtserheblich: vorher kann das Eigentumsrecht einem Dritten nicht entgegengehalten werden, Art. 606 (Registerauszug = nota simple informativa). In diesem Stadium steht dem nicht eingetragenen Eigentümer nur der Schutz des Besitzers (Art. 446 ff.) zu. Das Eigentumsrecht wird nicht als „absolut" verstanden, ein starker Gegensatz zum deutschen Recht, allerdings mit der Tendenz zur Einebnung.

V. Schutz des guten Glaubens

Gutgläubiger Erwerb von Grundeigentum setzt Registereintragung voraus. Maßgebend ist das Hypothekengesetz („Ley Hipotecaria"), das also nicht nur diesen speziellen Bereich, sondern allgemeines Sachenrecht regelt. Die Richtigkeit des Registers wird zum Schutz des Rechtsverkehrs vermutet, Art. 38:

„A todos los efectos legales se presumirá que los derechos reales inscritos en el Registro existen y pertenecen a su titular en la forma determinada por el asiento respectivo."

Für alle Rechtsfolgen wird vermutet, daß die im Register eingetragenen dinglichen Rechte bestehen und dem Inhaber zustehen, in der bestimmten Form und zur gegebenen Stelle.

Daraus folgt nach Art. 34, daß ein Dritter bei entgeltlichem Erwerb von einer als Eigentümer eingetragenen Person das Eigentum erwirbt, sobald er selbst eingetragen wird.

„La buena fe del tercero se presume siempre, mientras no se pruebe que conocía la inexactitud del Registro."

Der gute Glaube des Dritten wird vermutet, solange man nicht nachweist, daß er die Ungenauigkeit des Registers kannte.

Für bewegliche Sachen fehlt eine entsprechende Regelung. Den Kaufvertrag erfüllt der Verkäufer schon, wenn er dem Käufer „poder y posesión" (Gewalt und Besitz) über die Sache verschafft, Art. 1462. Der Eigentumsübergang erfolgt normalerweise automatisch „mediante la tradición" (Art. 609), durch die blosse Übergabe, ohne zusätzliche ding-

§ 8. Vermögensrecht (Buch 2)

liche Einigung. Liegt kein gültiger Kaufvertrag vor, so fehlt es am „título" für den Eigentumserwerb, der Übergebende ist Eigentümer geblieben, hat also – hier zeigt sich der Unterschied zum Abstraktionsprinzip des BGB! – nicht nur den Bereicherungsanspruch, sondern den dinglichen Herausgabeanspruch. Fehlt es am Eigentum des Veräußerers, so konnte das Eigentum auch nicht übergehen, der Erwerber ist aber *als Besitzer* geschützt, Art. 464:

| „La posesión de los bienes muebles, adquirida de buena fe, equivale al título." | Der Besitzer von beweglichen Sachen, in gutem Glauben erworben, kommt einem Titel gleich. |

Dieses gilt nicht, wenn die Sache verloren oder unrechtmäßig entzogen worden war, so daß die Rechtslage auf Umwegen der unsrigen gleich kommt.

VI. Eigentumswohnungen und andere dingliche Rechte

Das *Wohnungseigentum*[5] beruht schon auf Art. 396 CC, speziell auf einem Gesetz vom Jahre *1960* („Ley sobre Propiedad horizontal"), geändert durch Reformgesetz 8/1999 v. 6. 4. Wichtiges Anliegen der Reform 1999 war, daß Eigentümergemeinschaften effektiv und schnell offenstehende Forderungen gegenüber säumigen Eigentümern eintreiben können. Dazu ist ein vereinfachtes Gerichtsverfahren eingeführt, mit zügiger Vollstreckung. Auch ist ein Eigentümer, der auf seinem Besitz eine Tätigkeit ausübt, die nach den Statuten verboten oder ungesetzlich ist oder das gemeinsame Eigentum schädigen kann, fast schon strafrechtlichen Sanktionen ausgesetzt, die vielleicht gegen die Verfassung verstoßen. Für Kaufvertrag und Übereignung gelten sonst die Regeln über Grundstücke entsprechend. Starke Rechte hat die Eigentümerversammlung, die Verwaltungsfragen mit einer 3/5-Mehrheit entscheiden kann. – *Wasserrechte* sind in einem von Dürre („sequía") so sehr bedrohten Land besonders geregelt, Art. 409 ff. – *Nießbrauch* („usufructo"), Art. 467 ff. – *Dienstbarkeiten* („servidumbres"), Art. 530 ff. – *Hypotheken* gelten als vertragliche Schuldverhältnisse wie die Bürgschaft. – *Erbbaurecht* ist „Derecho de superficie".

VII. Teilnutzung von Ferienimmobilien („Time-Sharing")

Literatur: Ricardo Cabanas Tiejo, RIW 1999, S. 516 ff.; *Sonia Gumpert Melosa*, informaciones 1999, S. 8 ff.; *Antonio J. Jiménez Clar*, informaciones 1999, S. 12 ff.; *Schomerus*, Time-Sharing in Spanien, 1999; *J. M. Ruiz-Rico Ruiz/A. Cañizares Laso*, Comentario, Madrid 2000.

---

[5] *Löber/Pérez Martín*, Wohnungseigentum in Spanien, 4. Aufl., Frankfurt/M. 2000.

Das G 42/1998 v. 15. 12. „sobre derechos de aprovechamiento por turno de bienes inmuebles de uso turístico y normas tributarias" hat in einen florierenden Geschäftsbereich strenge benutzerschützende Regeln eingezogen. Verpönt wurde der früher gebräuchliche Ausdruck „multipropiedad" –: es handele sich um Nutzungsrechte, jeder Hinweis auf „Eigentum" sei täuschend und mißbräuchlich.

Dieses Gesetz ist zwingend. Es findet auf alle Verträge mit Teilnutzung über in Spanien belegene Immobilien Anwendung. Darüber gibt es auch keine freie Rechtswahl. Frühere Verträge sollen über solche Klauseln zu Rechtsordnungen exotischer Steuerparadiese geführt haben. Damit ist es aus. Der Veräußerer wird hart angefaßt, muß auch eine Versicherung für Entschädigungsforderungen abschließen.

Das Teilzeitnutzungsrecht ist im Regelfall ein beschränktes dingliches Recht, als solches auch eintragbar, als Belastung von Grundstückseigentum oder Wohnungseigentum. Es kann auch in einer bloß schuldrechtlichen Beziehung aus Saisonmietverträgen entstehen, wenn mehr als 3 Jahre kontrahiert sind.

Dem Erwerber des Nutzungsrechts steht ein Widerrufsrecht innerhalb von 10 Tagen nach Vertragsschluß zu, ohne Begründungspflicht, ohne Pflicht zur Entschädigung. War der Vertrag notariell beurkundet, so hat auch der Widerruf notariell zu erfolgen.

Einem Nutzer stehen meist zwei Partner gegenüber, der Veräußerer (bzw. Vermieter) und das Verwaltungsunternehmen („empresa de servicios"). Der Veräußerer haftet für die korrekte Erbringung der Leistungen dieses Unternehmens. Umgekehrt steht ihm die Kündigung zu, wenn der Nutzer die Verwaltungsgebühren trotz Aufforderung nicht erbringt, allerdings nur unter Hinterlegung eines Anteils des Erwerbspreises. Die Einbindung des Vertrages in eine Tauschorganisation („empresa de intercambio") wird als selbständig behandelt.

Gerichtsstand für dingliche Nutzungsrechte ist bei den spanischen Gerichten, für schuldrechtliche Beziehungen kommt immer noch die freie Rechtswahl gemäß EG-Übereinkommen in Frage.

Skeptiker sagen: unseriöse Geschäftspraktiken sind zwar wirksam bekämpft, aber werden seriöse Geschäftsleute noch solche eigentlich sehr nützlichen Verträge anbieten?

§ 9. Erbrecht (Buch 3)

Deutsche Literatur: Guillermo Frühbeck, Gesetzliche Erbfolge, informaciones 1995 S. 21; Löber, Erben und Vererben in Spanien, 3. Aufl. 1998; Rosa María Sanchez-Henke, Das Ehegattenerbrecht im spanischen Recht, 1999; Flick/Piltz, Der internationale Erbfall, 1999. – Spanisch: Martín Garrido Melero, Derecho de Sucesiones, Madrid 2000.

I. Erbfolge („sucesión")

Die Erbfolge ist gewillkürt („testamentaria") oder gesetzlich („legítima" oder „intestada"). Erbe („heredero") ist, wer einen allgemeinen Titel („título universal") hat, Vermächtnisnehmer („legatario") ist jemand mit besonderem Titel, Art. 657 ff.

II. Testamente

Das Testament ist ein höchstpersönliches Rechtsgeschäft („un acto personalísimo"), Art. 670. Das spanische Recht kennt drei wichtige Arten von Testamenten: „abierto" – „cerrado" – „ológrafo". Das handschriftliche Testament („ológrafo") steht nur volljährigen Personen offen (Art. 688). Das öffentliche Testament geschieht vor dem Notar, mit drei geeigneten Zeugen („testigos idóneos") und bedarf eines wenigstens 14-jährigen Testators. Das „testamento cerrado", die Übergabe eines verschlossenen und versiegelten Schriftstücks an den Notar, braucht sogar fünf Zeugen, Art. 707. Sonderformen: Militärtestament, Seetestament, Auslandstestament. (Nach katalanischem Recht gibt es das kirchliche Testament nach gelesener Messe in der Kirche Nuestra Señora de la Merced in Barcelona.) Wichtig Art. 737:

| „Todas las disposiciones testamentarias son esencialmente revocables, aunque el testador exprese en el testamento su voluntad o resolución de no revocarlas." | Alle testamentarischen Verfügungen sind notwendig widerruflich, auch wenn der Testator im Testament seinen Willen oder seine Entschließung ausdrückt, sie nicht zu widerrufen (vgl. unten S. 161). |

Das spanische Recht legt also großen Wert darauf, daß eine Verfügung von Todes wegen den letzten Willen des Erblassers zum Ausdruck bringt. Eine dem deutschen *Erbvertrag,* der nicht mehr widerruflich ist, vergleichbare Institution fehlt, ist sogar ausdrücklich untersagt (Art. 1271 II), ebenso das gemeinschaftliche Testament von Ehegatten mit Bindungswirkung (Art. 669). Beide Verfügungsformen gibt es jedoch in regionalen Foralrechten wie Navarra, Aragón und Katalonien.

Ein nach deutschem Erbrecht von Eheleuten errichtetes *gemeinschaftliches Testament* oder ein *Erbvertrag* entfaltet auch in Spanien (z. B. hinsichtlich des dort befindlichen Vermögens) volle Rechtswirkung, die deutsche Staatsangehörigkeit des Erblassers (Erbstatut: Art. 9 Nr. 1) vorausgesetzt. Das Haager Abkommen über die Form von Testamenten von 1961 gilt seit 1988 auch im Verhältnis zu Spanien (vgl. Art. 26 EGBGB).

III. Erbeinsetzung, Vermächtnis

Das spanische Recht schützt die Familie stärker, als dies das deutsche Recht mit bloßen Pflichtteilsansprüchen tut, es kennt die Einrichtung des „heredero forzoso" = Zwangserben. Dies sind Nachkommen (Kinder, Enkel usf.), sonst die Vorfahren bzw. deren Nachkommen, in jedem Fall die/der Witwe(r), Art. 807. Nur beim Fehlen von „herederos forzosos" hat der Erblasser volle Dispositionsfreiheit, Art. 763. Für Kinder etc. beträgt „la legítima" zwei Drittel der gesetzlichen Erbschaft, nur über ein Drittel kann der Erblasser verfügen. Eltern etc. haben eine „legítima" von ½ der gesetzlichen Erbschaft, Art. 808 u. 809. Nach Foralrecht können Pflichtteile für Haussöhne einen nur symbolischen Charakter haben, damit der älteste Sohn oder der fähigste den ganzen Hof erben kann. Der Ehepartner hat gegenüber dem Erben ein Nießbrauchsrecht, gegenüber Nachkommen an einem Drittel der Erbschaft, gegenüber Vorfahren an der Hälfte, gegenüber sonstigen Erben zu zwei Dritteln, Art. 834. Über die Enterbung („desheredación") und ihre Gründe: Art. 848 ff.

Das Erbrecht des CC kennt *keine Vor- und Nacherbschaft*, also die Einsetzung einer Person in der Weise, dass sie erst Erbe wird, nachdem zunächst ein Anderer Erbe (Vorerbe) gewesen war und verstorben ist. Eine vergleichbare Einrichtung ist nach Art. 774 ff. die „sustitución", die in der Nähe unseres „Ersatzerben" liegt. Der Erblasser kann an die Stelle des eingesetzten Erben eine Person benennen, die für ihn eintritt, wenn er vor dem Erbfall stirbt oder das Erbe nicht annehmen will oder nicht kann. Im Falle der „sustitución fideicomisaria" (Art. 781) wird dem Erben – aber nicht über den 2. Grad hinaus – auferlegt, das Erbe ganz oder teilweise zu erhalten und einem Dritten zu übertragen.

Vermächtnis heißt „legado", der „legatario" erwirbt nicht „a título universal", sondern nur „a título particular", Art. 660.

Durch die Institution der Zwangserben zerfällt die Erbmasse in zwei Teile, einen gebundenen und einen zur freien Verfügung. Hinsichtlich der Abkömmlinge ist ein dritter Teil zu unterscheiden „la mejora de libre disposición", der im Rahmen der Zwangserbschaft der Testierfreiheit einigen Spielraum gibt, vgl. Art. 808 II u. 823. Dieses Drittel kann der Erblasser unter Kindern und deren Abkömmlingen frei verteilen, darf also bevorzugen und benachteiligen, je nachdem, wer seinem Herzen näher oder ferner steht.

> Erblasser vererbt einen Reinnachlass in Höhe von 90 000 Euro, er hat 3 Kinder, A, B und C. Er wendet die mejora in Höhe von 15 000 Euro A zu (= ⅙). A hätte an sich, wie auch B und C, Anspruch auf eine legítima von 20 000. Jetzt bekommt A 30 000, B und C nur je 15 000. Über die letzten 30 000 konnte Erblasser frei verfügen.

IV. Gesetzliche Erbfolge

Die spanische gesetzliche Erbfolge unterscheidet sich vom Parentelsystem des BGB, ist einfacher gestaltet, setzt den überlebenden Ehegatten erst an die dritte Stelle der Reihe (dafür: Nießbrauch am Nachlaß). In erster Linie sind Kinder oder weitere Abkommen erbberechtigt. Art. 931; gibt es sie nicht, die Eltern des Erblassers oder andere Vorfahren; bestehen auch diese nicht, dann der überlebende Ehegatte; alsdann die Verwandten in der Seitenlinie; ganz zuletzt der Staat, Art. 956.

Die deutsche Witwe eines Spaniers haftet beim Vorhandensein von ehelichen Kindern, weil sie nach gesetzlicher Erbfolge nicht Erbin wird, auch nicht für Nachlaßverbindlichkeiten: BGH NJW 1992, 909.

Wenn einer der gesetzlichen Erben nicht erben kann oder will, dann gibt es eine Art von Ersatzerbfolge durch das „Derecho de representación", eigentlich Vertretung, aber anders gestaltet. Verwandte absteigender Linie haben das Recht, für einen Vorfahren in alle Rechte einzutreten, die dieser gehabt hätte, aber nicht hat, weil er entweder nicht mehr lebt oder nicht erben kann. Die Repräsentation soll dem mutmaßlichen Willen des Erblassers entsprechen. Der Repräsentant tritt ein aus eigenem Recht, nicht als Erbe des Vertretenen. Nur verstorbene, enterbte oder erbunfähige Personen können repräsentiert werden, und nur zugunsten von Nachfahren, in der Seitenlinie nur für Geschwisterkinder (Art. 925).

V. Annahme, Ausschlagung, Verzicht, Haftung

Der Erbe (die Erben) kann die Erbschaft annehmen oder ausschlagen. Neun Tage zur Überlegung gibt Art. 1004 ihm Zeit, vorher gibt es keine „acción contra el heredero para que acepte o repudie". Die Annahme (aceptación): ausdrücklich oder durch konkludente Handlung. Ausschlagung (repudiación) nur öffentlich beurkundet, Art. 1008. Beide Erklärungen sind unwiderruflich. Will der Erbe eine Beschränkung seiner Haftung erreichen, so empfiehlt sich eine Annahme „a beneficio de inventario", der Erbe haftet dann nur mit dem Nachlaß, Art. 1023. Sonst tritt die Haftung ein, Art. 1003:

„Por la aceptación pura y simple, o sin beneficio de inventario, quedará el heredero responsable de todas las cargas de la herencia, no sólo con los bienes de ésta, sino tambien con los suyos propios."	Durch die uneingeschränkte Annahme, ohne den Vorteil der Inventarerrichtung, haftet der Erbe für alle Belastungen der Erbschaft, nicht nur mit derselben, sondern auch aus eigenem Vermögen.

Bis zur Klärung Annahme/Ausschlagung gilt die Erbmasse als ruhend („herencia yacente"), notfalls kann ein Verwalter berufen werden.

Der vorweggenommene *Erbverzicht* eines Zwangserben ist streng ausgeschlossen, Art. 816:

„Toda renuncia o transacción sobre la legítima futura entre el que la debe y sus herederos forzosos es nula, y éstos podrán reclamarla cuando muera aquél; pero deberán traer a colación lo que hubiesen recibido por la renuncia o transacción."

Jeder Verzicht oder jede Verfügung über das künftige Erbe zwischen dem, der dies schuldet und seinen Zwangserben ist nichtig, und diese können sich nach dessen Tod darauf berufen; aber sie müssen in Anrechnung bringen, was sie für den Verzicht oder die Verfügung erhalten haben.

VI. Erbengemeinschaft, Auseinandersetzung

Mehrere Erben – der Normalfall! – befinden sich juristisch in einer auf Teilung angelegten Gemeinschaft, „la indivisión de herencia" nach Art. 1051. Die „herederos forzosos" gehören dazu, auch wenn das Testament sie vollständig übergangen hat. Nach deutschem Recht stünden sie als Pflichtteilsberechtigte außerhalb der Erbengemeinschaft und hätten nur schuldrechtliche Ansprüche, hier sind sie Miteigentümer am Nachlaß. Freilich kann die Zuwendung der „legítima" auch durch Vermächtnis erfolgen.

Der Testamentsvollstrecker heißt „el albacea". Er hat aber nicht sehr weitgehende Befugnisse. Der Erblasser kann einen oder mehrere solcher Vollstrecker ernennen. Einfacher kann ein Verteiler („partidor") ernannt werden, dazu jeder, der nicht Miterbe ist, Art. 1057 I.

VII. Vermögensübertragung unter Lebenden

Unter Lebenden finden in der Praxis unzählbare Übertragungen von Vermögen auf den Todesfall statt, Übergang von Geschäftsanteilen, Wertpapierdepots, Lebensversicherungen auf den Todesfall, Einbringung in Familienstiftungen. Im Bereich der nichtselbständigen Arbeit können Anwartschaften auf Renten der „Seguridad Social" für spätere Witwen- oder Waisenrenten („pensión de viudedad y/u orfandad") übertragen werden.

Hier ist das Erbschaftsrecht nicht zuständig, möglicherweise aber das Erbschaftssteuerrecht[1] (vgl. Ley 29/1987 v. 18. 12. „Impuesto General sobre Sucesiones y Donaciones" – es werden also auch in Spanien Schenkung und Vererbung gleichgestellt).

---

[1] Vgl. *Dieter Gebel,* Erbschaftssteuer in Spanien..., RIW 2000 S. 502 ff.; *Monika Reckhorn-Hengemühle,* RIW 1996 S. 212 ff.

§ 10. Allgemeines Schuldrecht (Buch 4 Titel I–III)[1]

I. Grundregeln

Die allgemeinen Bestimmungen zum Schuldrecht stehen keineswegs auf solcher Abstraktionshöhe wie die des BGB, dadurch sind sie leichter zu verstehen. Oft wirkt es geradezu rührend, wie sehr sich der Gesetzgeber, etwa durch Wiederholungen, darum bemüht, auch wirklich verstanden zu werden. Schon der erste Art. 1088 sagt dasselbe wie § 241 BGB, aber angenehm kürzer:

„Toda obligación consiste en dar, hacer o no hacer alguna cosa."	Jede Verpflichtung besteht darin, etwas zu geben, zu tun oder nicht zu tun.

Der folgende Art. 1089 würde dem BGB nicht schlecht angestanden haben, auch wenn man dessen Fehlen mit „Ein Gesetz ist kein Lehrbuch!" verteidigt.

„Las obligaciones nacen de la ley, de los contratos y cuasi contratos, y de los actos y omisiones ilícitos o en que intervenga cualquier género de culpa o negligencia."	Verpflichtungen entstehen aus dem Gesetz, aus Verträgen oder Quasiverträgen und aus verbotenen Handlungen oder Unterlassungen oder solchen, die aus grober oder leichter Fahrlässigkeit entstehen.

Bei diesen letzten Hinweisen auf das Deliktsrecht (s. Art. 1902 ff.) zeigt sich wieder die weniger strenge Begrifflichkeit: keine genaue Unterscheidung zwischen Tatbestandsmäßigkeit und Rechtswidrigkeit; zwei verschiedene Fahrlässigkeitsbegriffe. Die zivilrechtlichen Folgen aus der Verletzung von Strafgesetzen stehen im Código Penal von 1995 (s. dort Art. 125), es bedarf also keiner Transpositionsklausel wie § 823 II BGB.

II. Schadensersatz

Der vertragliche Schadensersatz, sei es wegen Nichterfüllung (Unmöglichkeit), Späterfüllung oder Schlechterfüllung, ist in Art. 1101 zusammengefaßt, steht also für gut ein Dutzend BGB-Paragraphen[2] zuzüglich der positiven Forderungsverletzung.

Vgl. G. *Versondert*, Schuldnerverzug im spanischen Recht, 2001.

---

[1] Vgl. von Savigny, Obligationenrecht, Berlin 1851/53 (2 Bde.), Neudruck 1973.
[2] Nach dem „Abschlußbericht der Kommission zur Überarbeitung des Schuldrechts", 1992, soll auch bei uns der neue zentrale Begriff „Pflichtverletzung" eingeführt werden und Unmöglichkeit wie Verzug ersetzen, vgl. *Kappus*, NJW 1992, 2404; W. *Ernst*, Die Schuldrechtsreform 2001/2002, ZRP 2001, 1 ff.

„Quedan sujetos a la indemnización de los daños y perjuicios causados los que en el cumplimiento de sus obligaciones incurrieren en dolo, negligencia o morosidad, y los que de cualquier modo contravinieren al tenor de aquélla."	Ersatzpflichtig für entstandene Schäden und Nachteile sind die, die bei der Erfüllung ihrer Verpflichtungen Vorsatz, Fahrlässigkeit oder Säumigkeit aufweisen, und die, die in irgendeiner Weise gegen ihren Inhalt verstoßen.

Die Verantwortung für Vorsatz kann nicht abbedungen werden. Wenn über die aufzubringende Sorgfalt nichts Besonderes gesagt ist, hat der Schuldner („deudor") sich wie ein guter Familienvater zu verhalten (!), Art. 1104 II. Der geschädigte Gläubiger („acreedor") kann auch den entgangenen Gewinn verlangen, Art. 1106. *Haftung* wird übersetzt mit „responsabilidad".[3]

Eine „culpa in contrahendo" wird in Spanien eher über das Deliktsrecht nach Art. 1902 abgewickelt".[4] Bei gegenseitigen Schuldverhältnissen kann die Nichterfüllung einer Seite der Anderen das Recht zur Auflösung geben, Art. 1124.

III. Verträge („De los contratos")

1. Vertragsfreiheit

Dieses wichtige, im BGB (vgl. § 305) eher verborgene Prinzip findet sich in Art. 1255:

„Los contratantes pueden establecer los pactos, cláusulas y condiciones que tengan por conveniente, siempre que no sean contrarios en las leyes, a la moral, ni al orden público."	Die Vertragspartner können die Abreden, Klauseln und Bedingungen festlegen, die sie für angemessen halten, sofern diese nicht gegen die Gesetze, die Moral oder die öffentliche Ordnung verstoßen.

Als große Einschränkung der Vertragsfreiheit ist jetzt das Gesetz über Allgemeine Geschäftsbedingungen („sobre condiciones generales de contratación") von 1998 zu sehen, womit die Europäische Richtlinie 93/13 – offenbar ohne große Begeisterung – umzusetzen war (mehr darüber im Handelsrecht).

2. Voraussetzungen

Ein (schuldrechtlicher) Vertrag hat drei Wirksamkeitsvoraussetzungen nach Art. 1261: die Übereinstimmung[5] der Vertragspartner („consentimiento"); ein bestimmtes Objekt („cosa") als Vertragsgegen-

---

[3] Beispielsweise über die Arzthaftung: *Martínez-Calcerrada*, La Responsabilidad civil médico-sanitaria, Madrid 1992; grundlegend *R. de Angel Yágüez*, Tratado de Responsabilidad Civil, Madrid 1993.

[4] *Anke de Villepin*, Schadensersatzansprüche wegen gescheiterter Vertragsverhandlungen nach spanischem Recht, 1999.

[5] Über Verträge zwischen Abwesenden *de los Mozos*, in: *Löber/Peuster* aaO, S. 177 ff.

stand; eine „causa" für die übernommene Verpflichtung. Liegen diese Voraussetzungen nicht vor, ist der Vertrag absolut nichtig („nulidad absoluta" oder „radical"), soviel wie nichtexistent. Die zugrunde liegenden Rechtsvorstellungen entsprechen dem französischen Code Civil Art. 1108.[6]
Die Übereinstimmung muß sich auf „la cosa" und „la causa" beziehen. Irrtum und Drohung machen den Vertrag relativ nichtig: „Será nulo el consentimiento prestado por error, violencia, intimidación o dolo", Art. 1265, wobei in den folgenden Artikeln diese Begriffe näher umschrieben sind. Vertragsobjekte sind Sachen (soweit nicht „extra commercium") und alle Dienstleistungen (soweit nicht gegen Gesetze oder gute Sitten verstoßend), Art. 1271, auch ausgenommen die Unmöglichkeit, Art. 1272.

Eine Riesenschwierigkeit steckt im Begriff „causa", obwohl ja auch in der deutschen Zivilrechtsdogmatik von kausalen Rechtsgeschäften[7] gesprochen wird, aber als Gegensatz zu abstrakten (dinglichen) Rechtsgeschäften, die das spanische Recht nicht kennt. Es ist so, als ob der „rechtliche Grund" des § 812 I BGB, der dort negative Voraussetzung für den Bereicherungsanspruch ist, zur positiven Voraussetzung für den gültigen Vertrag würde (allerdings nicht zur ausdrücklich geprüften Voraussetzung, denn das Vorhandensein dieses Merkmals wird vermutet, Art. 1277). Bei den gegenseitigen Verträgen ist „causa" die Aussicht auf Gegenleistung oder die do-ut-des-Beziehung; bei den unentgeltlichen ist es die „causa donandi" = „la mera liberalidad del bienhechor", Art. 1274. Der causa-Gedanke ermöglicht es dem spanischen Zivilrecht, Nichtigkeitsgründe des BGB wie Dissens, § 134 und § 138 zusammenzuziehen, auch dazu noch die Umdeutung, Art. 1275 f.:

„Los contratos sin causa, o con causa ilícita, no producen efecto alguno. Es ilícita la causa cuando se opone a las leyes o a la moral." – „La expresión de una causa falsa en los contratos dará lugar a la nulidad, si no se probase que estaban fundados en otra verdadera y lícita."

Verträge ohne Rechtsgrund oder mit verbotener causa haben keine Wirkung. Verboten ist die causa, wenn sie den Gesetzen oder der Moral widerstreitet. – Die Angabe einer falschen causa bedeutet Nichtigkeit des Vertrages, wenn man nicht nachweist, daß er eine andere wirkliche und erlaubte causa hat.

3. Nichtigkeit

Aus einem nichtigen Vertrag kann keine Leistung gefordert werden, der Gegner hat eine Einrede („excepción"). Was geschieht aber, wenn geleistet worden ist oder sonstige Wirkungen hervorgebracht sind? Da

---

[6] Vgl. *Hübner/Constantinesco*, Einführung in das französische Recht, 3. Aufl. 1994, S. 132; R. *Zimmermann*, The Law of Obligations, Cape Town 1990 S. 546.
[7] *H. P. Westermann*, Die causa im franz. und dt. Zivilrecht, 1964; *Capitant*, De la cause des obligations, 3. Aufl. (1927); grundlegend *Paulus*, Dig. 41, 1, 31 pr.

der schlichte Bereicherungsanspruch nur sehr begrenzt ist (Art. 1895 ff.), mußte das spanische Recht eine besondere „acción de nulidad" (Art. 1300) – es hieße statt „nulidad" besser „anulabilidad" – einrichten, die binnen vier Jahren zu erheben ist (Einzelheiten über den Fristbeginn in Art. 1301). Die Klage steht nur den geschützten Personen zu, also nicht dem Vertragspartner des Minderjährigen, nicht dem, der die Einschüchterung oder Gewalt oder den Irrtum hervorgerufen hatte, Art. 1302. Durch die so entstehende einseitige Berufungsmöglichkeit nähert sich die Nichtigkeit der *Anfechtbarkeit* an. Die Rückgabepflicht bei erfolgreicher Klage erstreckt sich auf die geleistete Sache mit den gezogenen Nutzungen, auf das Geld mit Zinsen. Der Geschäftsunfähige muß herausgeben, worum er bereichert ist, Art. 1304. Bei verbotenen Rechtsgeschäften mit beiderseitiger Beteiligung an dessen illegalem Charakter gibt es keine „acción de nulidad", bei beiderseitiger Sittenwidrigkeit jedenfalls keinen Rückforderungsanspruch, wohl aber bei einseitiger für den, der an der „torpeza" nicht beteiligt war. (Vgl. den römischen Spruch: *„turpitudinem suam allegans nemo auditur."*) Ist eine herauszugebende Sache untergegangen („perdido"), so ist – ohne Rücksicht auf Verschulden – der Wert zu ersetzen, Art. 1307. Bei gegenseitigen Herausgabeansprüchen besteht ein Zurückbehaltungsrecht. Durch die Bestätigung („confirmación") eines nichtigen Vertrages wird die „acción de nulidad" ausgeschlossen und der Vertrag rückwirkend gültig; doch dies ist nur möglich, wenn der Vertrag die Grundvoraussetzungen des Art. 1261 aufweist. Die Bestätigung muß durch beide Vertragspartner erfolgen, wenn beide ein Anfechtungsrecht hatten. Die stillschweigende Bestätigung kann in der Erfüllung bei Kenntnis der Anfechtbarkeit gesehen werden, Art. 1311. Geht die im Anfechtungsfalle herauszugebende Sache durch Verschulden des eventuell Rückgabepflichtigen verloren, so erlischt dessen Recht auf die „acción de nulidad".

Die rechtliche Konstruktion der Nichtigkeitsfolgen (bzw. die der Anfechtbarkeit) ist also sehr verschieden vom deutschen Zivilrecht, die Detaillösungen werden sich infolge gemeinsamer Wertungsgesichtspunkte jedoch wieder sehr ähnlich. An Eigenkritik wird in der spanischen Dogmatik nicht gespart. Bei dem Klassiker des Zivilrechts *José Castán Tobeñas*[8] liest man: „La nulidad de los actos y negocios jurídicos es uno de los conceptos más difusos del Derecho civil."

Neben der Nichtigkeit von Verträgen gibt es die einseitige Vertragsaufhebung („rescisión", Art. 1290 ff.) für mißglückte Vormundschaftsgeschäfte und Pflegschaftsgeschäfte, Gläubigerbenachteiligung

---

[8] Derecho Civil Español, Común y Foral, hier zitiert nach 7. Aufl., Madrid 1949, Bd. I, S. 818, spätere Auflagen von anderen Bearbeitern; auch *M. Pasquau Liaño*, Nulidad y Anulabilidad del Contrato, Madrid 1997.

und Veräußerung streitbefangener Gegenstände. Die „acción de rescisión" ist subsidiär gegenüber anderen Rechtsbehelfen und kann nur innerhalb von vier Jahren erhoben werden.

4. Form[9]

Die Frage der Form ist im spanischen Zivilrecht nachrangig, ein § 125 BGB fehlt, der Grundsatz „pacta sunt servanda" geht vor. Wenn das Gesetz die Ausstellung einer privaten oder öffentlichen Urkunde verlangt, so hat die Mißachtung dieser Regel nur die Folge, daß jeder Vertragspartner den anderen zwingen kann (die Überwindung der Beweisschwierigkeiten vorausgesetzt), die Formerfordernisse (mit) zu erfüllen und so dem Vertrag zu voller Wirksamkeit („eficacia") zu verhelfen, Art. 1279. Der formelle Akt kann durch Gerichtsurteil ersetzt werden. So (ohne unsere „Warnfunktion") geht es also auch! (Im alten Spanien soll es ehrenrührig gewesen sein, von seinem Partner etwas Schriftliches zu verlangen, dagegen nicht den Handschlag nach der Messe am Sonntag mit möglichst vielen Zeugen.) – Nach Art. 1280 ist eine öffentliche Beurkundung vor allem für Grundstücksgeschäfte vorgeschrieben.

5. Vertragsauflösung wegen Nichterfüllung

Das spanische Zivilrecht hat nicht solch abstrakte Regeln ausgebildet, wie sie dem BGB durch §§ 275 ff., 323 ff. innewohnen (allerdings durch eine angekündigte Schuldrechtsreform gefährdet!). Aus Einzelvorschriften läßt sich aber ein Rücktrittsrecht, als „resolución contractual", sehr wohl erschließen.[10] Jedenfalls hat beim Kaufvertrag (auch über Grundstücke oder Eigentumswohnungen) der Verkäufer gemäß Art. 1504, 1124 CC den Anspruch auf Vertragsauflösung, wenn der Käufer die Erfüllung endgültig verweigert.[11]

§ 11. Vertragliches Schuldrecht (Buch 4 Titel IV–XV)

I. Kaufvertrag („Del contrato de compra y venta")[1]

Wie im Römischen Recht durch die Bezeichnung „emptio venditio", so wird auch hier der Kaufvertrag durch den Doppelnamen gekennzeichnet. Der Ware/Preis-Austausch ist in Art. 1445 ff. genau beschrieben. Art. 1450:

---

[9] *Ningelgen*, Formvorschriften im spanischen Recht, Frankfurt/M. 1992.
[10] *Erhard Huzel*, Vertragsauflösung wegen Nichterfüllung im spanischen Recht, 1993.
[11] LG Münster v. 21. 12. 1999, informaciones 2000 S. 199.
[1] Vgl. *Piltz*, Spanisches Kaufrecht, in: *Löber/Peuster*, aaO, S. 207 ff.

„La venta se perfeccionará entre comprador y vendedor, y será obligatoria para ambos, si hubieren convenido en la cosa objeto del contrato, y en el precio, aunque ni la una ni el otro se hayan entregado."[2]	Der Verkauf ist zwischen Käufer und Verkäufer perfekt, damit auch für beide verbindlich, wenn man sich einig geworden ist über die Sache als Vertragsgegenstand und über den Preis, auch wenn weder der eine noch der andere geleistet hat.

Nicht geht hier, wie das im französischen Recht[3] der Fall ist, schon mit Abschluß des Kaufvertrages das Eigentum an der Sache (beim Gattungskauf: nach der Konkretisierung) auf den Käufer über, vielmehr ist dazu die Übergabe nach Art. 609 erforderlich, das Konsensprinzip ist also begrenzt (vgl. aber Art. 1463 „por el solo acuerdo ..."). Ein *Eigentumsvorbehalt* („reserva de dominio") des liefernden Verkäufers ist zulässig, hat aber Außenwirkung nur mit „escritura pública".[4] So entspricht also der rein schuldrechtliche Gehalt des Art. 1450 mit der notwendigen Einigung über die „essentialia" durchaus dem BGB. Das allgemeine Obligationenrecht wird mit Art. 1096 (Konkretisierung der Gattungsschuld; Verzug) und Art. 1182 (unverschuldete Unmöglichkeit) ausdrücklich einbezogen, die anfängliche Unmöglichkeit führt wie im deutschen Recht zur Unwirksamkeit des Vertrages, Art. 1460.

Die Gewährleistung (oder Schadloshaltung) des Verkäufers für Rechts- und Sachmängel heißt „saneamiento", Art. 1474 ff. Die *Rechtsmängelhaftung* steht unter der römisch-rechtlichen Bezeichnung „evicción" = Entwehrung, also der Verlust von Besitz und Nutzung gegenüber einem berechtigten Dritten.[5] Art. 1475:

„Tendrá lugar la evicción cuando se prive al comprador, por sentencia firme y en virtud de un derecho anterior a la compra, de todo o parte de la cosa comprada."	Die Eviktionshaftung findet statt, wenn man den Käufer durch rechtskräftiges Urteil aufgrund eines vor dem Kaufvertrag begründeten Rechtes ganz oder teilweise der gekauften Sache beraubt.

In diesem Fall hat der Käufer gegen den Verkäufer die folgenden Ansprüche (Art. 1478):

„1. La restitución del precio que tuviere la cosa vendida al tiempo de la evicción, ya sea mayor o menor que el de la venta. 2. Los frutos o rendimientos, si se le hubiere condenado a entregarlos al que le haya vencido en juicio.	1. Auf Erstattung des Wertes der Sache im Zeitpunkt der Eviktion, sei er höher oder niedriger als der Kaufpreis. 2. Auf die Nutzungen oder Erträge, wenn er verurteilt war, diese dem im Prozeß siegreichen Dritten herauszugeben.

---

[2] Schriftform ist nötig für den Abzahlungskauf: Ley de venta a plazos ... v. 17. 7. 1965, Art. 5, geändert durch G 6/1990 v. 2. 7.
[3] *Hübner/Constantinesco*, (o. Fußn. 6 zu § 10).
[4] *Fröhlingsdorf/Cremades*, RIW 1983, 818; *Marco Molina*, in: *Löber/Peuster*, aaO, S. 225; *Wolfgang Lehr*, Eigentumsvorbehalt als Sicherungsmittel im Exportgeschäft, RIW 1000 S. 747.
[5] *Kaser*, Das Römische Privatrecht Bd. I, S. 462; *H. Honsell*, Römisches Recht, 4. Aufl. 1997.

§ 11. Vertragliches Schuldrecht (Buch 4 Titel IV–XV) 71

3. Las costas del pleito...
4. Los gastos del contrato...
5. Los daños e intereses y los gastos voluntarios o de puro recreo u ornato, si se vendió de mala fe."

3. Auf Prozeßkostenerstattung...
4. Erstattung der Vertragskosten...
5. Erstattung von Schäden und Aufwendungen, auch freiwilliger Art, auch Kosten der Erhaltung oder Ausschmükkung, wenn der Verkäufer bösgläubig gewesen ist.

Art. 1482 dringt darauf, daß der Käufer die Eviktionshaftung so schnell wie möglich („en el plazo más breve posible") geltend macht.

II. Insbesondere: Die Sachmängelhaftung[5a]

Art. 1484:

„El vendedor estará obligado al saneamiento por los defectos ocultos que tuviere la cosa vendida, si la hacen impropia para el uso a que se la destina, o si disminuyen de tal modo este uso que, de haberlos conocido el comprador, no la habría adquirido o habría dado menos precio por ella..."

Der Verkäufer ist zur Gewährleistung verpflichtet für die verborgenen Mängel der verkauften Sache, wenn sie diese ungeeignet zum bestimmungsgemäßen Gebrauch machen oder wenn sie die Brauchbarkeit so herabmindern, daß der Käufer, dies wissend, die Sache nicht oder nur zu einem geringeren Preis gekauft hätte...

Der Verkäufer haftet auch dann, wenn er von den Mängeln nichts wußte, es sei denn, diese Haftung war vertraglich ausgeschlossen, Art. 1485. Das Fehlen einer zugesicherten Eigenschaft löst, anders § 463 BGB, keine Sachmängelhaftung aus, kann aber die (relative) Nichtigkeit des Vertrages begründen.[6] Der Käufer kann wählen zwischen Wandlung („desistir del contrato" – unter Erstattung der Vertragskosten) und Minderung („rebajar una cantidad proporcional del precio"). Der arglistige Verkäufer haftet auch auf Schadensersatz, Art. 1486. Die Regelung entspricht insofern dem BGB. Die genannten Rechte erlöschen in sechs Monaten, auch bei Grundstücken, Art. 1490, bei Nichtigkeitsklage.... Besonders geregelt sind das Wiederkaufsrecht („retracto convencional", Art. 1507) und das Vorkaufsrecht („retracto legal", Art. 1521). Zum Handelskauf vgl. unten S. 98. In der Landwirtschaft gibt es gesetzliche Vorkaufsrechte der „colindantes" (Nachbarn) und der „comuneros" (Mitbesitzer).

Das UN-Kaufrecht aus spanischer Sicht: *Tomás Vázquez Lépinette*, Compraventa Internacional de Mercaderías, Pamplona 2000.

III. Miete („arrendamiento")

Deutsche Literatur: Wendland/Schlüter, Mieten und Vermieten in Spanien, 2000.

[5a] *Dagmar Valcárcel Schnüll*, Die Haftung des Verkäufers für Fehler und zugesicherte Eigenschaften im europäischen Rechtsvergleich, 1994.
[6] *Piltz* (o. Fußn. 1), s. 219.

Die Miete kann sich nach römischem Vorbild auf Sachen („locatio conductio rei"), auf ein Werk („... operis") und auf Dienste („... operarum") beziehen, also sind Miete im engeren Sinne („de cosas"), Werkvertrag („de obras") und Dienstvertrag („de servicios") – nach dem Vorbild des franz. Code Civil – in begrifflich möglicher, jedoch sachlich zweifelhafter Weise unter einen Vertragstyp gestellt. Hier soll die Miete im engeren Sinne, also die Sachmiete, behandelt werden.

Der Vermieter („arrendador") schuldet dem Mieter („arrendatario") Sachüberlassung, Erhaltensreparaturen und Sicherung der ungestörten Sachnutzung, Art. 1554. Der Mieter schuldet den Preis, die sorgfältige Benutzung („como un diligente padre de familia"), die Vertragskosten, bei Vertragsende die Rückgabe, Art. 1555. Pflichtverletzungen führen auf der anderen Seite zum Recht auf Vertragsaufhebung oder (und) Schadensersatz, Art. 1556, bei Pflichtverletzungen des Mieters auch zur Räumung oder sonstigen Besitzentziehung („desahucio"), Art. 1569. Kauf bricht sehr wohl Miete: der Käufer eines vermieteten (Haus-)Grundstücks hat das Recht, den Mietvertrag zu beenden und die Räumung zu betreiben, Art. 1571, anders aber natürlich die Spezialgesetze über „arrendamientos rústicos" bzw. „urbanos".

IV. Insbesondere Wohnungsmiete

Bis 1994 galt ein noch aus der Tiefe der *Franco*-Zeit stammendes Dekret 4104/1964 v. 24. 12.[7] Dem frankistischen Recht wurde ein Hang zu Ewigkeitsgarantien nachgesagt: die Ehe, das Arbeitsverhältnis und die Wohnungsmiete waren grundsätzlich unauflösbar. Beim Ablauf eines befristeten Vertrages trat die automatische Verlängerung ein, die für den Vermieter verbindlich war, für den Mieter (hier auch „inquilino" genannt) von dessen Willen abhing, Art. 57.

Durch Real Decreto-Ley 2/1985 v. 30. 4. (genannt „Ley Boyer",[8] nach dem damaligen Minister „de Economía y Hacienda") über „Medidas de política económica" wurde, um Investitionen in den Wohnungsbau attraktiv zu machen, der befristete Mietvertrag eingeführt.

Sowohl bei Verträgen über Wohnraum wie über Gewerbelokale konnte die Dauer schon frei vereinbart werden. In diesem Gesetz wurde auch die völlige Freiheit der Ladenöffnung und des Ladenschlusses rechtlich bestätigt, was den einstweiligen Fortbestand der kleinen Läden vom Tante-Emma-Typ sicherte. Die spanischen Vermieter beklagten aber die schwierige Realisierbarkeit von Räumungsansprüchen und die „rentas congeladas", die festgefrorenen Mieteinnahmen.

---

[7] Vgl. *Lasarte Alvarez*, Arrendamientos urbanos, Textausgabe mit Vorwort.
[8] *Vestweber*, RIW 1985, 816.

§ 11. Vertragliches Schuldrecht (Buch 4 Titel IV–XV) 73

Das G über „Arriendamientos Urbanos" 29/1994 v. 24. 11. trennt zwischen Wohnungsmiete und Geschäftsraummiete. Bei der Wohnungsmiete wird eine Grundmietzeit von 5 Jahren angestrebt. Bei kürzerer Laufzeit verlängert sich der Vertrag ohne besondere Abrede. Nach 5 Jahren können aber Vermieter wie Mieter ohne Angabe von Gründen kündigen. Sonst verlängert sich der Mietvertrag jährlich, nach acht Jahren untersteht er voll dem liberalen Código Civíl. Es gibt noch nicht einmal eine Sozialklausel für Härtefälle. Gesetzgeberisches Motiv war der drohende und massenhafte Verfall von Bausubstanz in den spanischen Städten.

Den Mietzins können die Parteien frei vereinbaren. Veränderungen sind an Indexwerte gebunden.[9] Man sagt, daß durch die Liberalisierung die Mieten sogar gefallen seien.

Über die Folgen für Geschäftsraummieten: *Carlos Wienberg*, informaciones 1995 S. 44.

V. Dienstvertrag – Arbeitsvertrag

Art. 1583 hat die altertümliche Überschrift „Del servicio de criados y trabajadores asalariados" – über die Dienste des Gesindes und der Lohnarbeiter, und auch die dazugehörigen Regeln scheinen auf das Dienstverhältnis des *Sancho Panza* zu *Don Quijote*[10] zugeschnitten. Der „Estatuto de los Trabajadores" von 1980 hat für den ganzen Bereich des *Arbeitsrechts* den Código Civil verdrängt. Der ET gilt nach Art. 1:

„...a los trabajadores...que voluntariamente presten sus servicios retribuidos por cuenta ajena y dentro del ámbito de organización y dirección de otra persona, física o jurídica, denominada empleador o empresario."	...für die Arbeiter (Arbeitnehmer), die freiwillig bezahlte Dienste für fremde Rechnung und im Bereich der Organisation und Direktion einer anderen (natürlichen oder juristischen) Person leisten, die Arbeitgeber oder Unternehmer genannt wird.

Diese *Definition des Arbeitnehmers* entsprach und entspricht auch noch der internationalen Arbeitsrechtslehre,[11] ist jedoch aus vielen Gründen zunehmend anfechtbar. „Servicios" ist kein guter sprachlicher Ansatz, darin steckt unvermeidlich immer noch „servus" = lat. der Sklave. Das „por cuenta ajena" ist nicht mehr überzeugend, seit die gewerkschaftliche Tarifpolitik den fremden Rechnungen so hart auf den Fersen

---

[9] *Harald Schlüter*, Das spanische Mietrecht..., informaciones 1996 S. 90.
[10] Vgl. *Alonso Olea*, Entre Sancho y Don Quijote – relación laboral?, Madrid 1992. Unten S. 158 mit freundlicher Zustimmung des Autors abgedruckt.
[11] Vgl. *Zöllner/Loritz*, Arbeitsrecht, 5. Aufl. 1996, S. 38 ff.; *Alonso Olea/Casas Baamonde*, Derecho del Trabajo, 18. Aufl. Madrid 2000.

sitzt, daß der weitaus größere Teil der erarbeiteten Wertschöpfung den Arbeitnehmern selbst zugute kommt.[12] Der „ámbito de organización y dirección ..." ist keineswegs mehr so eindeutig wie früher vom Arbeitgeber her bestimmt, in Deutschland aufgrund der vielfältigen und weitgehenden, z. T. schon paritätischen Befugnisse des Betriebsrates, vgl. §§ 87 und 99 BetrVG, in Spanien nach den weniger weit entwickelten „Derechos de Representación colectiva y de Reunión de los Trabajadores en la Empresa", Art. 61 ff. ET.

Durch die Mitbestimmung sind die Arbeitnehmer in das Management der Unternehmen einbezogen, durch ihre wachsende Vermögensbeteiligung auch in das Eigentumsrecht an den Produktionsmitteln. Um diese Entwicklung voranzutreiben, hatte das spanische Recht eine gemischt kapitalistisch/sozialistische Gesellschaftsform entwikkelt: die *Arbeitnehmeraktiengesellschaft*.[13] Diese Veränderungen machen es dort wie hier denkbar, bereits von gesellschaftsrechtlichen Elementen im Arbeitsverhältnis zu sprechen.[14] Die Reform von 1997 (Ley 4/97 „de Sociedades Laborales") ließ auch die Rechtsform der GmbH zu *(J. C. Sáenz García de Albizu* u. a., Comentario, Madrid 2000).

VI. Werkvertrag

Der Unternehmer beim Werkvertrag hat keinen richtigen Namen, man spricht von ihm als „el que contrató la obra" oder auch vom „contratista". Er kann seine Arbeit und seinen Fleiß einsetzen („su trabajo o su industria"), aber auch sein Material, Art. 1588 f. Gehen Material oder Werk vor der Vollendung verloren, so gibt es nichts dafür, es sei denn im Falle des Annahmeverzugs. Der Bauunternehmer[14a] sowie auch der aufsichtspflichtige Architekt haften für Schäden zehn Jahre lang, Art. 1591. Die Vergütung wird bei Lieferung des Werkes fällig, bis dahin besteht ein Unternehmerpfandrecht, Art. 1600, vor allem praktisch bei Reparaturarbeiten.

Vertragschließung, Abnahme, Haftung und Versicherungspflicht beim Bau sind neu geregelt (Ley de Ordenación de la Edificación, 38/1999 v. 5. 11.) vgl. *Peer Piske,* informaciones 2000 S. 119. Zum Vergaberecht EuGH v. 17. 11. 1993, RIW 1994 S. 165.

---

[12] Vgl. *Hanau/Adomeit,* Arbeitsrecht, 12. Aufl. 2000, Rn. 603.
[13] *Adomeit,* Arbeitsrecht für die 90er Jahre, 1992, S. 21; Diss. *Trittel,* Berlin 1993.
[14] Vgl. *Adomeit,* Gesellschaftsrechtliche Elemente im Arbeitsverhältnis, 1986 (spanische Fassung: Elementos juridico-societarios en la Relación de Trabajo, 1992, Revista de la Facultad de Derecho de la Universidad Complutense, Madrid, Nr. 79); *Carlos Anglada Bartholmai,* Die Reform der Gesellschaften mit Arbeitnehmerbeteiligung, informaciones 1997, S. 101.
[14a] *Immerschmitt,* Die Haftung des Bauunternehmers für Mängel, 1999.

§ 11. Vertragliches Schuldrecht (Buch 4 Titel IV–XV)   75

VII. Auftrag („mandato")

Der Auftrag muß nach spanischem Recht nicht unentgeltlich sein. Wenn der Beauftragte („mandatario") berufsmäßig Dienste übernimmt, wie sie Inhalt des Auftrags sind, spricht die Vermutung sogar für die Entgeltlichkeit („se presume la obligación de retribuirlo"), Art. 1711. Damit kann das Recht der Freien Berufe ohne weitere Komplikation (vgl. § 675 BGB) vom Auftragsrecht beherrscht werden, das Mandat des Anwalts ist dies im uneingeschränkten Sinne.[15]
Große Schwierigkeiten treten dadurch auf, daß der Código kein Recht der Stellvertretung entwickelt hatte.[16] Art. 1717 läßt zwar den Beauftragten im eigenen Namen handeln („cuando el mandatario obra en su propio nombre ..."), jedoch fehlt eine Regelung für das Handeln im fremden Namen und muß aus allgemeinen Rechtsgrundsätzen ergänzt werden, wobei man doch immer noch davor zurückscheut, die Trennung von Außen- und Innenverhältnis so scharf zu ziehen wie das deutsche Recht.

VIII. Leihe („préstamo") und Darlehen

Die Leihe einer nicht vertretbaren Sache („alguna cosa no fungible") wird in der römisch-rechtlichen Tradition „comodato" genannt, Art. 1740. Handelt es sich um Geld oder andere vertretbare Sachen, so wird daraus ein *Darlehen*,[17] wofür es aber keine spezielle Bezeichnung gibt, man muß mit „El simple Préstamo" auskommen, Art. 1753. Der Darlehnsnehmer („... el que toma dinero a préstamo ..."), auch „prestatario", haftet wie ein gewöhnlicher Geldschuldner nach Art. 1170 aus dem Abschnitt „Del pago", Von der Zahlung. Über die Auswirkungen des Euro auf das deutsche und das spanische Kreditwesen vgl. *Walther Hadding*, informaciones 2000 S. 10.

IX. Verwahrung („depósito"), Art. 1758

Die eigentliche Bedeutung des Verwahrungsvertrages zeigt sich erst beim handelsrechtlichen Depotgeschäft. Darüber vgl. unten S. 97.

---

[15] Abogados: Profesión liberal y Contrato de trabajo, hrg. *Montoya Melgar/Cámara Botía*, 1990.
[16] *Diez-Picazo*, La Representación en el Derecho privado, Madrid 1979.
[17] Vgl. *Hernández Mari*, Darlehen und Anleihen im spanischen Recht; *Gómez Rey:* Darlehens- und Kreditverträge im spanischen Recht, in: *Löber/Peuster*, aaO, S. 4431 ff., 353 ff.; *Benedikt Sudbrock*, Der Schutz des Kreditnehmers vor wucherischen Kreditverträgen im spanischen Recht, 1998.

X. Glücksspiele oder Wettgeschäfte ("De los contratos aleatorios o de suerte")

Zu solchen Geschäften gehörte früher auch der Versicherungsvertrag, der heute speziell geregelt ist: Ley 50/1980 v. 8. 10. Die Lebensversicherung als Pensionsversicherung steht immer noch hier: Art. 1802 ff.: "De la Renta vitalicia". – Glücksspiele sind auch in Spanien unvollkommene Verbindlichkeiten: Art. 1798 ("La ley no concede acción para reclamar lo que se gana en un juego de suerte ...).

XI. Bürgschaft ("fianza")[18]

Der Ausdruck hat mit Vertrauen = confianza zu tun. Art. 1822:

"Por la fianza se obliga uno a pagar o cumplir por un tercero, en el caso de no hacerlo éste."	Durch die Bürgschaft verpflichtet sich jemand, für einen anderen zu zahlen oder zu leisten, für den Fall, daß dieser es nicht tut.

Der Bürgschaftsvertrag ist formlos gültig, im Gegensatz zu § 766 BGB. Noch querer zum deutschen Recht steht, daß die Handelsbürgschaft schriftlich abgefaßt sein muß, Art. 440 Código de Comercio. Wechselbürgschaft: Gesetz 19/1985 v. 16. 7. Art. 35 ("aval"). Die Bürgschaft (anders: die Wechselbürgschaft) ist akzessorisch: "no puede existir sin una obligación válida.", jedoch mit Ausnahmen, Art. 1824. Erhebung von Einreden: Art. 1853. Der Bürge ("fiador") kann den Gläubiger vorerst auf das Vermögen des Schuldners verweisen, Art. 1830, hat also so etwas wie die Einrede der Vorausklage (auch hier verzichtbar), aber nicht im Konkursfall, Art. 1831 Nr. 3. Zur Geltendmachung dieser Einrede gehört es aber, daß der Bürge in Spanien belegene Vermögensgüter des Schuldners angibt, die ausreichen, um die Schuld abzudecken, Art. 1832. Für den Rückgriff des Bürgen gegen den Schuldner wird die Konstruktion des Forderungsübergangs nach § 774 BGB durch die einfache Regel des Art. 1839 ausgedrückt:

"El fiador se subroga por el pago en todos los derechos que el acreedor tenía contra el deudor."	Der Bürge tritt bei Zahlung in alle Rechte des Gläubigers gegen den Schuldner ein. ("subrogarse" = an die Stelle treten)

Von der Bürgschaft zu unterscheiden ist die Patronatserklärung ("carta de patronazgo") unter Banken hinsichtlich der Bonität eines Klienten mit eventuellen Haftungsfolgen.

---

[18] Dazu *Freyer*, Spanisches Bürgschaftsrecht, in: *Löber/Peuster*, aaO, S. 365 ff.; *Amrei Schröder*, Sicherungsrechte in Spanien – Personalsicherheiten, informaciones 1999 S. 190.

XII. Pfandrecht und Hypothek

„Im Römischen Recht gelten für das Pfandrecht für bewegliche und unbewegliche Sachen grundsätzlich die gleichen Regeln."[19] So erklärt es sich, daß auch der CC beide Institute ab Art. 1857 einheitlich behandelt, auch noch mit der für uns ungewohnten Einordnung zu Verträgen statt zu dinglichen Rechten. Für die Begründung von „prenda" wie von „hipoteca" sind erforderlich:

- Sicherung der Erfüllung einer Hauptpflicht als Zweck des Vertrages;
- die verpfändete Sache („la cosa pignorada o hipotecada") muß dem Pfandschuldner gehören;
- die Verfügungsbefugnis.

Die Verjährung der Schuld hindert den Gläubiger (wie nach § 223 BGB) nicht, sich aus dem Pfandgegenstand zu befriedigen. – Das Pfandrecht entsteht erst mit der Übertragung des Besitzes, Art. 1863. Gegen einen Dritten wirkt das Pfandrecht erst nach öffentlicher Beurkundung, Art. 1865. Im Falle der Nichtleistung durch den Schuldner führt der Weg zur Befriedigung des Gläubigers über den Notar und öffentliche Versteigerung („subasta pública"), Art. 1872.

Die Hypothek entsteht an Immobilien und gleichwerten Rechten, Art. 1874. Für ihre Entstehung ist – ausnahmsweise – die Eintragung in das „Registro de la Propiedad" unverzichtbar (konstitutiv). Die Haftung bezieht sich auf das Grundstück sowie auf Bestandteile, Erzeugnisse, Zubehör unabhängig vom jeweiligen Eigentumsrecht, Art. 1876. Ausführlicher die alte Ley Hipotecaria v. 8. 2. 1946, ergänzt durch ein Reglamento, zuletzt geändert 1998. Eine Grundschuld im Sinne des BGB existiert nicht. Durch Gesetz vom 16. 12. 1954 war die „Hipoteca mobiliaria" zugelassen worden, ebenso das besitzlose Pfandrecht, jedoch mit geringer Bedeutung. Anerkannt ist, wie bei uns praeter legem, die *Sicherungsübereignung.*[20]

Das letzte im CC geregelte Pfandrecht ist die „anticresis". Sie bedeutet, daß dem Gläubiger ein Grundstück übergeben wird mit der Abrede, daß er die Früchte ziehen darf und erwirbt und deren Wert zunächst auf die Zinsen, dann mit dem Kapital der Schuld verrechnet.

---

[19] *Coing,* Europäisches Privatrecht, Bd. II: 19. Jahrhundert (Überblick über die Entwicklung des Privatrechts in den ehemals gemeinrechtlichen Ländern), München 1989, S. 414; *Cano Tello,* Manual de Derecho Hipotecario, Madrid 1992; *Amrei Schröder,* Sicherungsrechte in Spanien, informaciones 1999 S. 190, 2000 S. 93; *Thomas Wachter,* Grenzüberschreitende Kreditsicherung an Grundstücken – Die Eurohypothek, informaciones 2000 S. 83; *Otmar Stöcker,* Die Eurohypothek, 1992.

[20] Dazu *Marco Molina,* Eigentumsvorbehalt, Mobiliarhypothek und Sicherungsübereignung, in : *Löber/Peuster,* aaO, S. 223 ff.; *Stephanie Hundertmark,* Besitzlose Mobiliarsicherheiten und Insolvenzverfahren nach spanischem Recht, 1996; *F.J. Gómez Gállico/P. del Pozo Carrascosa,* Lecciones de Derecho hipotecario, Madrid 2000.

Die im Wege der Zwangsvollstreckung ergehende Pfändung eines Grundstücks heißt „embargo".

§ 12. Gesetzliche Schuldverhältnisse, Konkurrenz von Ansprüchen und „prescripción" (Buch 4 Titel XVI–XVIII)

I. Geschäftsführung ohne Auftrag, Art. 1888

Zu den „obligaciones que se contraen sin convenio" gehört zunächst, was bei uns im BGB-Recht als „GoA" abgekürzt wird. Dort heißt es „la gestión de negocios ajenos." Der Handelnde („gestor") hat die Sorgfalt eines „buen padre de familia" walten zu lassen, sonst haftet er, Art. 1889,[1] und eher noch, wenn er sich an risikoreiche Taten wagt, die der Geschäftsherr („el dueño") nach seinen Gewohnheiten nicht begangen hätte. Erst durch die Genehmigung des Geschäftsherrn („ratificación", Art. 1892) erhält der Handelnde die Rechte eines Beauftragten, sonst hat nur der begünstigte „dueño" Ersatzpflichten, Art. 1893 oder beim Handeln aus unmittelbar drohender Gefahr. Die Regelung ist dem deutschen Recht ähnlich, aber erfreulich einfacher.

María Elena Sánchez Jordán, La gestión de negocios ajenos, Madrid 2000.

II. Die ungerechtfertigte Bereicherung

Von dem großen Bereich des Kondiktionsrechts ist im CC – in Übereinstimmung mit den Institutionen des Justinian – nur ein Abschnitt „Del cobro de lo indebido" geregelt = „Vom Erhalt des Nichtgeschuldeten", was sogar der *Palandt*[2] mit „condictio indebiti" als bloßen Unterfall hervorhebt, Art. 1895:

„Cuando se recibe alguna cosa que no había derecho a cobrar, y que por error ha sido indebidamente entregada, surge la obligación de restituirla."	Wer eine Sache empfängt, auf die er kein Recht hatte, und die irrtümlich und ohne Rechtsgrund geleistet wurde, ist verpflichtet, diese herauszugeben.

Wer guten Glaubens eine Leistung entgegengenommen hat, haftet nur auf deren Wertminderung und auf seine Bereicherung („en cuanto . . . se hubiese enriquecido"), Art. 1897, sonst gibt es eine Haftung ähnlich der des Besitzers. Der Kläger trägt die volle Beweislast, was bei einem Negativbeweis schwierig ist. Bei Rückabwicklung von nichtigen Verträgen

---

[1] Aber der Richter kann die Haftung mindern, „según las circunstancias del caso", Abs. 2; dazu *Coing* (o. Fußn. 19 zu § 11), S. 510.
[2] *Palandt/Thomas*, Einführung 1 zu § 812 BGB; vgl. *Alvarez-Caperochipi*, El Enriquecimiento sin Causa, Granada 1989.

gilt die Saldotheorie. – Die sehr schmale Regelung des Kondiktionsrechts entspricht dem Vorbild des französischen Rechts.[3] Die Eingriffskondiktion als Anspruchsgrundlage hat sich im Anschluß an die deutsche, von *Wilburg* und *v. Caemmerer* begründete Lehre trotzdem durchgesetzt: *Xabier Basozabal Arrue*, „Enriquecimiento injusto por intromisión en derecho ajeno", Madrid 1998. Bei Eingriffen durch unlauteren Wettbewerb oder durch Verwendung fremder Warenzeichen gehen die jeweiligen Spezialregelungen vor.

III. Deliktsrecht („De las obligaciones que nacen de culpa o negligencia")

Das Haftungsrecht ist generalklauselartig geregelt, eine präzise Erfassung des Tatbestandes wie in § 823 I BGB wird erst gar nicht versucht. Es gibt Reformbestrebungen, das Gesetz ausführlicher zu gestalten. Aber auch uns ist nicht erspart geblieben, daß die richterliche Kasuistik das Gesetz verdrängt hat! Dort sagt Art. 1902:

„El que por acción u omisión causa daño a otro, interviniendo culpa o negligencia, está obligado a reparar el daño causado."

Wer durch Handeln oder Unterlassen einem anderen Schaden mit Schuld oder Nachlässigkeit zufügt, ist verpflichtet, den verursachten Schaden auszugleichen.

Verantwortlich („responsable") sind auch die Eltern für ihre Kinder, der Vormund für sein Mündel, die Unternehmer für ihre Angestellten, der Staat für seine Funktionäre, der Lehrer für seine Schüler[4] – aber alle mit der Exkulpation, „que emplearon toda la diligencia de un buen padre de familia para prevenir el daño", Art. 1903. Auch müssen für Schäden einstehen: der Tierhalter, Art. 1905; der Jagdpächter, Art. 1906; der Hauseigentümer, Art. 1907; der Fabrikbesitzer, Art. 1908; an Stelle der beiden letzteren evtl. der Architekt, Art. 1909; zuletzt der Hausbesitzer als Familienoberhaupt, Art. 1910: „el cabeza de familia que habita una casa . . .". Die Produzentenhaftung ist geregelt im G 22/1994 v. 6. 7. „de responsabilidad civil por los daños causados por productos defectuosos".

IV. Konkurrenz von Ansprüchen

Während das deutsche Zivilrecht mögliche Schulden bloß nebeneinander stellt (formale Ausnahme § 366 BGB), bringt das spanische Recht schon materiell-rechtlich (erst recht für den Konkursfall) eine Ordnung nach Präferenzen. Konkursfall: Art. 1914. Abstufung der Schulden: Art. 1921 ff. Einzelheiten unten im Konkursrecht.

---

[3] *Hübner/Constantinesco* aaO, S. 160.
[4] Hierüber genauer L 1/1991 v. 7. 1. „en materia de responsabilidad civil del profesorado".

V. Die „Prescripción"

Unter dieser Bezeichnung werden in den Art. 1930 ff. Regeln zusammengefaßt, die im BGB als „Ersitzung" und „Verjährung" auseinanderfallen, hier auf den gemeinsamen Kern zurückgeführt sind, nämlich den Ablauf von Zeit. Die Doktrin unterscheidet die „prescripción adquisitiva", mit Rechtserwerb, und die „prescripción extintiva", mit Rechtsverlust.

Für den Rechtserwerb verlangt Art. 1940 guten Glauben („buena fe") des Erwerbers und einen geeigneten Rechtstitel („justo título"). Der Besitz muß vom Eigentümer, nach außen hin erkennbar, unter friedlichen Umständen empfangen worden und ununterbrochen geblieben sein, Art. 1941 ff. Gegen ein im „Registro de la Propiedad" eingetragenes Recht findet kein Erwerb statt, Art. 1949, Art. 1950:

| „La buena fe del poseedor consiste en la creencia de que la persona de quien recibió la cosa era dueño de ella, y podía transmitir su dominio." | Der gute Glaube des Besitzers besteht in der Annahme, die Person, von der er die Sache erhielt, war Eigentümer und konnte das Eigentum übertragen. |

Als „justo título" gilt, was nach dem Gesetz ausreicht, um das Eigentum (oder ein anderes dingliches Recht) zu übertragen. Dieser Titel muß wirklich bestehen und bewiesen werden. Für die Ersitzung beweglicher Sachen genügen drei Jahre, Art. 1955. Sie ist auch an gestohlenen Sachen möglich, aber nicht zugunsten des Diebes oder des Hehlers. Ersitzung des Rechtes an Grundstücken erfordert zehn Jahre, Art. 1957, bei fortdauernder Anwesenheit des Besitzers, 20 Jahre bei Unterbrechungen. Nach 30 Jahren kommt es weder auf den Titel noch auf guten Glauben noch auf die ununterbrochene Anwesenheit an, Art. 1959; vgl. § 195 BGB.

Verjährung: Ansprüche auf Herausgabe beweglicher Sachen in sechs Jahren seit Besitzverlust; bei unbeweglichen Sachen in 30 Jahren. Unverjährbar sind Ansprüche unter Miterben, Miteigentümern oder Grundstücksnachbarn, Art. 1565. Im übrigen gibt es Staffelungen wie im deutschen Recht: In *fünf* Jahren verjähren Unterhaltsansprüche, Mietzinsansprüche, Ansprüche aus Dauerschuldverhältnissen. In *drei* Jahren: Gebührenansprüche aus Rechtsangelegenheiten, der Apotheker und Ärzte, Ansprüche aus Dienstleistungen. In *einem* Jahr: Besitzansprüche, Entschädigungsforderungen; dazu im einzelnen Art. 1966 ff. Unterbrochen wird die Verjährung durch Klagerhebung, durch außergerichtliche Geltendmachung („reclamación extrajudicial") und durch Anerkennung („reconocimiento"). Mit Erlaß eines rechtskräftigen Urteils beginnt die Verjährungsfrist neu zu laufen, Art. 1971.

§ 12. Ges. Schuldv., Konk. v. Anspr. u. „presc." (Buch 4 Tit. XVI–XVIII)

Es fehlt eine Vorschrift darüber, daß sich der Schuldner auf die Verjährung berufen muß; desgleichen, daß er die auf verjährte Schuld erbrachte Leistung nicht zurückfordern kann.[5]
Ergänzend ist anerkannt die gesetzlich nicht geregelte „caducidad" = *Verwirkung*.
Auch der „Código de Comercio" enthält Verjährungsvorschriften, Art. 942 ff., für handels- und gesellschaftsrechtliche Ansprüche.

---

[5] Nach Art. 1930 II *erlöschen* Ansprüche und andere Rechte. Der Unterschied zur Verjährung wäre also sehr ausgeprägt. *Diez-Picazo/Gullón*, Sistema I S. 457 kehren zur Theorie von der Naturalobligation zurück. Die Praxis hält sich bedeckt.

B. Zivilprozeßrecht

Literatur: Juan Pablo Corres Delicasso, informaciones 2000 S. 3, übersetzt von *Lubach,* S. 7.; *V. Cortés Domínguez/V. Moreno Catena,* La nueva Ley de Enjuiciamiento Civil, 5 Bde., Madrid 2000; *M. A. Fernández-Ballesteros López* u. a., Comentarios a la Nueva Ley de Enjuiciamiento Civil, 3 Bde., Barcelona 2000; *A. M. Lorca Navarrete,* Tratado de Derecho procesal civil (Con CD-ROM como apéndice documental), Madrid 2000; *F. Ramos Mendez,* Guía para una transición ordenada a la Ley de Enjuiciamiento Civil, Barcelona 2000.

§ 13. Verfahrensrecht

I. Allgemeines

Bis zum 7. 1. 2001 galt in Spanien eine Zivilprozeßordnung (Ley de Enjuiciamiento Civil), die im Jahr 1881 in Kraft getreten war. Diese wurde mehrmals reformiert. Am 8. 1. 2001 ist die ein Jahr zuvor veröffentlichte neue Zivilprozessordnung (LEC), das Gesetz 1/2000 in Kraft getreten. Dieses Gesetz soll den drohenden Kollaps der spanischen Zivilgerichte verhindern. Die Praxis wird zeigen, ob das wirklich gelingt. Die neuen elektronischen Möglichkeiten sind auf bloße Mitteilungen (actos de comunicación) beschränkt, Art. 162.

Nach Art. 248 LEC 2000 gibt es in Spanien nur noch zwei Arten von Erkenntnisverfahren.

(1) Das ordentliche Verfahren (Juicio Ordinario) findet Anwendung bei Klagen, deren Streitwert 500 000,– Peseten (etwa 3 000 €) übersteigt oder bei allen Klagen in folgenden Materien: Ehrentitel, Ehrenrechte und andere Grundrechte, Anfechtung von Verwaltungsrats- und Generalversammlungsbeschlüssen, Wettbewerbsrecht, Allgemeine Geschäftsbedingungen, das gesamte Mietrecht, ausgenommen Räumungsprozesse, Vorkaufsrechtsklagen, Wohnungseigentumsrechte.

(2) Das mündliche Verfahren (Juicio Verbal) findet Anwendung bei Klagen, deren Streitwerte bis zu 500 000,– Peseten liegen, wie auch bei allen Klagen folgender Materien: Räumungsprozesse aller Art, Klagen für die Übernahme des Besitzes von herrenlosem Erbvermögen, Besitzerwerbs- und Besitzschutzklagen, Klagen auf Baueinstellung, Klagen, die den Abriß von verfallenden Gebäuden zum Gegenstand haben, Klagen auf Durchsetzung von Grunddienstbarkeiten, Unterhaltsklagen, Verleumdungsklagen, Auflösungsklagen von eingetragenen Kaufverträgen von in Teilzahlung erworbenen Eigentumsgegenständen, Leasingverträge.

II. „Juicio Ordinario"

Dieses Verfahren gilt als das Musterverfahren der neuen Zivilprozeßordnung (LEC). Es bildet das Rückgrat der spanischen Zivilprozeßord-

§ 13. Verfahrensrecht

nung; die Art. 399 bis 436 LEC behandeln dieses ordentliche Verfahren.

Art. 399 besagt (vgl. § 253 ZPO):

„El juicio principiará por demanda, en la que ... los datos y circunstancias de identificación del actor y del demandado y el domicilio o residencia en que pueden ser emplazados, se expondrán numerados y separados los hechos y los fundamentos de Derecho y se fijará con claridad y precisión lo que se pida."

„Das Verfahren wird durch Erhebung einer Klage eingeleitet, in welcher ... die Daten des Klägers und des Beklagten, die zustellungsfähigen Anschriften und getrennt durchnumeriert die Tatsachen und Rechtsgrundlagen benannt sind, die klar und eindeutig das Klagebegehren festlegen."

Die Erhebung der Klage darf nur durch einen der neben den Anwälten bestehenden „procuradores"[1] erfolgen. Es sagt Art. 438 I LO „del Poder Judicial": „Corresponde exclusivamente a los Procuradores la representación de las partes en todo tipo de procesos, salvo cuando la Ley autorice otra cosa ...", bestätigt in Art. 23 LEC. Der „procurador" ist ein Jurist, dessen Aufgabe sich auf die bürokratische Abwicklung des Prozesses beschränkt. Dem „abogado" obliegt die Beratung, die Abfassung der Klage (die also zwei Unterschriften trägt) und das Plädoyer. Die Prokuratoren rechnen nach einer speziellen Gebührenordnung ab. (Orden v. 30. 4. 1996 über „las profesiones de Abogado y Procurador.)

Die Klage erfolgt vor dem Gericht Erster Instanz und besteht aus Tatbestand und *Rechtsausführungen*[2]. Sie endet mit dem entsprechenden Klageantrag. Der Klage müssen alle Urkunden beigefügt werden, auf die der Kläger seine Rechtsansprüche stützt. Nach Einreichung der Klage werden nur Urkunden angenommen, die entweder ein späteres Datum als das der Klage tragen, oder Urkunden, bei welchen der Vorbringende beweist, daß er keine Kenntnis von ihrem Bestehen gehabt hatte. Der Klage folgt eine Klageerwiderung seitens des Beklagten. Für die Klageerwiderung gibt es eine Frist von 20 Werktagen. Nach der Klageerwiderung werden die Parteien zu einer öffentlichen Verhandlung geladen, in der ein Güteversuch angestrebt wird. Sollte der Güteversuch scheitern, können die Parteien die der Klage beigefügten Dokumente anerkennen oder zurückweisen, und kurz die Tatsachen, über die Einigung vorliegt oder nicht feststellen. Danach werden von den Parteien die Beweismittel vorgeschlagen und es wird ein Verhandlungstermin bestimmt, in dem die Beweiserhebung erfolgt. Die *Beweismittel*, die die spanische Zivilprozeßordnung vorsieht, sind nach Art. 299 folgende:

---

[1] Vgl. *Michael Fries*, Hinweise zur Zusammenarbeit mit Rechtsanwälten, Prozeßagenten und Notaren in Spanien, informaciones 1997 S. 18.
[2] Zur Angabe der Rechtsgrundlagen gilt auch hier „iura novit curia", jedoch ist die Benennung der Rechtsgrundlagen („fundamentos de Derecho") mit Angabe von Gesetzesartikeln erforderlich.

- Parteivernehmung („Interrogatorio de las partes");
- Öffentliche Urkunden („documentos públicos");
- Private Urkunden („documentos privados");
- Sachverständigengutachten („dictamen de peritos");
- Gerichtlicher Augenschein („reconocimiento judicial);
- Zeugenvernehmung („prueba de testigos");
- Es ist auch möglich, jede Art von Vervielfältigungsmitteln von Wort, Ton und Bild zu benutzen, die prozeßerheblich sein könnten, sowie jedes weitere Beweismittel, das vom Gericht als beweisdienlich erklärt wird.

Bei der Partei- sowie der Zeugenvernehmung müssen die Fragen so formuliert werden, daß die Beklagten mit einem ja oder nein antworten können.[3]

Ziel der Verhandlung ist die Durchführung der Beweiserhebung im Rahmen der vorgeschlagenen Beweismittel sowie der mündliche Schlußvortrag durch die Parteien vor dem Richter. In diesem mündlichen Schlußvortrag tragen die Parteien eine Zusammenfassung der Tatsachen und Beweismittel vor, wie auch das anwendbare Recht für die Lösung der streitigen Auseinandersetzung.

Danach ergeht das Urteil innerhalb einer Frist von 20 Tagen. Das Urteil der ersten Instanz ist ohne Sicherheitsleistung vorläufig vollstreckbar.

Gegen das Urteil der ersten Instanz kann „apelación" (Berufung) vor dem Landesgericht („Audiencia Provincial") eingelegt werden. Die Berufung ist in einer Frist von 5 Tagen einzulegen und muß in einer Frist von 20 Tagen begründet werden. Von der Berufungsbegründung wird der Gegenseite eine Kopie übergeben, damit sie in einer Frist von 10 Tagen auf die Berufung erwidern kann. Wenn die Parteien es beantragt haben oder wenn das Berufungsgericht es für notwendig hält, gibt es einen Termin zur mündlichen Verhandlung. Das Landesgericht hat für die Urteilsfindung 10 Tage Zeit.

Im Verfahren zweiter Instanz kann man auch neue Beweise vorbringen, die in erster Instanz ohne Parteiverschulden nicht vorgebracht werden konnten.

Gegen Urteile der Landesgerichte gibt es eine doppelte Möglichkeit, dieselben anzufechten. Die erste wäre der sogenannte „recurso extraordinario por infracción procesal" (ausserordentliches Rechtsmittel wegen Verletzung prozessualer Vorschriften) vor dem Obersten Gerichtshof eines jeweiligen Landes („Tribunal Superior de Justicia") siehe Art. 466 LEC, die zweite wäre der „recurso de casación" vor dem Obersten Gericht („Tribunal Supremo") gemäß Art. 477 ff. LEC, in dem die Revisionsgründe aufgeführt sind. Es besteht die Möglichkeit der Kassation nur gegen Urteile in Prozessen mit einem Streitwert ab 25 Mio. Peseten. Beide Rechtsmittel sind nicht zusammen möglich. Die Partei muß entscheiden, welchen Weg sie geht.

---

[3] Siehe Art. 302 und 368 der LEC.

§ 13. Verfahrensrecht 85

III. „Juicio verbal" (Art. 437 ff.)

Wie beim „Juicio ordinario" beginnt das gerichtliche Verfahren („Juicio verbal") mit der Einreichung der Klage (bis zu 150 000 Pes. auch ohne Procurador). Diese wird dem Angeklagten zugestellt, mit gleichzeitiger Ladung zum Termin zur mündlichen Verhandlung. In der mündlichen Verhandlung trägt der Kläger eine kurze Zusammenfassung des Inhaltes der Klageschrift vor. Die Vertretung des Angeklagten kann auf den Klagevortrag mündlich erwidern. Daran anschließend schlagen die Parteien die Beweise vor, die in derselben Verhandlung erhoben werden. Im Anschluß daran erfolgt im Rahmen des Schlußvortrags eine Zusammenfassung der Beweiserhebung und der Termin wird beendet. Das Gericht hat 10 Tage Zeit, das Urteil zu fällen.

IV. Einstweilige Verfügung oder Arrest

Die Möglichkeit eines Arrestes, also einer vorläufigen Pfändung des Vermögens des Schuldners, ist in den Art. 721 ff. des LEC vorgesehen. Aufgrund des Arrestes kann man vor Beginn des Hauptprozesses das Vermögen des Schuldners in der entsprechenden Höhe pfänden. Der Schuldner kann prozessual nach der Pfändung diesem Antrag widersprechen. Ist der Antrag jedoch gerechtfertigt, wird die Pfändung während des ganzen Verfahrens aufrechterhalten; somit hat der Schuldner kein Interesse mehr an einer Prozeßverschleppung. Er ist dann eher bereit, sich zu vergleichen und dem Verfahren ein Ende zu setzen. Voraussetzung für den Arrest („embargo preventivo de bienes") ist nach Art. 728:

- daß dem Gericht nachgewiesen wird, daß eine Vollstreckung des Endurteils mangels Masse gefährdet ist, sofern dem Arrest nicht stattgegeben wird;
- daß die Daten, Argumente und dokumentarischen Beweismittel, die einen obsiegenden Verfahrensgang begründen, dem Arrestantrag beigefügt sind;
- daß der Antragsteller bereit ist, eine Kaution für möglichen Folgen des Arrestverfahrens zu hinterlegen.

Der Richter verlangt normalerweise eine Kaution („caución") von der antragstellenden Partei, mit welcher für mögliche Schäden aus der Pfändung gehaftet wird. Diese Bürgschaft beträgt zwischen 25% und 50% der Forderung. Sie hängt aber vom Ermessen des Richters ab (in der Praxis sind Fälle bekannt, in welchen die Bürgschaft so hoch wie die Forderung selbst gewesen ist). Vgl. Art. 737 LEC.

V. Mahnverfahren (Art. 812 ff.)

Ein Mahnverfahren kann gemäß Gesetz nur durchgeführt werden, wenn der geltend gemachte Betrag 5 Mio. Peseten nicht überschreitet.

Der Betrag muß fällig und einklagbar sein. Wenn der Schuldner im Mahnverfahren Widerspruch einlegt, geht der Prozeß in das ordentliche Verfahren über.

Vgl. *Alexander Moll,* Der „proceso monitorio", informaciones 2000 S. 171.

VI. Wechselprozeß („Del juicio cambiario")

Der Wechselprozeß hat eine gesonderte Regelung in der LEC in Art. 819 ff. gefunden. Nach Einreichung der Klage wird der Schuldner vom Gericht aufgefordert, innerhalb einer 10-Tagesfrist die Wechselbeträge zu bezahlen. Gleichzeitig und ohne daß diese Frist gestrichen ist, wird die Pfändung in das Vermögen des Schuldners für den Wechselbetrag, die Zinsen und die Vollstreckungskosten angeordnet.

VII. Arbitraje = Schiedsgerichtsbarkeit

Es gilt weiterhin das Gesetz 36/1988 v. 5. 12. „de arbitraje", mit erweiterten Möglichkeiten zum Abschluß eines „convenio arbitral". Ferner besteht beim Oberen Rat der spanischen Industrie- und Handelskammer der spanische Schiedsgerichtshof, der durch das Königliche Dekret 1094 vom 22. 5. 1981 gegründet worden ist. Dieser spanische Schiedsgerichtshof kann in allen Angelegenheiten zwischen Spaniern und Ausländern tätig werden. Der spanische Schiedsgerichtshof handelt nach einem Reglement der Vereinten Nationen.

Literatur: Bernardo M. Cremades, El Arbitraje Societario, La Ley 2000 Nr. 5211.

VIII. Streitige und Freiwillige Gerichtsbarkeit

Diese Unterscheidung zwischen der „jurisdicción contenciosa" und der „jurisdicción voluntaria" liegt auch der neuen spanischen Regelung zugrunde. Für letztere bleibt bis zum Erlaß eines neuen Gesetzes das Buch III der alten LEC gültig.

IX. Gerichtsstandsvereinbarungen

Solche Vereinbarungen in Verbraucherverträgen können nach dem KonsumentenschutzG (LGDCU) Art. 10 Nr. 1 lit. c nichtig sein (STS 18. 6. 1992). Das G über Allgemeine Geschäftsbedingungen (LCGC) von 1998 verbietet mißbräuchliche Klauseln, Art. 8 II. Dies wird von Art. 54 II LEC bestätigt. Die Unterwerfung unter einen fremden Gerichtsstand in AGB ist also nicht wirksam. Vgl. aber VO (EG) Nr. 44/2001 des Rates v. 22. 12. 2001 Art. 23 ff. u. EuGH RiW 2000, 700 („Océano").

§ 14. Zwangsvollstreckung

Literatur: V. Moreno Catena, La Ejecución Forzosa, Madrid 2000; *E. de la Rocha García*, dito, Granada 2000.

Hierfür ist es notwendig, daß die klagende Partei sich im Besitz eines vollstreckbaren Titels befindet. Vollstreckbare Titel sind nach Art. 538 ff. LEC folgende:

(1) Rechtskräftige Urteile
(2) Dito Schiedsurteile
(3) Gerichtlich genehmigte Vergleiche
(4) Vollstreckbare notarielle Urkunden bei Kreditverträgen
(5) Spezielle Börsenpapiere („anotaciones en cuenta")

Das Verfahren beginnt mit einer Klage, der „acción ejecutiva", durch die unter Beifügung des Titels die Vollstreckung beantragt wird. Sofern der Titel keine Fehler aufweist und es sich um einen liquiden und fälligen Betrag handelt, ordnet der Richter die Vollstreckung an; das Vermögen des Schuldners wird gepfändet. Erst nach der Pfändung oder während der Pfändung wird das Verfahren dem Schuldner mitgeteilt. Derselbe hat dann eine Frist von vier Tagen, um sich der Vollstreckung zu widersetzen. Tut er das, folgt ein kurzes Inzidentalverfahren mit einem kurzen Beweistermin von 20 Tagen, danach ergeht das Urteil. Gegen dieses Urteil kann eine Appellation vor dem Oberlandesgericht erhoben werden. Mit der Appellation ist das Verfahren beendet. Das Vermögen des Schuldners ist während dieser ganzen Zeit verpfändet und unter Arrest. Bei bestimmten Vermögen, sei es ein Hotelbetrieb oder ein anderes zu verwaltendes Unternehmen, kann auch die Sequestrierung verlangt werden.

Die Vollstreckungsverjährung ist verkürzt: 5 Jahre.

Über die Zwangsvollstreckung aus einer Hypothek nach neuem Zivilprozeßrecht *Luís María Maralbell Guerín*, La Ley v. 8. 1. 2001; *Stefan Meyer*, Darlehen in Deutschland – Hypothek in Spanien, Zeitschrift für Immobilienrecht 2000 S. 431.

Das spanische Recht läßt auch die Vollstreckung von ausländischen Urteilen und von ausländischen Schiedssprüchen zu. Die Urteile können aber nur wirksam sein, wenn man sie mit einem Arrest, wie unter § 13 IV beschrieben, verbindet. Dies gilt auch für die Unterwerfung unter ein Schiedsgericht. Der Madrider Schiedsgerichtshof und die internationalen Schiedsgerichte sind vor allem dazu da, Angelegenheiten unter großen Firmen zu regeln.

Für Europa gelten Regeln über die gerichtliche Zuständigkeit und die Anerkennung und Vollstreckung von Entscheidungen in Zivil- und Handelssachen, ab 1. 3. 2002 die VO Nr. 44/2001 des Rates v. 22. 12. 2000.

Dritter Teil. Handels-, Wirtschafts-, Steuer- und Arbeitsrecht

Das spanische Handels- und Wirtschaftsrecht findet sich am ehesten in deutschsprachigen Schriften aufgearbeitet und erläutert. Der Grund ist klar: es sind die vielfältigen deutsch-spanischen Geschäftsbeziehungen, aus denen sich die Forderung ergibt, präzise und möglichst sichere juristische Auskunft zu erhalten. Mit den so spezialisierten, auf die Praxis bezogenen Darstellungen kann der folgende Text gemäß dem Einführungscharakter des ganzen Buches nicht konkurrieren. Auch ist das hier anzuzeigende Recht des Wirtschaftsverkehrs immer weniger spanisch, immer deutlicher schon europäisch, wenn nicht gar bereits ein Welt-Recht. Immer noch gilt in Spanien als international anerkannter „Klassiker" der „Código de Comercio", der aus dem Jahre 1885 stammt, im Kern – geschaffen von dem respektvoll genannten *Pedro Sainz de Andino* – sogar von 1829 datiert.

§ 15. Handelsrecht im engeren Sinne

Deutschsprachige Literatur: K.-B. Fischer/A.K. Fischer, Spanisches Handels- und Wirtschaftsrecht, 2. Aufl. 1995; *Löber/Peuster/Reichmann,* Spanisches Handelsgesetzbuch, Bd. I, 1984; Bd. II: *Löber/Peuster,* Aktuelles spanisches Handels- und Wirtschaftsrecht, 1991; Unternehmerhandbuch 1998, hrg. von der dt. Handelskammer in Spanien, 1998; *André J. Dicken,* Spanisches Bilanzrecht, 2000.
Spanische Bibliographie: A. Bercovitz Rodríguez- Cano, Apuntes de Derecho mercantil, Pamplona 2000; *R. Uría,* Derecho Mercantil, 27. Aufl., Madrid 2000; *F. Sánchez Calero,* Instituciones de Derecho Mercantil, 16. Aufl., Madrid 2000; ein Klassiker: *J. Garrigues,* Curso de Derecho Mercantil, 2 Bde., Madrid 1986. – *L. Suárez-Llanos Gómez,* Introducción al Derecho Mercantil, Madrid 1998.

I. Quellen des Handelsrechts

Die gesetzlichen Quellen des Handelsrechts im engeren Sinne sind das Handelsgesetzbuch (Código de Comercio = CCom)[1] von 1885, tiefgreifend geändert durch G 19/1989 v. 25. 7., die Verordnung 1784/1996 über das Handelsregister vom 19. 7. und ergänzend das spanische Zivilgesetzbuch. Hinzu treten Spezialgesetze zu einzelnen Handelsgeschäften, zum Gesellschaftsrecht, zum Insolvenzrecht.

---

[1] Dazu die in drei Bänden ergangene Festschrift „Centenario del Código de Comercio", Madrid 1986 (Ministerio de Justicia, Centro de Publicaciones).

Der Weg zu diesen Quellen wird durch Art. 2 des CCom eröffnet. Danach werden alle Handelsgeschäfte, unabhängig davon, ob sie durch Kaufleute oder Nichtkaufleute durchgeführt sind und ob sie im Handelsgesetzbuch aufgeführt werden oder nicht, durch Bestimmungen dieses Gesetzes geregelt. Mangels einer gesetzlichen Vorschrift greifen Handelsbräuche ein, die allgemein an jedem Ort beachtet werden, ergänzend das allgemeine Zivilrecht. Auf den Begriff des Kaufmanns, der im Zentrum des deutschen Handelsrechts steht, kommt es weniger an. Ein Handelsbrauch hat den Nachteil, daß seine tatsächliche Geltung schwer feststellbar ist. Nach der Rechtsprechung muß ein Handelsbrauch durch die an seiner Geltung interessierte Partei nachgewiesen werden, d. h. der Richter ist nicht verpflichtet, den „uso mercantil" zu kennen.[2]

Auf welche Personen und auf welche Rechtshandlungen finden diese Quellen Anwendung? Der CCom hat ein doppeltes Anwendungsgebiet: (1) aufgrund der Person, (2) aufgrund der durchgeführten Handlungen. Art. 1 besagt, auf welche Personen der CCom Anwendung findet. Kaufleute sind:

– Personen, die die gesetzliche Fähigkeit haben, einen Handel auszuüben und dies gewerbsmäßig tun,
– Handelsgesellschaften, die im Einvernehmen mit dem CCom gegründet worden sind.

Auf den Nichtkaufmann findet das Handelsrecht nur Anwendung, wenn er etwas tut, das als Handelsgeschäft betrachtet werden muß, so z. B. wenn ein Privatmann einen Wechsel akzeptiert.

II. Der Einzelkaufmann („comerciante")[3]

Deutsche Literatur: Löber/Fabregat, Firmengründung in Spanien, 2000; *Isabel Bals,* Gründungsrecht im Vergleich, informaciones 2001 S. 17.

1. Voraussetzungen

Der persönliche Einzelkaufmann ist zu definieren als eine natürliche Person, die unter eigener Haftung gewerblich und mit Gewinnabsicht als Kaufmann tätig ist und die Geschäftsfähigkeit hat, um sich zu verpflichten. Er haftet für Verbindlichkeiten mit der Gesamtheit seines heutigen und zukünftigen Vermögens. Es gibt keinen Unterschied zwischen Voll- und Minderkaufmann. Die Eintragung in das Handelsregister ist möglich (Art. 16), aber keine gesetzliche Pflicht. Sie wird fast nie vorgenommen, allenfalls von Privatbankiers. Auch hier ist das spanische Recht weniger förmlich; die „Firma" spielt eine geringere Rolle.

---

[2] Vgl. dazu *Sánchez Calero,* Instituciones S. 33 ff.
[3] *Bendref,* Der Einzelkaufmann in Spanien, in: *Löber/Peuster* aaO, S. 33 ff.

§ 15. Handelsrecht im engeren Sinne 91

Nach Art. 3 CCom besteht die gesetzliche Vermutung einer gewerblichen kaufmännischen Tätigkeit von dem Zeitpunkt an, in welchem der Betreffende durch Rundschreiben, Zeitungen, Plakate oder Schilder in der Öffentlichkeit ein Geschäft annonciert, das zum Zweck irgendeine Handelstätigkeit hat, auch schon vor Geschäftsabschlüssen. Man kann also schneller dem CCom unterfallen als man ahnt.

Geschäftsfähig ist jede volljährige Person, die die freie Verfügung über ihr Vermögen hat (Art. 4). Gemäß Art. 5 können sowohl Minderjährige (unter 18 Jahren) durch ihre gesetzlichen Vertreter sowie Geschäftsunfähige mittels ihrer Vormünder („por medio de sus guardadores") den Handel ausüben, den ihre Eltern oder Erblasser geführt haben.

Wichtig ist das Problem der Haftung im Falle von Handelsgeschäften eines verheirateten Kaufmanns, da dieser lediglich das eigene Vermögen verpflichten kann oder das Vermögen, das er aufgrund des Handels erworben hat. Dieses Vermögen kann er beliebig verwenden, veräußern oder verpfänden. Um das gemeinschaftliche Vermögen im Rahmen der Zugewinngemeinschaft (oben S. 50) zu verpflichten, muß er/sie die Zustimmung des Ehegatten haben. Diese Zustimmung gilt als rechtmäßig erteilt, wenn einer der Ehepartner mit Kenntnis und ohne ausdrücklichen Widerspruch des anderen Ehegatten Handel treibt oder wenn im Zeitpunkt der Eheschließung einer von beiden kaufmännisch tätig war und diese Tätigkeit ohne Widerspruch des anderen weitergeführt hat (Art. 6 bis 9 CCom). Für eine Wirkung gegenüber Dritten ist es notwendig, daß die Genehmigung des anderen Ehegatten in einer notariellen Urkunde erfolgt, die im Handelsregister eingetragen wird, sonst wird der gute Glaube eines jeden Dritten vermutet und geschützt (Art. 21 IV). Der Widerruf dieser Genehmigung ist möglich, kann aber in keinem Fall Rechte berühren, die schon vorher durch Dritte erworben waren.

2. Ausgeschlossene Personen

Gemäß Art. 13 und 14 CCom können folgende Personen *keine* Handelsgeschäfte tätigen:

- Personen, die in Konkurs gegangen waren und nicht ihre Wiederbefähigung („rehabilitación") erlangt haben;
- Personen, die aufgrund der Gesetze oder besonderer Bestimmungen keinen Handel ausüben dürfen, z.B. aufgrund von Wettbewerbsverboten (Art. 288);
- Richter und Staatsanwälte im aktiven Dienst;
- hohe Regierungsbeamte in Verwaltung, Wirtschaft oder Heer;
- Angestellte der Finanzverwaltung;
- Börsenmakler.

3. Pflichten des Kaufmanns

Seit der Reform 1989 (G 19/1989 v. 25. 7.) heißt es:

„Todo empresario deberá llevar una contabilidad ordenada, adecuada a la actividad de su Empresa que permita un seguimiento cronológico de todas sus operaciones, así como la elaboración periódica de balances e inventarios." (Art. 25 I)

Jeder Kaufmann muß geordnete Rechnungsbücher führen, gemäß dem Umfang seiner Geschäfte, die eine zeitliche Verfolgung aller Geschäftsvorgänge erlauben, ebenso die fortlaufende Ermittlung der Bilanz und des Inventars.

Über den Jahresabschluß: Art. 34 ff. Dieser soll klar und getreu die Finanzlage wiedergeben. Verschärfte Vorschriften gelten für Handelsgesellschaften.

4. Ausübung des Handels durch Ausländer

Das spanische Recht ist bezüglich der Ausübung des Handels durch Ausländer stets sehr liberal gewesen. Diese Ausübung wurde schon vor hundert Jahren durch Art. 15 CCom geregelt. Art. 15 CCom besagt, daß Ausländer oder Gesellschaften, die im Ausland gegründet sind, eine Handelstätigkeit in Spanien ausüben dürfen, wenn sie nach den Gesetzen ihres Landes geschäftsfähig sind und sich den Bestimmungen des CCom bezüglich der Gründung ihrer Niederlassungen im spanischen Hoheitsgebiet und bezüglich ihrer Handelsgeschäfte der spanischen Gerichtsbarkeit unterwerfen. Für die Eintragung von Filialen von ausländischen Unternehmen und der Inhaber gelten Art. 259 ff. RD 1784/1996 v. 19. 7.[4]

Nach Art. 15 II CCom haben internationale Verträge mit anderen Ländern Vorrang. Mit der Bundesrepublik Deutschland besteht in diesem Sinne seit 1970 ein Niederlassungsvertrag, der mit dem Inkrafttreten der EG-Gesetzgebung seine Bedeutung als alleinige Rechtsgrundlage verloren hat.

III. Handelsgeschäfte („contratos de comercio")[5]

1. Form

Literatur: Silvia Barona Vilar/Carlos Esplugues Mota/Juan Hernández Martí, Contratación internacional, 2. Aufl. Valencia 1999.

Wichtigster Grundsatz des CCom für Handelsgeschäfte ist die *Formfreiheit*. Art. 51 besagt, daß Handelsgeschäfte gültig und verpflichtend sind, also auch einen gerichtlich durchsetzbaren Anspruch geben, unab-

---

[4] *Uría,* Derecho Mercantil Nr. 67 mit Einzelheiten.
[5] Dazu *Sánchez Calero,* El Código de Comercio y los Contratos mercantiles, 1984, S. 234 ff.

§ 15. Handelsrecht im engeren Sinne 93

hängig von der Form und der Sprache, in der sie getätigt werden, unabhängig auch von der Höhe ihres Wertes, wenn nur das Bestehen des Vertrages nachgewiesen werden kann mit Mitteln, die das Zivilprozeßrecht anerkennt. Art. 51 besagt weiter, daß eine telegraphische Korrespondenz (heute: Telefax) über Verträge nur Verpflichtungen unter den Parteien bewirkt, die in einem schriftlichen Vertrag vorher dieses Vertragsmittel vorgesehen haben. Art. 52 statuiert einige Ausnahmen vom Prinzip der Formfreiheit:

- Verträge, die nach CCom oder nach Sondergesetzen eine öffentliche Urkunde oder andere Formen benötigen wie Gesellschaftsverträge, Bürgschaften (schriftlich);
- Verträge, die im Ausland abgeschlossen werden, wenn das dort geltende Gesetz Formen verlangt, was mit dem spanischen IPR übereinstimmt (Art. 11 CC).

2. Erfüllung

Gemäß Art. 57 sind Handelsgeschäfte nach Treu und Glauben durchzuführen, unter Beachtung des Wortlauts ihres Textes. Verträge dürfen nicht willkürlich ausgelegt werden („... sin tergiversar con interpretaciones arbitrarias el sentido recto ..."). Ihre Auslegung muß nach dem Sinn der gesagten oder geschriebenen Worte erfolgen (vgl. Art. 1281 CC). Im Zweifel wird zugunsten des Schuldners ausgelegt (Art. 59). – „tergiversación" = Wortverdrehung.

3. Termine und Fristen (Art. 60 ff.)

Das Gesetzbuch unterscheidet zwischen Verpflichtungen, die im bloßen Anspruch bestehen, und vollstreckbaren Verpflichtungen. Im ersten Fall kann der Anspruch innerhalb von zehn Tagen nach Begründung der Verpflichtung ausgeübt werden, dagegen beim vollstreckbaren Anspruch schon am darauffolgenden Tag. Die Frist kann daher sogar weniger als 24 Stunden betragen.

4. Verzug („morosidad")

Die Wirkungen des Verzuges[6] bei der Erfüllung von Verpflichtungen aus Handelsgeschäften beginnen:

- in Verträgen, die die Fälligkeit geregelt haben, am Tage nach der Fälligkeit (Art. 63 Nr. 1);
- in Verträgen, die keine Fälligkeitsfrist haben, an dem Tage, an dem der Gläubiger gerichtlich den Schuldner zur Zahlung aufgefordert hat oder ihn vor einem Richter, Notar oder einem anderen öffentlichen Beamten, der dafür zuständig ist, zum Schadensersatz aufgefordert hat.

---

[6] Vgl. G. *Versondert*, Schuldnerverzug im spanischen Zivilrecht, 2001.

5. Die Stellvertretung im Handelsrecht

Gemäß Art. 1259 CC kann niemand im Namen eines anderen einen Vertrag schließen, ohne durch diesen bevollmächtigt zu sein oder die gesetzliche Vertretung zu haben. Der im Namen eines anderen abgeschlossene Vertrag durch eine Person, die nicht seine Vollmacht oder gesetzliche Vertretung hat, ist nichtig, falls die betroffene Person nicht den Vertrag ratifiziert, bevor er durch die andere Vertragspartei widerrufen wird. Diese Rechtslage stimmt also mit unseren §§ 177ff. BGB überein. Die Vertretung regelt sich im spanischen Recht durch die Doktrin des Mandats nach Art. 1709ff. CC. Eine strenge Unterscheidung von Außen- und Innenverhältnis findet nicht statt. Das Mandat kann ausdrücklich oder stillschweigend sein. Das ausdrückliche Mandat kann in öffentlicher Urkunde, in Privaturkunde und mündlich erteilt werden. Die Vertretungsmacht kann gemäß Art. 1721 CC weiter übertragen werden, falls der Vollmachtgeber diese Übertragung nicht ausdrücklich verboten hat. Der Vertreter haftet für die Tätigkeit des Unterbevollmächtigten. Eine Vollmacht endet durch Widerruf, durch Verzicht, durch Konkurs und durch den Tod des Vollmachtgebers.[7] Die Vollmacht kann nur im Rahmen eines Gesamtvertrages als unwiderruflich erteilt werden.[8]

Art. 281ff. CCom sprechen über Prokuristen („apoderados") und über allgemeine und besondere Beauftragte („mandatarios"), die eine Person benennen kann. Der Handlungsbevollmächtigte muß geschäftsfähig sein sowie die entsprechende Vollmacht seines Auftraggebers haben. Die Befugnisse eines Handlungsbevollmächtigten können auch sachlich begrenzt sein.

Der Geschäftsführer („gerente") eines Unternehmens hat, unabhängig von der Regelung seiner Befugnisse, die gesetzliche Stellung eines Handlungsbevollmächtigten, die Bestimmungen des Handelsgesetzbuches finden auf ihn Anwendung. Alle Verträge, die ein Handlungsbevollmächtigter, der einer Gesellschaft oder einem Unternehmen angehört, schließt, gelten als für Rechnung des Unternehmens getan, sofern der Vertrag sich auf das Geschäft oder auf den Geschäftsverkehr der Firma bezieht. Auch anderen Personen („dependientes") können Kaufleute die laufende Geschäftsführung in ihrem Namen und für ihre Rechnung anvertrauen, sei es aufgrund eines schriftlichen oder mündlichen Auftrags. Das Handelsgesetzbuch behandelt noch die Verkäufer im Einzelhandel („mancebos") und besagt, daß dieselben dazu ermächtigt sind, den Betrag der durch sie durchgeführten Verkäufe einzuziehen.

---

[7] *Uría*, Derecho Mercantil Nr. 662; vgl. auch *Avila Navarro*, La Representación con Poder, Madrid 1992.
[8] *Paz-Ares/Rodríguez* et al., Comentario del Código Civil, Art. 1732 Nr. 1 (*Gordillo Cañas*).

§ 15. Handelsrecht im engeren Sinne 95

Kürzlich erst geregelt sind die Handelsvertreter („agentes comerciales").[9] Diese können selbständig oder auch Arbeitnehmer gemäß Art. 2 I f ET sein, wenn sie nicht an Gewinn und Verlust beteiligt sind.[10] Dazu sogleich mehr.

6. Der Handelsvertretervertrag („Contrato de Agencia")

Durch Gesetz Nr. 12/92 vom 27. 5. hat das spanische Recht den Inhalt der EG-Direktive 86/653/CEE vom 18. 12. übernommen. Es handelt sich um die Harmonisierung der Gesetzgebung bezüglich des Handelsvertretervertrages innerhalb der EG-Mitgliedstaaten. Das Gesetz ist sehr kurz. Definition des Vertrages:

„Por el contrato de agencia una persona natural o jurídica, denominada agente, se obliga frente a otra de manera continuada o estable a cambio de una remuneración, a promover actos u operaciones de comercio por cuenta ajena, o a promoverlos y concluirlos por cuenta y en nombre ajenos, como intermediario independiente, sin asumir, salvo pacto en contrario, el riesgo y ventura de tales operaciones.	Durch einen Handelsvertretervertrag verpflichtet sich eine natürliche oder juristische Person, „agente" genannt, gegenüber einer anderen für dauernd oder in wechselnder Form gegen Vergütung geschäftliche Verbindungen oder Handlungen eines anderen zu fördern oder abzuschließen, auf fremde Rechnung und in fremden Namen, als unabhängiger Vermittler, ohne, wenn nicht anders vereinbart, Verlust oder Gewinn dieser Geschäfte zu tragen.

Das Gesetz beschreibt die Pflichten und Rechte beider Parteien und das Entgeltsystem. Das Entgelt kann in einem festen Betrag bestehen, in einer Provision oder in einer Mischung der beiden Systeme. Als übliche Vertragsklausel können die Parteien für die Zeit nach Beendigung des Vertrages eine *Konkurrenzklausel (Prohibición de competencia)* vereinbaren. Die Dauer des Wettbewerbsverbots darf nicht mehr als zwei Jahre betragen, wenn der Vertrag eine geringere Laufzeit als zwei Jahre hatte, sogar nur ein Jahr. Eine solche Konkurrenzklausel ist schriftlich zu errichten und darf sich ausschließlich auf das räumliche Tätigkeitsgebiet des Agenten sowie auf die Güter oder Dienstleistungen, die er vermittelt hat, beziehen.

Entschädigungen beim Erlöschen des Vertrages: (1) Entschädigung für die Kundschaft, (2) Entschädigung für entgangenen Gewinn. Nach Art. 28 des Gesetzes erhält der Agent, der dem Unternehmer neue Kunden bzw. eine beträchtliche Erhöhung der Geschäftsabschlüsse gebracht hat, eine Entschädigung, wenn diese Tätigkeit dem Unternehmer wesentliche Vorteile gebracht hat. Ein solcher Entschädigungsanspruch besteht auch im Falle der Aufhebung des Vertrages durch den Tod des Agenten. Die Entschädigung darf in keinem Falle den Mittelwert der

---

[9] Ley 12/1992 v. 27. 5. „sobre Contrato de Agencia".
[10] Dazu Dekret 1438/1985 v. 1. 8. n. F.; *Sánchez Calero* (o. Fußn. 5), S. 234 ff.

Provision, die der Agent während der letzten fünf Jahre bezogen hat bzw. während des Vertrages, wenn seine Laufzeit kürzer war, übersteigen. Ferner ist der Unternehmer zu einer Entschädigung verpflichtet, wenn die vorzeitige Kündigung des Vertrages dem Agenten einen Nachteil gebracht hat, insbesondere wenn der Agent die Kosten, die er für die Vertragsschließung aufgewendet hat, nicht abschreiben kann.

Ein Entschädigungsanspruch besteht nicht, wenn (1) der Agent seine gesetzlichen oder vertraglichen Pflichten nicht erfüllt und dies zur Kündigung durch den Unternehmer geführt hat; (2) wenn der Agent den Vertrag selbst gekündigt hat, falls der Kündigung nicht Umstände zugrunde liegen, die vom Unternehmer zu vertreten sind oder die sich auf das Alter, die Arbeitsunfähigkeit oder eine Erkrankung des Agenten beziehen; (3) wenn der Agent mit Zustimmung des Unternehmers seine Rechte und Pflichten aus dem Vertrag einem anderen übertragen hat.

Der Entschädigungsanspruch verjährt nach einem Jahr. Eine Besonderheit ist die gerichtliche Zuständigkeit: sie liegt beim Wohnsitz des Agenten. Eine anders lautende Vereinbarung ist nichtig.

Alleinvertriebsverträge: *Alba Ródenas Borrás*, informaciones 2000 S. 114; *Stefan Meyer/Dietmar Koesling*, RIW 1998 S. 22 ff.

IV. Besondere Handelsgeschäfte

1. Stille Beteiligung („Cuenta en Participación")

Die „Stille Beteiligung" (Art. 239 bis 243 CCom) bedeutet im spanischen Recht die Beteiligung eines Kaufmanns an den Geschäften eines anderen durch Einbringung eines Kapitalanteils und durch Teilhabe an den Ergebnissen des Geschäfts (de sus resultados prósperos o adversos). Die stille Beteiligung bedarf keiner besonderen Form (ninguna solemnidad). Es ist nicht möglich, durch stille Beteiligung eine gemeinsame Firma zu begründen. Der Eigentümer des Hauptgeschäftes kann aber eine Vollmacht seinem stillen Teilhaber erteilten oder an der Führung des Geschäfts beteiligten. Daher ist in manchen Fällen die stille Beteiligung vorteilhafter als die Kommanditgesellschaft, in der der Komplementär den Kommanditisten nicht bevollmächtigen kann.

2. Der Kommissionsvertrag („La Comisíon Mercantil")[11]

Art. 244 CCom versteht unter Kommissionsvertrag einen Auftrag („mandato"), der zum Zweck einer geschäftlichen Handlung erteilt wird, gleichgültig, ob der Kaufmann („comitente") oder der Beauftragte („comisionista") das Geschäft vermittelt. Der Kommissionär kann im

---

[11] *Peuster*, Der Kommissionär nach spanischem Recht, in: *Löber/Peuster*, aaO, S. 103 ff.

§ 15. Handelsrecht im engeren Sinne 97

eigenen Namen Geschäfte abschließen, aber auch im Namen des Auftraggebers (vgl. § 383 HGB). Entsprechend unterschiedlich ist die jeweilige dingliche Rechtslage.

3. **Das handelsrechtliche Lagergeschäft („El Depósito Mercantil")**

Der CCom setzt in Art. 303 ff. fest, wann der einfache Verwahrungsvertrag zu einem handelsrechtlichen Lagergeschäft wird. Die einfache Verwahrung liegt gemäß Art. 1758 CC vor, wenn eine Person eine fremde Sache mit der Verpflichtung erhält, sie aufzubewahren und eines Tages zurückzugeben. Eine handelsrechtliche Verwahrung liegt vor, wenn:

- zumindest der Verwahrer („depositario") ein Kaufmann ist;
- die hinterlegten Sachen Handelsobjekte sind;
- das Depot als solches schon ein Handelsgeschäft ist oder als Folge oder Grund von Handelsgeschäften gemacht wird.

Ein anderer Unterschied besteht darin, daß der Lagerhalter berechtigt ist, ein Entgelt zu nehmen, während die zivilrechtliche Verwahrung kostenlos ist. Der Depositar ist verpflichtet, die hinterlegte Sache in dem Zustand aufzubewahren, wie er sie erhalten hat, und sie mit eventuellen Veränderungen zurückzugeben, sobald der Eigentümer („depositante") es verlangt. Die Haftung des Lagerhalters erstreckt sich auf die Schäden, die dolos oder durch Fahrlässigkeit verursacht worden sind, jedoch auch auf diejenigen, die sich aus der eigenen Natur der hinterlegten Sachen ergeben, wenn er seinerseits nichts getan hat, um diese Schäden oder Verluste zu verhindern.

4. **Das handelsrechtliche Darlehen („El Préstamo Mercantil")**[12]

Das zivilrechtlich in Art. 1740 ff. CC geregelte Darlehen unterliegt nach Art. 311 CCom dem Handelsrecht, wenn folgende Umstände vorliegen:

- wenn eine der Vertragsparteien Kaufmann ist (hier kommt es auf den Darlehensgeber oder -nehmer an);
- wenn das Darlehen gewerblichen Zwecken dient.

Art. 311 bis 327 CCom behandeln das handelsrechtliche Darlehen und bringen eine Reihe von Sonderregeln. Das Darlehen ist nach dem *Nominalwert* zurückzugeben, entgegenstehende Vorschriften sind überholt. Auch das handelsrechtliche Darlehen ist zinslos, sofern nicht ein Zinssatz vereinbart worden ist, es kann jedoch ein Zinssatz in unbeschränkter Höhe vereinbart werden, insbesondere seit dem Außerkrafttreten des Zinsgesetzes vom Jahre 1908, aber natürlich kein Wucherzins

---

[12] *Gómez Rey,* Darlehens- und Kreditverträge im spanischen Recht, in: *Löber/ Peuster* aaO, S. 353 ff.

(Ley „de represión de la usura" v. 23.7.1908). Wichtig ist die Bestimmung des Art. 317 CCom, wonach die fälligen Zinsen, die nicht bezahlt worden sind, ihrerseits keine neuen Zinsen bewirken, falls nicht die Parteien diese Zinsen als Erhöhung des Darlehens kapitalisieren (kein Zinseszins! – vgl. § 248 BGB).

Art. 320 bis 324 CCom enthalten Bestimmungen über Darlehen mit besonderen Sicherheiten aus Effekten oder öffentlichen Wertpapieren. Diese Darlehen müssen mittels der Schlußnote eines Börsenmaklers vereinbart werden. Ein solches Darlehen gilt immer als handelsrechtlich.

5. Der handelsrechtliche Kaufvertrag („La Compraventa Mercantil")[13]

Der in Art. 1445 CC geregelte Kaufvertrag gilt als handelsrechtlich (dann: Art. 325 bis 345 CCom), wenn bewegliche Sachen gekauft werden, um sie wieder zu verkaufen, mit der Absicht, am Weiterverkauf einen Gewinn zu erzielen. Auf die formelle Stellung eines beteiligten Kaufmanns (wie nach HGB) kommt es nicht an.

Die wichtigste Frage: wer übernimmt die Gefahr des Untergangs für Schäden und Wertminderungen der verkauften Sache? Die Schäden und Wertminderungen, die Waren nach Zustandekommen des Vertrages zustoßen, sofern der Verkäufer die Ware zur Verfügung des Käufers am vereinbarten Ort und Zeitpunkt geliefert hatte, gehen zu Lasten des Käufers („periculum est emptoris"), mit Ausnahme der Fälle von Vorsatz oder Fahrlässigkeit des Verkäufers. Wenn die Ware dagegen durch Zufall einen Schaden erleidet, geht dieser Schaden, nur in folgenden Fällen, zu Lasten des Verkäufers (Art. 334):

– wenn der Verkauf aufgrund von Zahl, Gewicht oder Maß gemacht wurde bzw. die verkaufte Sache nicht mit Marken oder Zeichen, die sie identifizieren lassen, bestimmt und umrissen ist, d.h. also beim Gattungskauf vor Konkretisierung;
– wenn aufgrund einer ausdrücklichen Vereinbarung oder nach Handelsbrauch der Käufer die Befugnis (und Obliegenheit) hat, die Sache vor der Übernahme zu untersuchen;
– wenn der Vertrag die Bedingungen enthält, die Sache bis zu dem Zeitpunkt, an dem sie die vereinbarten Bedingungen erfüllt, nicht zu übergeben.

In diesem Sinne besagt Art. 336 des CCom, daß der Käufer, der im Zeitpunkt der Übernahme der Ware diese zu seiner Zufriedenheit geprüft hat, keinen Anspruch besitzt, vom Verkäufer einen Schadensersatz zu verlangen unter dem Vorwand eines Mangels in der Menge oder in der Qualität der Ware. Der Käufer kann eine Mängelhaftung nur geltend machen, sofern er seinen Anspruch innerhalb von *vier Tagen* nach Empfang der Ware geltend macht und der Mangel nicht aus einem Zu-

---

[13] Vgl. Piltz, Spanisches Kaufrecht, in: Löber/Peuster aaO, S. 207 ff.; G. Alcover Garau, La Transmisión del Riesgo en la Compraventa Mercantil, Madrid 1991.

fall herrührt, der aus eigenem Schaden der Sache oder durch dolus entstanden ist (dann keine Frist). In diesen Fällen kann der Käufer sich entscheiden, entweder den Vertrag zu kündigen oder die Erfüllung zu verlangen, mit dem Recht auf Entschädigung für alle Schäden, die durch die Defekte oder Mängel entstanden sind. Die allgemeinen Kaufvorschriften des Código Civil werden insofern verdrängt. Der Verkäufer kann solche Forderungen verhindern, indem er im Zeitpunkt der Übergabe verlangt, daß die Anerkennung der Ware bezüglich Qualität und Menge erfolgt.

Ein wichtiger Fall des Handelskaufs ist der *Unternehmenskauf*.[14] Dazu wird in der Praxis zumeist ein förmlicher Unternehmenskaufvertrag errichtet, mit einer Serie von Klauseln und Bestimmungen, die sehr oft angelsächsischen Ursprungs sind. Die wichtigsten Punkte sind dabei:

- Geprüfte Bilanz des zu verkaufenden Unternehmens, die als Grundlage für den Verkauf dienen soll;
- Klauseln, wonach bei Unstimmigkeit der Aktiva oder Passiva entsprechende Entschädigungen oder Rückzahlungen zwischen den Parteien stattzufinden haben;
- Feststellung der bestehenden Immobilien;
- Feststellung, daß keine Belastungen bestehen, falls doch, welche;
- Feststellung, daß die Verwaltungslizenzen für die Führung des Gewerbes bestehen und in Ordnung sind;
- Festsetzung eines Stichtages zur Übertragung der Vermögenswerte;
- Ernennen eines neuen Verwaltungsrates bzw. eines neuen Geschäftsführers.

6. Leasingvertrag („Arrendamiento financiero")[15]

Der Leasingvertrag ist ein kurvenreicher Weg, um (möglicherweise) Eigentum zu erwerben. Im Leasingvertrag vermietet eine Partei an eine andere eine bestimmte Sache für einen Mietpreis, in welchem eine Abschreibung enthalten ist, die nach einer gewissen Frist als bezahlt gilt. Damit kann die Partei, die das Leasing in Anspruch nimmt, die Sache für ihren Restwert erwerben[16]. Der Leasingvertrag kann sich sowohl auf Mobilien wie auf Immobilien beziehen, wenn auch normalerweise das Leasing in Spanien sich auf Fahrzeuge oder Maschinen beschränkt. *Sánchez Calero* verlangt eine konkrete Regelung des Leasingvertrages, um dem Leasingnehmer einen Schutz gegenüber den allgemeinen Leasingbedingungen der großen Gesellschaften, die oft von Banken abhängig sind, zu geben.

Die Jurisprudenz des Obersten Gerichts[17] hat zuerst den Leasingvertrag von anderen ähnlichen Verträgen unterschieden. Im Urteil

---

[14] Dazu *Freyer/Löber*, Unternehmenskauf und joint venture in Spanien, in: *Löber/Peuster* aaO, S. 269 ff.
[15] *Kneip*, Leasing in Spanien, in: *Löber/Peuster* aaO, S. 311 ff.; *Stefan Leible*, Finanzierungsleasing...; 1996.
[16] Vgl. aber über die steuerlichen Auswirkungen Dekret 15/1977 v. 15. 2.
[17] STS v. 10. 4. 1981, v. 18. 11. 1983, v. 26. 6. 1989.

v. 28. 5. 1990 hat es das Leasing als verdeckten Teilzahlungsvertrag gedeutet.[18]

7. Frachtvertrag („Contrato mercantil de Transporte terrestre")[19]

Der Werkvertrag ist zivilrechtlich anerkannt, der Frachtvertrag eine typisch handelsrechtliche Einrichtung. Der CCom setzt fest, daß für den Transport von Sachen auf Land, auch für Aufbewahrung und Instandhaltung der übergebenen Sachen, der Frachtführer („porteador") dieselben Verpflichtungen wie ein Gastwirt hat (vgl. BGB §§ 701 ff.: Einbringung von Sachen bei Gastwirten). Als handelsrechtlich gilt dieser Vertrag in den folgenden beiden Fällen:

– wenn der Zweck auf Waren oder Wertpapiere gerichtet ist;
– wenn der zur Durchführung dieses Zwecks beauftragte Frachtführer Kaufmann ist oder normalerweise öffentlich Frachten anbietet.

Der CCom regelt in Art. 350 ff. den Frachtbrief sowie die Haftung des Frachtführers, die im Zeitpunkt des Empfanges der Waren beginnt. Im Einvernehmen mit dem CCom werden die Waren für Risiko und zu Lasten des Absenders („cargador", „remitente") transportiert, falls nicht etwas anderes vereinbart worden ist. Zu Lasten desselben gehen alle Schäden, die die Waren während des Transports erleiden, auch durch Zufall, höhere Gewalt oder eigenen Defekt der Sache. Das Risiko geht nur auf den Frachtführer über, wenn man nachweisen kann, daß sie durch seine Fahrlässigkeit entstanden sind, z. B. weil er nicht die Vorsicht hat walten lassen, die unter sorgfältigen Personen üblich ist. Der Anspruch gegen den Frachtführer verjährt sechs Monate nach dem Verlust oder der Havarie („pérdidas y averías"). S. RDL 4/2000 v. 23. 6.

8. Der Versicherungsvertrag („Contrato de Seguro")[20]

Die früheren Bestimmungen des CCom (Art. 380 ff.) über den Versicherungsvertrag wurden bei Inkrafttreten des Gesetzes 50/1980 vom 8. 10. außer Kraft gesetzt. Durch den Versicherungsvertrag verpflichtet sich der Versicherer gegen den Einzug einer Prämie für den Fall, daß das gedeckte Risiko eintritt, innerhalb der vereinbarten Grenzen den Schaden auszugleichen, der dem Versicherungsnehmer zugestoßen ist, bzw. ein Kapital, eine Rente oder andere vereinbarte Leistungen zu zahlen. Das Gesetz hat in vielen Vorschriften zwingenden Charakter, um jeden Mißbrauch gegenüber dem Versicherungsnehmer zu verhindern. Das Gesetz erstrebt Vertragsklauseln, die für den Versicherungsnehmer günstig sind. Allgemeine Bedingungen dürfen in keinem Fall zum Scha-

---

[18] Kritisch *Frühbeck*, RIW 1991, 423.
[19] *Naber*, Transportverträge in Spanien, in: *Löber/Peuster* aaO, S. 301 ff.
[20] *Giesen*, Spanisches Versicherungsrecht, in: *Löber/Peuster* aaO, S. 343 ff.; *Olaf Polster*, Das spanische Privatversicherungsrecht, 1998.

§ 16. Insolvenzrecht

den der Versicherungsnehmer ausgelegt werden. Versicherungsaufsicht: Ley 30/1995 mit vielen Änderungen.

9. Franchising

Vgl. RD 2485/1998 v. 13. 11. „relativo a la regulación del régimen de franquicia, y se crea el Registro del Franquiciadores"; *David Elvira,* Der Franchisevertrag im spanischen Recht, informaciones 1998, S. 19.

V. Das Handelsregister („Registro Mercantil")[21]

Das Handelsregister war und ist in neuer Form in Art. 16 bis 24 CCom geregelt, zusätzlich jetzt sehr ausführlich im „Reglamento del Registro Mercantil" (RRM) gemäß Dekret 1784/1996 v. 19. 7. Das Register hat zum Zweck die Eintragung von Einzelkaufleuten, von Unternehmen, Handelsgesellschaften und speziellen Einrichtungen. Eine Eintragung von Einzelkaufleuten ist freiwillig (ausser beim Reeder), anders für Handelsgesellschaften. Dort ist die Wirkung konstitutiv. Gründung, Satzungsänderung und Fusion oder Spaltung einer Handelsgesellschaft sind nicht wirksam ohne Eintragung, auch nicht die Gewährung oder Änderung von Vertretungsbefugnissen der Gesellschafter.

Das Handelsregister ist heute mit Hilfe der Elektronik leicht zentral einzurichten, dem trägt die Neugestaltung von 1997 Rechnung.

Gutglaubensschutz: Rechtsakte, die im Register einzutragen und eingetragen sind, können Dritten entgegengehalten werden, Art. 21. Sind noch keine fünfzehn Tage vergangen, dann können Dritte sich darauf berufen, daß sie ohne Schuld nichts gewußt hatten. Vgl. damit § 15 HGB!

§ 16. Insolvenzrecht[1]

I. Voraussetzungen

Das spanische Recht rechnet das Insolvenzrecht dem Handelsrecht zu. Es kennt vier Insolvenzverfahren. Hierfür ist vorweg zu unterscheiden, ob der Schuldner Kaufmann ist oder nicht. Für Nichtkaufleute sieht das spanische Recht zwei Verfahren vor (praktisch selten angewandt):

- Erlaß und Stundung („quita y espera");
- Gläubigerkonkurs („Concurso de Acreedores").

---

[21] *V. Carstenn-Lichterfelde,* Das spanische Handelsregister, in: *Löber/Peuster* aaO, S. 19 ff; *Katja Kuck,* Die Stellung der Handelsregistergerichte, 1998.

[1] *Frühbeck,* Die Insolvenz im spanischen Recht, ZIR 1983, 1002; *v. Schiller,* Zahlungseinstellung und Konkurs, in: *Löber/Peuster* aaO, S. 531; *St. Leible* u. *A. Staudinger,* Die europäische Verordnung über Insolvenzverfahren, KTS (Zeitschrift f. Insolvenzrecht) 2000 S. 533 ff.

3. Teil. Handels-, Wirtschafts-, Steuer- und Arbeitsrecht

Für Kaufleute sind ebenfalls zwei Verfahren vorgesehen:
- Zahlungseinstellung („suspensión de pagos");
- Konkurs („quiebra").

II. Das Gesetz über Zahlungseinstellungen („Ley de Suspension de Pagos", LSP)

Dieses Gesetz trägt das Datum vom 26. 7. 1922. Es war eigentlich ein provisorisches Gesetz, das sehr schnell entworfen worden war, um den Konkurs eines bekannten Unternehmens in Barcelona zu verhindern. Die Zahlungseinstellung ist vorgesehen für Liquiditätsmängel der Kaufleute, deren Aktiva zwar noch höher als ihre Passiva sind, die aber trotzdem nicht ihren Verpflichtungen nachkommen können. Der zugrunde liegende Gedanke entspricht unserem Vergleichsrecht: zu retten, was zu retten ist. Zweck dieser Rechtseinrichtung ist es, Vollstreckungen und Klagen der Gläubiger zu verhindern, und zwar mittels des Abschlusses eines Vertrages, in welchem ein Nachlaß, eine Stundung oder beides zusammen vereinbart wird. Das Verfahren der Zahlungseinstellung wird sehr oft von Unternehmen verwendet, die sich praktisch bereits in Konkurs befanden, um auf diese Weise den viel strengeren Bestimmungen des Konkurses zu entgehen. Die Zahl der Fälle nahm Anfang der 90er Jahre zu: 1989 128 Anträge, 1990 schon 255, 1992 etwa 800 Anträge mit einer geschätzten Schuldsumme von 250 Mrd. Peseten. Mit der verbesserten Wirtschaftslage hat die Zahl solcher Anträge abgenommen.

Auf dem Wege über dieses Verfahren kann man Stundungen erhalten, einen Schuldenerlaß oder die Möglichkeit, die Liquidation des Unternehmens durch die Zahlung einer Quote an die Gläubiger zu vermeiden. Die Zahlungseinstellung ist eine Art Präventivvergleich des Schuldners mit den Gläubigern. Die wichtigsten Voraussetzungen der Zahlungseinstellung:

(1) Die Zahlungseinstellung ist nur für Kaufleute und Handelsgesellschaften vorgesehen. Die Nichtkaufleute haben das zivilrechtliche Verfahren des Erlasses und der Stundung in Anspruch zu nehmen.
(2) Das Gesetz schließt einige Fälle ausdrücklich aus, die sich gerade auf der Grenze zwischen Kaufleuten und Nichtkaufleuten befinden. Es sind folgende:
  - Kleine Unternehmer und Handwerker, die einen Sonderstatus genießen (Dekret vom 22. 7. 1978). Art. 326 Nr. 3 CCom betrachtet handwerkliche Verkäufe nicht als Handelsverkäufe, besonders beim Kunsthandwerker („artesano");
  - Landwirtschaftliche Unternehmer und Viehzüchter, also Bauern, unterliegen nicht diesem Verfahren, wohl aber dann, wenn eine GmbH oder AG Landwirtschaft betreibt;
  - Freie Berufe sind ganz ausgenommen;
  - Genossenschaften: seit dem G v. 19. 12. 1974 unterliegen sie dem Verfahren.

Die Zahlungseinstellung beginnt mittels eines Antrages des Schuldners an den Richter erster Instanz seines Wohnsitzes. Im Gegensatz zum

§ 16. *Insolvenzrecht* 103

Konkurs haben hier die Gläubiger kein Antragsrecht. Der Antrag muß gestellt werden in Verbindung mit folgenden Unterlagen:
- Bilanz über Aktiva und Passiva des Schuldners oder zumindest eine Vermögensaufstellung;
- Gläubigerliste unter Angabe der Höhe der Forderungen, der Entstehungszeitpunkte und der Fälligkeit;
- Bericht über die Gründe, die zur Zahlungseinstellung geführt haben, und über die Mittel, über die der Schuldner verfügt, um die Schulden zu bezahlen;
- Vorschlag zur Bezahlung der Schulden, d. h. Vergleichsvorschlag;
- Angaben der Filialen, Agenturen oder Vertretungen des Antragstellers;
- Vorlage der Handelsbücher, amtlich bestätigt und auf dem laufenden gehalten, gemäß den rechtlichen Bestimmungen.

Werden diese Regeln eingehalten, erklärt der Richter die (vorläufige) Zahlungseinstellung und ernennt drei Vergleichsverwalter („Interventores"), einen davon gewählt durch die Gläubiger. Diese Interventores haben die Verpflichtung, die gesamten Unterlagen des Unternehmens zu prüfen, alle Geschäfte zu kontrollieren und am gegebenen Tag ihr Gutachten über die Gründe zu erstellen, die zur Insolvenz des Unternehmens geführt haben. Sie sind ferner verpflichtet, die endgültige Bilanz des Unternehmens zu erstellen. Übersteigen die Passiva die Aktiva, so wird die Insolvenz als endgültig erklärt, sonst ist sie nur vorläufig (provisorisch).

III. Wirkungen der Zahlungseinstellung

Die Zahlungseinstellung hat für den Antragsteller noch nicht die persönlichen Folgen des Konkurses, den Verlust der Verfügungsbefugnis. Sie verursacht aber eine Serie von Maßnahmen über sein Vermögen. Die erste davon ist, daß alle Rechtsgeschäfte und die gesamte Tätigkeit des Schuldners der Kontrolle der „Interventores" unterliegen. Er behält zwar die Verwaltung seines Vermögens sowie die Geschäftsführung, kann jedoch keine Rechtshandlung ohne die Unterschrift der Interventores durchführen. Handlungen, die dagegen verstoßen, sind nichtig und können dazu noch eine strafrechtliche Haftung auslösen.

Vom Zeitpunkt der Erklärung der Zahlungseinstellung ab ruhen alle Vollstreckungen über das Vermögen des Schuldners; anders aber bei Ansprüchen, die hypothekarisch oder durch Pfandrecht gesichert sind. Auch kann von diesem Zeitpunkt an nicht mehr der Konkurs des Schuldners verlangt werden. Wenn umgekehrt die Insolvenz zur endgültigen Insolvenz wird, dann ist der Schuldner verpflichtet, die Differenz zwischen seinen Passiva und Aktiva innerhalb einer Frist von fünfzehn Tagen zu begleichen. Andernfalls können jene Gläubiger, die zwei Fünftel der Passiva repräsentieren, die Konkurserklärung verlangen. Diese Möglichkeit hat auch der Schuldner. Ohne einen solchen Antrag geht das Zahlungseinstellungsverfahren weiter.

Die Zahlungseinstellung wird im Amtsblatt des Staates (Boletín Oficial del Estado) und in den Zeitungen „größten Umlaufs in der Provinz" veröffentlicht, damit alle Gläubiger von ihrem Recht in der Gläubigerversammlung Gebrauch machen können. Die sogenannten privilegierten Gläubiger, d. h. jene, die ihr Recht mit Hypotheken oder mit Pfandrechten abgesichert haben, werden durch das Verfahren der Zahlungseinstellung nicht eingeschränkt, ihre Rechte zu verfolgen. Ebensowenig behindert ist die Durchsetzung von Steuerforderungen, von Ansprüchen der Sozialversicherung und der Arbeitnehmer auf Gehalt oder Entschädigungen.

Nach Beendigung dieses Verfahrens hat der Schuldner einen endgültigen Ausgleichsvorschlag vorzulegen. Dieser wird der Gläubigerversammlung zur Genehmigung vorgelegt. Die Tendenz des Gesetzes in den Art. 14 und 15 ist es gerade, einen Vergleich zu erreichen, um die Vollstreckung in das Vermögen zu vermeiden. Der Vergleichsrichter hat den Vorsitz in der Gläubigerversammlung, an welcher auch der Schuldner und die Interventores teilnehmen. An der Gläubigerversammlung müssen zumindest so viele Gläubiger teilnehmen, daß sie drei Fünftel der Passiva des Unternehmens repräsentieren. Nach der Verlesung des Vergleichsvorschlages wird derselbe diskutiert und zur Abstimmung gestellt. Der Vergleichsvorschlag wird durch den Richter genehmigt, wenn mindestens 2/3 der Gläubiger – nach Höhe der angemeldeten Forderungen – zustimmen. Der Vergleich ist dann verbindlich für den Schuldner und für die Gläubiger. Selbstverständlich kann dieser Vergleich angefochten werden in Inzidentalverfahren oder direkt mittels einer Berufung vor dem entsprechenden Landesgericht (s. oben S. 84), obwohl solche Anfechtungen normalerweise abgelehnt werden. Wenn der Schuldner den Vergleich nicht erfüllt, können Konkurs oder Einzelvollstreckungen beantragt werden.

IV. Der Konkurs

Der Konkurs ist für die weniger aussichtsreichen Insolvenzfälle vorgesehen. Der Schuldner muß Kaufmann oder ein Handelsunternehmen sein (Art. 874 CCom). Als rechtliche Regelung gelten immer noch die Art. 1001 ff. des alten HGB von 1829 (!). Von einer Insolvenzrechtsreform wird wie in Deutschland gesprochen, doch scheint man in Spanien weniger weit gediehen zu sein, während man hier immer mehr beklagt, wie gut die alte KO gewesen war.

1. Insolvenzgründe

Soll der Konkurs über das Vermögen eines Kaufmanns erklärt werden, muß eine prekäre vermögensrechtliche Situation bestehen. Nach

§ 16. Insolvenzrecht 105

einem Teil der Doktrin genügt die generelle Nichtbezahlung, d.h. die Nichterfüllung der laufenden Verpflichtungen. Nach anderen kann der Konkurs nur dann erklärt werden, wenn die Gesamtheit des Vermögens des Schuldners unter der Gesamtheit seiner Schulden liegt. Sie meinen, daß, wenn die Aktiva noch über den Passiva liegen, der Kaufmann sich lediglich in einer Lage des Liquiditätsmangels befindet.
Antragsberechtigt sind der Schuldner und jeder Gläubiger, Art. 875. Antragsvoraussetzungen: Art. 876. Die Erklärung des Konkurses liegt beim Gericht.

2. Formen des Konkurses

Der Konkurs des Kaufmanns bedeutet die Liquidation des Vermögens eines Schuldners zur Befriedigung seiner Gläubiger. Daneben besteht das öffentliche Interesse festzustellen, ob der Schuldner in vorsätzlicher oder fahrlässiger Form den Kredit seiner Gläubiger mißbraucht und damit vielleicht strafrechtliche Bestimmungen verletzt hat. Der CCom stuft in seinen Art. 886 ff. drei Arten von Konkurs ab:

- den unverschuldeten, schicksalhaften Konkurs („Insolvencia fortuita");
- den schuldhaften Konkurs („Insolvencia culpable");
- den betrügerischen Konkurs („Insolvencia fraudulenta") – vgl. STS v. 17. 12. 1991, informaciones 1992, 204.

Der Richter stellt fest, welche Art der Insolvenz vorliegt.

3. Organe im Konkursverfahren

Es bestehen zwei Aufsichtsorgane: (1) Der Richter, der den Konkurs eröffnet und das Verfahren führt; (2) der Verwalter („comisario") des Konkurses, der durch den Richter ernannt wird, der die Handlungen der Konkursverwalter kontrolliert.
Vorläufig kann vom Richter ein „Depositario" ernannt werden, der die Aufstellung des Vermögens betreut und die Masse vertritt.
Zur ordentlichen Durchführung des Verfahrens ernennt die erste Gläubigerversammlung ein Verwaltungs- und Vertretungsorgan, bestehend aus drei sogenannten „síndicos" (Art. 1069), die das Vermögen des Schuldners unter dem Gesichtspunkt des Interesses der Gläubiger verwalten. Gleichzeitig übernehmen die Sindici die gerichtliche und außergerichtliche Vertretung der Konkursmasse. Eine wichtige Rechtsstellung hat die Gläubigerversammlung auch insofern, als sie mit Mehrheit (Mehrheit nach Köpfen, zusätzlich von $3/5$ des gesamten Forderungsbetrages, Art. 1153) die wichtigsten Beschlüsse faßt, z.B. über Prüfung und Anerkennung von Forderungen, Genehmigung von Vergleichsvorschlägen usw.

4. Wirkungen des Konkurses

a) Wirkung für die Person des Schuldners. Durch das Konkursverfahren verliert der Schuldner die Verwaltung seines Vermögens. Jede Rechtshandlung, die er durchführt, ist „ipso iure" nichtig, unabhängig vom möglichen guten oder schlechten Glauben von Dritten.

b) Vermögensrechtliche Wirkungen. Dem Schuldner wird die Verwaltung seines Vermögens entzogen, auch von Dokumenten und Rechnungen. Verwaltung und Verfügungsgewalt gehen auf den Konkursverwalter über. Die spanische Besonderheit einer *Rückwirkung* des Konkurses[2] kann zu rechtlicher Unsicherheit führen. Mit der Konkurserklärung setzt der Richter ein Datum fest, zu dem seines Erachtens die Insolvenz stattgefunden hat, und wonach alle Handlungen, die der Schuldner von diesem Datum ab durchgeführt hat, nichtig sein können. Dies kann schwerwiegende Auswirkungen für Dritte sogar bei gutem Glauben haben.

Die Konkurserklärung wird im Handelsregister und auch im Grundbuch eingetragen, mittels eines Randvermerks bezüglich aller Immobilien, die im Eigentum des Schuldners stehen.

c) Wirkungen des Konkurses auf die Gläubiger. Mit der Konkurseröffnung ruhen alle Vollstreckungsverfahren, die gegen die Konkursmasse bestehen, mit Ausnahme derjenigen der privilegierten Gläubiger, die ihre Kredite mittels Hypothek oder Pfandrecht gesichert hatten, sowie von Steuer-, Sozialversicherungs- und Arbeitnehmerforderungen.

d) Wirkungen des Konkurses auf Kredite.
- Alle Leistungen, die der Schuldner schuldet, sind in Bargeld zu verwandeln.
- Alle bestehenden Kredite sind sofort fällig.
- Es werden keine Zinsen mehr bezahlt (Art. 884 CCom).
- Gewisse Kredite werden im Wege des Konkursverfahrens verrechnet (Aufrechnung im Konkurs, Art. 1196 CC).
- Verschiedene unentgeltliche oder entgeltliche Vermögensverfügungen, die in gewissen Zeitpunkten durchgeführt worden sind, insbesondere die entgeltlichen, die 30 Tage vor der Konkurserklärung erfolgt sind, bzw. die unentgeltlichen, die in den zwei Jahren vor der Konkurserklärung stattgefunden haben, müssen rückerstattet werden (Art. 880 bis 882 CCom), vgl. unsere Konkursanfechtung.

Die Rückwirkung der Konkurserklärung schafft auch hier Probleme.

M. Lobato García-Miján, La Reserva de Dominio en la Quiebra, Madrid 1997;
G. Alcover Garau, Factoring y Quiebra, Madrid 2000.

5. Beendigung des Konkurses

Der Konkurs kann entweder durch Vergleich des Kaufmanns mit seinen Gläubigern oder mittels Liquidation beendet werden, also durch

---

[2] Man spricht von „Retroacción de la Quiebra", dazu Art. 878 CCom. u. *Rolf Möhlenbruck,* Die Gläubigeranfechtung im deutschen und spanischen Recht, 1996.

§ 16. Insolvenzrecht 107

Verkauf oder Veräußerung des Vermögens des Schuldners, um die Gläubiger auszuzahlen in der Form und in dem Verhältnis, das unter „la prelación de los acreedores" in den Art. 913 bis 919 CCom vorgesehen ist. Nach Eröffnung des Konkurses sind alle Gläubiger verpflichtet, ihre Forderungen gegenüber dem Gericht mit entsprechenden Unterlagen zu beweisen. Aufgrund der Beschlüsse der Gläubigerversammlung oder der richterlichen Entscheidung werden Forderungen gegen die Konkursmasse festgestellt und gemäß der gesetzlichen Rangordnung ausgezahlt.

6. Rangordnung der Kredite

Nach Art. 912 ff. CCom werden Forderungen („la graduación de créditos") in zwei Abteilungen aufgeteilt. Die erste enthält jene Kredite, die aus dem Erlös des Verkaufs des beweglichen Vermögens des Schuldners zu bezahlen sind. Die zweite enthält jene Gläubiger, die zu Lasten der Immobilien zu befriedigen sind. Die Rangfolge der Gläubiger der ersten Abteilung ist folgende:

- Kosten der Beerdigung, Totenmesse und Erbschaftsabwicklung;
- Unterhaltsansprüche;
- Gläubiger mit Arbeitslohnforderungen aus den letzten sechs Monaten (Art. 32 ET);
- Sozialversicherungsansprüche;
- Privilegierte, die einen Vorrang aus dem CCom haben;
- Privilegierte aus dem allgemeinen Zivilrecht; z. B. aus dem Hypothekenrecht;
- Gläubiger aufgrund einer öffentlichen Urkunde;
- gewöhnliche Gläubiger aufgrund von Handelsgeschäften;
- gewöhnliche Gläubiger aufgrund des Zivilrechts.

Der Vorrang für die Zahlung der Gläubiger der zweiten Abteilung erfolgt in folgender Rangordnung:

- Gläubiger mit dinglichem Recht in der Form und der Rangordnung, die im Hypothekengesetz aufgeführt sind;
- besonders privilegierte Gläubiger und sonstige, die im vorherigen Artikel aufgeführt sind, nach der Rangordnung desselben (Art. 914 CCom).

Ein Vergleich kann nur in einer Generalversammlung der Gläubiger genehmigt werden, wenn zugunsten des Vergleichs die Gläubiger stimmen, die zumindest drei Fünftel der Passiva repräsentieren und auch die Mehrheit nach Köpfen gegeben ist. Ein solcher Vergleich berührt aber weder die privilegierten noch die sonst gesicherten hypothekarischen Gläubiger. Jeder Gläubiger kann den Vergleich innerhalb einer Frist von acht Tagen anfechten. Der genehmigte Vergleich muß durch den Richter ratifiziert werden, und dies ist verbindlich für alle Gläubiger, die nicht ein privilegiertes Recht haben. Normalerweise besteht der Vergleich in einem Erlaß von Hauptschulden und der Zinsen bzw. in der Gewährung einer neuen Stundung für die Zahlung der Schuld. Eine praktische Möglichkeit ist der Liquidationsvergleich, in welchem der Schuldner die Gesamtheit seines Vermögens den Gläubigern überträgt.

7. Rehabilitierung des Schuldners

Wenn der Konkurs nicht betrügerisch gewesen war, insbesondere wenn der Schuldner seinen Vergleich mit den Gläubigern erfüllt bzw. ohne Vergleich alle seine Schulden bezahlt hat, kann er Rehabilitierung erhalten durch einen Antrag an den Konkursrichter. Die Rehabilitierung wird also nicht von Amts wegen erteilt. Nach Rehabilitation des Schuldners hören die ihn betreffenden konkursrechtlichen Beschränkungen auf, er erwirbt wieder seine volle Verfügungsbefugnis.

§ 17. Handelsgesellschaften[1]

Literatur: Ulrike Stücker, Das spanische Internationale Gesellschaftsrecht, 1999; die „Colección Comentarios al Régimen Legal de las Sociedades Mercantiles" bei Civitas, Madrid, ab 1995.

I. Allgemeines

Gesellschaftsverträge sind Spezialfälle von Handelsverträgen. Alle unterliegen im Prinzip Art. 116 CCom, wonach durch den Gesellschaftsvertrag zwei oder mehr Personen sich verpflichten, Vermögensgüter und/oder Aktivitäten zusammenzulegen, um einen Gewinn zu erwirtschaften. Wenn eine Handelsgesellschaft wirksam gegründet ist, erwirbt sie die Eigenschaft als *juristische Person*, ist also *rechtsfähig*. Dies ist ein großer Unterschied zum deutschen Recht, das (allerdings halbherzig!) zwischen rechtsfähigen und nichtrechtsfähigen Handelsgesellschaften unterscheidet (zu den Turbulenzen um die BGB-Gesellschaft *Karsten Schmidt*, NJW 2001 S. 993). Grundlage ist Art. 27 des spanischen Zivilgesetzbuches, wonach zu den juristischen Personen auch die Handelsgesellschaften zählen, die im Rahmen ihres Geschäftszwecks Rechte und Pflichten aus Verträgen erwerben. Man nennt die Handelsgesellschaft plastisch auch „empresario social", den Einzelkaufmann dagegen „empresario individual".

Formvorschrift: Die Gründung sowie alle Vereinbarungen und Bedingungen sind in einer öffentlichen Urkunde niederzulegen, die zur Eintragung dem Handelsregister vorzulegen ist (Art. 119). Dasselbe gilt für jede Änderung der ursprünglichen Urkunden.

---

[1] Grundlegend das Kapitel „La asociación" in *Díez-Picazo/Gullón*, Sistema de Derecho Civil, Bd. 1, 6. Aufl. (1988), S. 553 ff. Vgl. *Bauzá Moré*, Das Recht der spanischen Personengesellschaften, in: *Löber/Peuster* aaO, S. 41 ff.; vgl. auch Art. 1665 ff. CC.; *Markus Schädler*, Die grenzüberschreitende Realsitzverlegung... von Handelsgesellschaften im Verhältnis von Deutschland und Spanien, 1999.

§ 17. Handelsgesellschaften 109

Die Freiheit des Unternehmers, eine Mehrheit von Unternehmen zu gründen, ist in der letzten Zeit durch verwaltungsrechtliche Bestimmungen, die schon vorher bezüglich der Gründung von Banken, Kreditgesellschaften, Versicherungsgesellschaften u. ä. galten, sehr beschränkt worden.[2] Das spanische Recht kennt u. a. folgende Typen von Handelsgesellschaften (Art. 122 CCom):

– die Offene Handelsgesellschaft („Sociedad colectiva");
– die Kommanditgesellschaft („Sociedad en comandita" oder „comanditaria")
– die Gesellschaft mit beschränkter Haftung („Sociedad de responsabilidad limitada");
– die Aktiengesellschaft („Sociedad anónima").

Diese Typen entsprechen im Grundsatz, aber nicht in Einzelheiten dem deutschen Gesellschaftsrecht. Mit den Reformen um das Jahr 1990 hat der spanische Gesetzgeber versucht, sich an das Europäische Recht anzugleichen.[3]

II. Die Offene Handelsgesellschaft („Compañía Colectiva")

In der Offenen Handelsgesellschaft verpflichten sich alle Gesellschafter, in ihrem eigenen Namen und unter einem gemeinsamen Zweck an denselben Rechten und Pflichten teilzuhaben (Art. 125 ff.). Charakteristische Merkmale sind:

– Name und Vorname aller Gesellschafter müssen in der Gründungsurkunde („escritura social") enthalten sein, Art. 125 CCom. Es besteht Eintragungspflicht.
– Es besteht die OHG-typische unbegrenzte (aber subsidiäre) persönliche Haftung der Gesellschafter für die Schulden der Gesellschaft. Das spanische Recht geht so weit, daß eine Person, die zwar nicht zur Gesellschaft gehört, jedoch die Einbeziehung ihres Namens in die Firma gestattet hat, solidarisch für die Verpflichtungen der Gesellschaft haftet (Art. 126 III CCom).
– Die Gesellschaft wird unter dem Namen („razón social" oder „firma social") aller ihrer Gesellschafter, einiger von ihnen oder eines einzelnen Gesellschafters eingetragen. In den letzten beiden Fällen sind die Worte „y Cia." beizufügen. Wenn die Geschäftsführung (Verwaltung) nicht einem der Gesellschafter ausdrücklich anvertraut worden ist, sind alle in gleicher Weise zur Geschäftsführung befugt und gelten als Verwalter („administradores") der Gesellschaft.

Das Gesetz enthält eine Reihe von Bestimmungen über die Haftung des Verwalters, über die Möglichkeit, ihn aus der Geschäftsführung zu entlassen, wenn er seine Befugnisse mißbraucht, über die Ernennung eines Mitverwalters oder sogar die gerichtliche Aufhebung (rescisión) des Gesellschaftsverhältnisses.[4] Über die Vertretungsbefugnis gibt es keine besondere Regelung, sie folgt aus dem Recht zur Geschäftsfüh-

---

[2] Ley de Reforma Parcial y Adaptación de la Legislación Mercantil ... (LRA) 19/1989 v. 25. 7.
[3] Vgl. dazu die Gründung des „Instituto Europeo de España" im Rahmen der „Fundación MAPFRE Estudios", Director E. Bacigalupo.
[4] Sánchez Calero, S. 172 ff.; Uría, Nr. 176.

rung. Alle Gesellschafter können den Zustand der Verwaltung und Rechnungsführung gemäß dem Gesellschaftsvertrag prüfen, insbesondere im Hinblick auf ihre persönliche Haftung (Art. 133 CCom). Den Gesellschaftern ist ausdrücklich verboten, die Firma der Gesellschaft für eigene Geschäfte zu verwenden. Ein Verstoß kann die Kündigung des Gesellschaftsverhältnisses bewirken (Art. 135).

Wenn nicht etwas anderes vereinbart ist, werden Gewinne wie Verluste im Verhältnis zu der Beteiligung eines jeden Gesellschafters verteilt.

Die Übertragung einer Beteiligung (der CCom Art. 143 spricht vom Interesse des Gesellschafters an der Gesellschaft) kann nur mit Zustimmung aller anderen Gesellschafter erfolgen.

In der Offenen Handelsgesellschaft ist in Spanien der Begriff des industriellen Gesellschafters („socio industrial") verwendet worden. Industrieller Gesellschafter ist, wer kein Kapital in die Gesellschaft einbringt, sondern stattdessen seine Kenntnisse und Aktivität (Industrie im römischen Sinne = Fleiß). Als Gegenleistung erhält er Anteil an der Geschäftsführung und einen gewissen Beteiligungsprozentsatz.

III. Die Kommanditgesellschaft („Sociedad Comanditaria")

Die Kommanditgesellschaft erhält in Art. 145 bis 150 CCom die Modifikationen, die im deutschen Recht zur OHG gelten. Neben Gesellschaftern mit voller Haftung (Komplementären, „socios colectivos") gibt es Kommanditgesellschafter, deren Haftung für die Schulden der Gesellschaft auf ihre Kommanditeinlage beschränkt bleibt („socios comanditarios"). Dafür dürfen sich Kommanditisten nicht in die Verwaltung der Gesellschaft einmischen, die den persönlich haftenden Komplementären untersteht (Art. 148 IV). Das Gesetz geht so weit, daß die Kommanditisten nicht einmal als Bevollmächtigte der geschäftsführenden Gesellschafter Verwaltungshandlungen durchführen dürfen. Die Vollmacht, die ein Komplementär zugunsten eines Kommanditisten erteilt, um irgendwelche Handlungen im Interesse der Gesellschaft auszuführen, ist nach spanischem Recht nichtig und daher auch nicht im Handelsregister eintragungsfähig. Der Unterschied beider Arten von Gesellschaftern soll nicht verwischt werden. Wenn ein Kommanditist seinen Namen in die Firma einfügt, dann haftet er mit seinem gesamten Vermögen für die Verbindlichkeiten der Gesellschaft, genauso wie wenn er Komplementär wäre.

Verständlicherweise sind die Kommanditisten berechtigt, die Bilanz und die Verwaltung der Gesellschaft zu prüfen, jedoch nur zu den Zeitpunkten, die in der Satzung vorgesehen sind.

In der Firma sind entweder die Namen aller Komplementäre aufzuführen oder einzelne von ihnen mit den Worten „y Cia." In jedem Fall sind die Worte „Sociedad en Comandita" beizufügen.

§ 17. Handelsgesellschaften 111

Es ist auch im spanischen Recht die Gründung einer Offenen Handelsgesellschaft oder einer Kommanditgesellschaft möglich, deren einer Gesellschafter bzw. Komplementär juristische Person ist, die ihrerseits nur beschränkt haftet (AG oder GmbH).[5] Dies hat praktische Bedeutung vor allem in den Fällen ausländischer Investitionen, die von Ländern aus durchgeführt werden, mit welchen Spanien ein Doppelbesteuerungsabkommen abgeschlossen hat, wenn in diesem Doppelbesteuerungsabkommen die Investition in Personengesellschaften eher gefördert wird als die in Kapitalgesellschaften.

IV. Die Aktiengesellschaft („Sociedad Anónima")[6]

Literatur: M. Reckhorn-Hengemühle, Die spanische Aktiengesellschaft, 1992; *Stefan Meyer*, Das Verfahren der Anfechtung von Gesellschafterbeschlüssen ..., RIW 1995 S. 103; rechtshistorisch: *Matthias Frey*, Die spanische Aktiengesellschaft im 18. Jahrhundert und unter dem Código de Comercio von 1829, 1999.

1. Neuregelung

Die Aktiengesellschaft ist seit dem 1. 1. 1990 geregelt durch die „LSA", Ley de Sociedades Anónimas. Erklärtes Ziel war, das Gesellschaftsrecht dem Recht der EG anzupassen, außerdem praktischen Erfordernissen zu dienen. Man sprach von einer Verbesserung der Rahmenbedingungen für inländische und ausländische Investitionen. Besonders zeigten deutsch-spanische Großprojekte wie der Erwerb der Mehrheitsbeteiligung bei Bancotrans durch die Deutsche Bank oder die SEAT-VW-Zusammenarbeit die Richtung auf veränderte Größenordnungen. Mit der Neuregelung ist die vertragliche Gestaltungsfreiheit beträchtlich eingeschränkt worden. Die wichtigsten Änderungen sind:

- Das vorher nicht fest bezifferte Grundkapital muß einen Mindestnennwert von 10 Mio. Peseten haben;
- Aktien können auch als Bucheintragungen („anotaciones en cuenta") ausgegeben werden;
- Sacheinlagen sind durch unabhängige Sachverständige zu bewerten;
- stimmrechtslose Vorzugsaktien werden eingeführt;
- der Minderheitenschutz in der Hauptversammlung und in den Ausschüssen ist verstärkt;
- es gibt eine verstärkte Verwalterhaftung;
- die Prüfung des Jahresabschlusses erfolgt durch externe Abschlußprüfer.

Als Folge dieser Neuerungen sind das spanische Gesellschaftsrecht und die entsprechende Praxis in Bewegung geraten. Bis 30. 6. 1992 wa-

---

[5] *J. Girón Tena*, Derecho de Sociedades, Bd. I, Madrid 1976, S. 539.
[6] *Fernández de la Gándara*, Das Recht der spanischen Aktiengesellschaften, in: *Löber/Peuster* aaO, S. 53 ff.; *Reichmann/Luitjens*, Zweisprachige Ausgabe, Frankfurt/M. 1990; *R. Illescas Ortiz*, Las Cuentas anuales de la Sociedad Anónima, Madrid 1993 ff.; *Antonio B. Perdices Huetos*, Cláusulas restrictivas de la transmisión de acciones y participaciones, 1997.

ren bestehende AG's satzungs- und kapitalmäßig (zumindest 25% des Nennbetrages eingezahlt) anzupassen, sonst war die Umwandlung in eine OHG, eine KG oder eine GmbH zu vollziehen. Äußerster Termin für die Eintragung eines Gesellschafterbeschlusses über die Erhöhung des Kapitals war der 31. 12. 1995, sonst erlosch die Gesellschaft. Im Endeffekt hat es wohl weniger AG's gegeben.

2. Rechtsnatur und Gründung

„En la sociedad anónima el capital, que estará dividido en acciones, se integrará por las aportaciones de los socios, quienes no responderán personalmente de las deudas sociales." LSA Art. 1 „Concepto"

Bei der AG wird das Kapital, geteilt in Aktien, von Beiträgen der Gesellschafter erstellt, die nicht persönlich für die Schulden der Gesellschaft haften. Art. 1 „Begriff"

Die AG wird nach Art. 7 durch öffentliche Urkunde errichtet, die in das Handelsregister eingetragen werden muß. Dadurch wird die Gesellschaft juristische Person. In der „escritura" ist die Verfassung der Gesellschaft aufzunehmen. Die näheren Voraussetzungen enthält Art. 8 LSA. Dazu gehört auch die Satzung („estatutos"), worin der Geschäftsgang im einzelnen geregelt wird. Normalfall ist die *Simultangründung* des Art. 14, wonach mindestens drei Personen nach Abschluß des Gesellschaftsvertrages sämtliche Aktien zeichnen. Bei der *Sukzessivgründung* steht am Anfang ein öffentliches Angebot, und das Entstehen der Gesellschaft ist erst abgeschlossen, wenn als letzter Akt eines komplizierten Verfahrens die vollständige öffentliche Zeichnung des Mindestkapitals vollzogen ist, Art. 19. Die Gründungsgesellschaft („Sociedad en formación") wirft immer heikle Fragen auf, Art. 15. Sehr weit gespannt ist die Gründerhaftung („responsabilidad de los fundadores"), Art. 18.[6a]

3. Nichtigkeit

Ist die AG eingetragen, so bedarf es zu ihrer Aufhebung der Nichtigkeitsklage („acción de nulidad") unter den näheren Voraussetzungen von Art. 34.

4. Einlagen

Als Einlagen in eine AG erwartet man im Normalfall Geldzahlungen. Einlagen („aportaciones") können aber auch in Sachen oder anderen vermögenswerten Gütern bestehen, Art. 36. Dies bedarf dann natürlich der Bewertung durch Sachverständige, die vom Leiter des Handelsregisters („Registrador Mercantil") zu bestimmen sind.

[6a] *Bernhard S. Idelmann*, Gründung und Gründungshaftung von AG und GmbH im spanischen und deutschen Recht, 1997.

5. Aktien

Art. 47 I:

„Las acciones representan partes alícuotas del capital social. Será nula la creación de acciones que no respondan a una efectiva aportación patrimonial a la sociedad."

Aktien entsprechen Bruchteilen des Gesellschaftskapitals. Die Ausgabe von Aktien, die nicht für eine wirkliche Vermögenseinlage stehen, ist nichtig.

Aktien dürfen nicht unter Nennwert ausgegeben werden. Art. 48 I:

„La acción confiere a su titular legítimo la condición de socio y le atribuye los derechos reconocidos en esta Ley y en los estatutos."

Die Aktie gewährt dem rechtmäßigen Inhaber die Stellung eines Gesellschafters und verleiht ihm die Rechte, die im Gesetz und in den Statuten anerkannt sind.

Die verliehenen Rechte müssen nicht gleich sein: es gibt *Vorzugsaktien,* Art. 50. Aktien können als Aktienscheine („títulos") oder durch Bucheintragungen („por medio de anotaciones en cuenta") ausgegeben werden, jetzt auch als „Computer-Aktie". In allen Fällen gilt das Wertpapierrecht, Art. 51. Der Erwerb eigener Aktien verstieße gegen das Gebot zur Erhaltung des Mindestkapitals und darf nicht sein: „En ningún caso podrá la sociedad suscribir acciones propias ...", Art. 74 I.

6. Organe der Gesellschaft

- Die Hauptversammlung („Junta general"). Die Aktionäre entscheiden hier durch Mehrheitsbeschluß. Dem Beschluß ist auch die Opposition unterworfen, Art. 93. Die Anfechtung von Hauptversammlungsbeschlüssen regelt sich nach Art. 115 ff.
- Die Verwalter („administradores"),[7] ab drei Personen als Verwaltungsrat („Consejo de Administración"). Zugelassen aber auch: der „administrador único" (sog. monistisches System).

Dieser Verwaltungsrat ist nicht mit dem deutschen Aufsichtsrat zu vergleichen. Das spanische Recht folgt mehr dem französischen Modell des „Conseil d'Administration", das auch das schweizerische Recht übernommen hat. Dieser „Consejo" ist die Exekutive der Gesellschaft und untersteht nur der Generalversammlung der Aktionäre. Daher unterscheidet er sich auch von dem deutschen Vorstand, der bei manchen Beschlüssen die Genehmigung des Aufsichtsrats einholen muß, also eine schwächere Rechtsstellung hat. Da der Verwaltungsrat nicht ständig zusammentreten kann, ernennt er aus seiner Mitte entweder ein „Comité Ejecutivo" oder einen oder mehrere „Consejeros Delegados", deren Vollmacht nach Ermessen des Verwaltungsrats, weit oder eng gefaßt werden kann. Die Mitglieder des Verwaltungsrates können für

---

[7] Vgl. *Roca Puig,* Die Haftung der Verwaltungsräte der Gesellschaften in Spanien, informaciones 1992, S. 44; auch *Löber,* informaciones 1992, 212; *M. A. Alcalá Díaz,* La Impugnación de Acuerdos del Consejo de Administración de Sociedades Anónimas, Madrid 1998.

eine Höchstdauer von fünf Jahren ernannt werden. Die Wiederwahl ist zulässig. Die Ernennung erfolgt durch Erklärung und Eintragung im Handelsregister.

Die weitere Vollmacht des Verwaltungsrats[8] ergibt sich aus Art. 128 des neuen Gesetzes, wonach dem Verwaltungsrat die gerichtliche und außergerichtliche Vertretung der Gesellschaft zusteht. Jede Beschränkung dieser Befugnisse ist Dritten gegenüber unwirksam. Die Gesellschaft haftet gegenüber Dritten, die in gutem Glauben waren, bezüglich der Handlungen des Verwaltungsrats. Nach Art. 127 sind die Mitglieder des Verwaltungsrats verpflichtet, ihr Amt mit der Sorgfalt eines ordentlichen Unternehmers (im alten Gesetz hieß es Kaufmann) und eines treuen Vertreters zu führen, über vertrauliche Mitteilungen verschwiegen zu sein.

Die Mitglieder des Verwaltungsrats haften gegenüber der Gesellschaft, gegenüber den Aktionären und gegenüber den Gläubigern für den Schaden, den sie durch Handlungen bewirkt haben, die gegen das Gesetz oder gegen die Statuten verstoßen haben, bzw. für Handlungen, die ohne die notwendige Sorgfalt durchgeführt worden sind. Die Delegierten des Verwaltungsrats haften diesem gegenüber genauso wie der Verwaltungsrat selbst gegenüber der Generalversammlung.

Die Verwalter sind verantwortlich für die Erstellung des Jahresabschlusses, Art. 171. Wie die Bilanz der AG auszusehen hat, ist in Art. 175 ff. eingehend geregelt, ebenso in Art. 189 ff. die Gewinn- und Verlustrechnung.

Einen Aufsichtsrat kennt das spanische Aktienrecht nicht, damit fehlt auch der Ansatz für eine *Mitbestimmung der Arbeitnehmer*[9] nach deutschem Muster. Die Kontrollfunktion wird erfüllt durch strenge Vorschriften zur Rechnungslegung, durch die Einsetzung von Rechnungsprüfern („Auditores de Cuentas", Art. 203) und Haftungsregeln.

7. Satzungsänderung, Erhöhung und Reduzierung des Kapitals

Art. 144 ff. regeln besondere Beschlüsse der Hauptversammlung mit der Notwendigkeit qualifizierter Mehrheiten. Im Falle der Reduzierung des Gesellschaftskapitals sieht das Gesetz eine Serie von Garantien vor, nicht nur für die Aktionäre, sondern insbesondere auch für die Gläubiger und für dritte Personen. Diesem Zweck dienen sehr weitgehende Publizitätsvorschriften.

---

[8] *Reichmann/Luitjens* aaO. S. 15. *Uría* et al., Comentario al Régimen Legal de las Sociedades Mercantiles, Bd. VI, Madrid 1992, zu Art. 128 LSA.
[9] *Fischer* aaO, S. 96; *K. Schmidt*, Gesellschaftsrecht, 3. Aufl. 1997.

§ 17. Handelsgesellschaften

8. Ausgabe von Schuldverschreibungen („obligaciones")[10]

Die Ausstellung von Obligationen oder anderen Titeln, die eine Gesellschaftsschuld begründen oder anerkennen, ist in den Art. 282 ff. vorgesehen. Es gilt die Beschränkung, daß eine solche Emission nicht höher liegen darf als das einbezahlte Gesellschaftskapital plus Rücklagen, die in der letzten genehmigten Bilanz erscheinen, und Regularisierungsrücklagen, sofern sie vom Finanzministerium akzeptiert worden sind.

9. Umwandlung, Fusion, Spaltung („transformación", „fusión", „escisión")

Art. 223 ff. sehen die Umwandlung, Fusion und Spaltung der Gesellschaft vor. Auf jeden Fall sind für die Beschlußfassung die Mehrheiten des Art. 103 zu beachten. Für dagegenstimmende Gesellschafter besteht die Möglichkeit, sich gegen Erhalt des Teiles, der ihnen aus dem Vermögen der Gesellschaft zusteht, von der Gesellschaft zu trennen.

Die Fusion erfolgt nach Art. 233 auf zwei Wegen:

(1) die Fusion von zwei Gesellschaften in eine neue Aktiengesellschaft durch die enbloc-Übernahme des jeweiligen Vermögens in eine neue Gesellschaft (= Verschmelzung durch Neubildung);
(2) sog. Fusion durch Absorption (Übernahme, Aufsaugung), in welcher eine Aktiengesellschaft das Vermögen einer anderen übernimmt, und zwar mittels einer Kapitalerhöhung und des entsprechenden Austausches von Aktien für die Aktionäre der gelöschten Gesellschaft, die neue Aktien der absorbierenden Gesellschaft erhalten (= Verschmelzung durch Aufnahme).

10. Auflösung und Liquidation

Schließlich behandelt das Gesetz in den Art. 260 ff. das Auflösungs- und Liquidationsverfahren. Als Anlässe hierfür sind anerkannt:

- Ablauf der Frist, die in der Satzung festgelegt war;
- Beendigung der unternehmerischen Tätigkeit oder unbestreitbare Unmöglichkeit, den Geschäftszweck fortzuführen;
- Verluste, die das Vermögen der Gesellschaft auf unter die Hälfte des Gesellschaftskapitals bringen, falls es nicht wieder einbezahlt oder reduziert wird;
- Fusion oder Veränderung;
- Beschluß der Hauptversammlung mit der Mehrheit des Art. 103;
- irgendein anderer Grund, der in der Satzung vorgesehen ist;
- Konkurs der Gesellschaft, wenn dies als Folge der richterlichen Entscheidung, die den Konkurs („quiebra") erklärt, ausdrücklich beschlossen wird.

Das Gesetz enthält Bestimmungen zur Sicherung der Gläubiger sowie zur Abberufung der Verwalter und zur Ernennung eines oder dreier Liquidatoren, die (stets in ungerader Zahl) das Vermögen der Gesellschaft auflösen, die Gläubiger auszahlen und jährlich gegenüber der Generalversammlung Rechenschaft ablegen. Nach Liquidation der Ge-

---

[10] Dazu *Hernández Martí*, Darlehen und Anleihen im spanischen Recht, in: *Löber/Peuster* aaO, S. 441 ff.

sellschaft und Verteilung der Aktiva und nachdem die Erklärung abgegeben worden ist, daß die Gesellschaft keine sonstigen Schulden hat, werden Auflösung und Liquidation eingetragen. Die Bücher werden beim Handelsregister hinterlegt.

V. Die Gesellschaft mit beschränkter Haftung („Sociedad de Responsabilidad limitada")

Literatur: *Monika Reckhorn-Hengemühle,* Die neue spanische GmbH, 1997; *H. Marinel-lo Jordan/St. Meyer,* Die spanische GmbH. Zweisprachige Textausgabe mit Kommentar, 1998 (dazu *Leible,* GmbH-Rundschau 1998, 906); *Katharina Haneke,* Veräußerung und Vererbung von GmbH-Anteilen im spanischen und deutschen Recht, 2000; *Burckhardt Löber* u. a., Die neue spanische GmbH, 2. Aufl. 2001.

Durch die Neuregelung des Aktienrechts im Jahre 1989 wurde die AG neu geregelt, das GmbH-Recht aber nur modifiziert. Es war klar, daß ein neues Gesetz notwendig war, um beide Gesellschaftsformen, die GmbH und die AG, klar voneinander zu trennen. Dieses GmbH-Gesetz ist am 23. 3. 1995 unter der Nummer 2/95 erschienen.

Die Definition lautet:

„En la sociedad de responsabilidad limitada, el capital, que estará dividido en participaciones sociales, se integrará por las aportaciones de todos los socios, quienes no responderán personalmente de las deudas sociales."

Bei der GmbH ist das Kapital geteilt in Gesellschaftsanteile, die aus Beiträgen aller Gesellschafter entstehen, die persönlich nicht für die Schulden der Gesellschaft haften.

Aus der dem Gesetz vorangestellten „Exposición de Motivos" erfährt man noch mehr über die Gründe der Neuregelung: leichtere Handhabung; mehr Freiheit für Regelungen in der Satzung; aber Sicherung der Gesellschafter vor Übertragung von Anteilen nach außen durch Vorkaufsrechte und Anbietungspflichten; keine Höchstzahl von Gesellschaftern; vereinfachte Willensbildung in der Generalversammlung; erleichterte Rechenschaftslegung; Zulassung der Ein-Mann-Gesellschaft.

Konkrete Einzelheiten:

1. Gesellschaftskapital

Das Mindestkapital beträgt 500 000 Peseten, etwa 3 000 €. Es muß ausdrücklich in Peseten und in Euro angegeben und bei der Gründung vollständig einbezahlt sein. Es genügen nicht 25% wie bei der Aktiengesellschaft. Das Kapital ist aufgeteilt in unteilbare aber zusammenlegbare Beteiligungen.

2. Kaufmannseigenschaft

Die GmbH ist auf jeden Fall Kaufmann i. S. d. CCom, unbeschadet ihres Geschäftszweckes.

3. Staatsangehörigkeit

Jede GmbH, die ihren Sitz im spanischen Hoheitsgebiet hat, hat spanische Staatsangehörigkeit, unabhängig vom Orte, an dem sie gegründet worden ist. Es besteht Domizilpflicht in Spanien für alle GmbH's, deren Hauptzweck innerhalb des spanischen Hoheitsgebietes ausgeübt wird.

4. Sitz

Die GmbH hat ihren Sitz innerhalb des spanischen Hoheitsgebietes am Orte ihrer jeweiligen Leitung und Verwaltung oder dort, wo ihr Hauptbetrieb liegt. Fallen Sitz des Handelsregisters und Betriebssitz auseinander, können sich Dritte an einen von beiden wenden. Die Gesellschaft kann Filialen in jedem Ort des spanischen Gebietes oder des Auslandes eröffnen (Sitzverlegung von Deutschland nach Spanien: AG Heidelberg v. 3. 3. 2000, informaciones 2000 S. 192).

5. Die Gesellschaft unterliegt dem **Verbot der Ausstellung von Obligationen;** sie kann jedoch Kredite an eine andere Gesellschaft derselben Gruppe geben sowie Avale oder finanzielle Unterstützung im Einvernehmen mit den Beschlüssen der Generalversammlung. Sie kann jedoch solche Rechtsgeschäfte nicht zu Gunsten der eigenen Gesellschafter durchführen.

6. Gründung der Gesellschaft

Die Gründung[11] der Gesellschaft erfolgt mittels notarieller Urkunde, die im Handelsregister einzutragen ist. Mit der Eintragung wird die Gesellschaft Juristische Person.

7. Vereinbarungen, die **geheim** unter den Gesellschaftern getroffen werden, sind der Gesellschaft gegenüber nicht wirksam.

8. Die **Gründungsurkunde** muss durch alle Gründer, sei es persönlich oder über einen Vertreter, gezeichnet werden. Diese Gründer haben die Gesamtheit der Gesellschaftsbeteiligung zu übernehmen. In der Urkunde sind anzugeben:

a) die Personalien des Gesellschafters oder der Gesellschafter;
b) der Wille, eine GmbH zu gründen;
c) die Einbringungen, die jeder Gesellschafter durchführt sowie die Numerierung der Beteiligungen, die er hierfür erhält;
d) die Statuten der Gesellschaft;
e) die konkrete Form, in welcher die Verwaltung anfangs organisiert wird im Falle, daß die Statuten verschiedene Alternativen vorsehen;
f) die Identität der Person oder Personen, die zuerst die Verwaltung und Vertretung der Gesellschaft übernehmen.

---

[11] *Bernhard S. Idelmann*, Gründung und Gründungshaftung von AG und GmbH im spanischen und deutschen Recht, 1997; LG München I v. 22. 7. 1999, informaciones 2000 S. 18.

9. In die Gründungsurkunde können ferner alle Bedingungen und Vereinbarungen aufgenommen werden, die die Gesellschafter für zweckmäßig halten, sofern sie weder im Widerspruch zum Gesetz stehen noch zu den Prinzipien der GmbH (Artikel 12).

10. Die **Statuten** müssen zumindestens enthalten:
a) Firmenname;
b) Geschäftszweck unter Aufführung der Tätigkeiten, die ihn bilden;
c) Datum des Abschlusses des Geschäftsjahres;
d) Sitz der Gesellschafts;
e) Kapital mit Angabe der Beteiligungen, deren Nominalwert und aufeinanderfolgende Nummerierung;
f) die Rechtsform für die Verwaltung der Gesellschaft (Artikel 13).

11. Die Tätigkeit der Gesellschaft **beginnt** am Tage der Unterzeichnung der Gründungsurkunde. Die Urkunde ist im Handelsregister zur Eintragung vorzulegen. Gründer und Verwalter haften für den Schaden, der durch eine Verletzung dieser Bestimmung entsteht.

12. Die Gesellschaftsbeteiligung

In die Gesellschaft dürfen nur solche Vermögensbestandteile oder Rechte eingebracht werden, die eine wirtschaftliche Bewertung ermöglichen. In keinem Fall dürfen persönliche Arbeit oder Dienstleistungen angerechnet werden. Alle Einbringungen gelten als im Eigentum erbracht, falls nicht etwas Anderes erklärt wird.

Finanzielle Einbringungen müssen jetzt in Euro erfolgen.

Gegenüber dem Notar ist die Einbezahlung in der Gründungs- oder in einer Kapitalerhöhungsurkunde mittels der Depotbescheinigung nachzuweisen. Der Notar wird diese Bescheinigung der Urkunde beifügen. Die Bescheinigung hat eine Bestandskraft von zwei Monaten.

Nichtgeldliche Einbringungen sind in der Gründungsurkunde oder in der Kapitalerhöhungsurkunde aufzuführen, evtl. mit grundbuchrechtlichen Eintragungen.

Gründer und Gesellschafter, die im Zeitpunkt des Beschlusses einer Kapitalerhöhung bestanden und die eine Beteiligung mittels nichtgeldlicher Einbringung erworben haben, haften gegenüber der Gesellschaft und gegenüber den Gläubigern für das tatsächliche Bestehen dieser Einbringung und ihres Wertes. Die Verwalter haften selbstschuldnerisch für die Differenz zwischen der Bewertung und dem tatsächlichen Wert der nichtgeldlichen Einbringungen.

Befreit davon sind Verwalter, die gegen den Kapitalerhöhungsbeschluß oder gegen die Bewertung gestimmt haben.

13. Zusätzliche Leistungen

Nach dem neuen Gesetz können in den Statuten zusätzliche Verpflichtungen allen oder einigen der Gesellschafter auferlegt werden, unter Angabe ihres konkreten Inhaltes oder ob sie kostenlos oder mittels Entgelt erfolgen sollen.

14. Übertragung und Verpfändung von Gesellschaftsbeteiligungen

Übertragung von Gesellschaftsbeteiligungen sowie die Verpfändung müssen öffentlich beurkundet werden.

Das Gesetz sieht drei Fälle der Übertragung von Gesellschaftsanteilen vor:

a) freiwillige Übertragung unter Lebenden (Art. 29)
b) zwangsweise Übertragung und (Art. 31)
c) Übertragung mortis causa (Art. 32).

zu a) Es ist ohne weiteres zulässig, unter Lebenden Anteile zu übertragen. Eine freie Übertragbarkeit besteht unter Lebenden zugunsten anderer Gesellschafter wie zugunsten des Ehegatten, von Vorfahren oder Nachkommen des Gesellschafters bzw. zu Gunsten von Gesellschaften, die derselben Gruppe angehören. Was versteht man unter Gruppe? Steuerlich genügt bereits eine Beteiligung von 25%; gesellschaftsrechtlich gibt es Streitfragen.

zu b) Auf Anteile kann ein Dritter zugreifen, z. B. im Falle der Pfändung im Wege eines Vollstreckungsverfahrens. Die Gesellschaft hat die Pfändung im Gesellschafterregister zu vermerken.

zu c) Durch Übertragung der Anteile mortis causa erwirbt der Erbe oder Vermächtnisnehmer die Stellung eines Gesellschafters. Die Statuten können zugunsten der überlebenden Gesellschafter ein Vorkaufsrecht über die Anteile des Verstorbenen festlegen.

Eigene Anteile soll eine GmbH nicht erwerben („En ningún caso podrá una sociedad...asumir participaciones propias, ni acciones o participaciones emitidas por su sociedad dominante", Art. 39 I), aber es gibt Ausnahmen.

15. Organe der Gesellschaft

Hauptorgan ist die Generalversammlung (Junta General),[12] die folgende Angelegenheiten zu entscheiden hat:

a) die Festlegung des Geschäftsjahres, die Verwendung des Gewinnes und die Entlastung der Verwalter.
b) Ernennung und Abberufung der Verwalter, Liquidatoren und Rechnungsprüfer sowie Entscheidung über die Ansprüche der Gesellschaft gegen dieselben wegen persönlicher Haftung.

---

[12] *Christina Sánchez*, Eingriffsbefugnis der Gesellschaftsversammlung in die Geschäftsführung ..., RIW 2000 S. 192 ff.

c) Die Genehmigung den Verwaltern gegenüber, für eigene oder fremde Rechnung konkurrierende Tätigkeiten aus zu üben.
d) Veränderung der Satzung.
e) Verminderung und Erhöhung des Gesellschaftskapitals.
f) Übertragung, Verschmelzung und Spaltung der Gesellschaft.
g) Auflösung der Gesellschaft,
h) jede andere Angelegenheit die vom Gesetz oder von den Statuten vorgesehen sind.

Die Vollmacht der Verwalter (administradores) hängt von den Befugnissen ab, die ihnen von der Generalversammlung übertragen worden sind. Sollten mehrere Verwalter ernannt worden sein, so steht das Vertretungsrecht einem jeden alleine zu, unbeschadet der Bestimmungen der Statuten oder der Beschlüsse der Generalversammlung, die in einem solchen Fall nur interne Kraft haben. Das Gesetz enthält ferner Bestimmungen über die Entlassung der Verwalter und ihre Haftung.[13]

16. Jahresabschluß

GmbH's unterliegen denselben Bestimmungen wie die AG's. Eine Rechnungsprüfung hat durch eine unabhängige Treuhandgesellschaft zu erfolgen.

17. Auflösung

Die Gesellschaft löst sich auf durch Befristung, Zweckerreichung, Gesellschafterbeschluß, Geschäftsaufgabe, Vermögensverfall und natürlich durch Konkurs.

§ 18. Sonstiges Wirtschaftsrecht

I. Unlauterer Wettbewerb[1]

Das Gesetz 3/1991 v. 10. 1. erweitert durch G 52/1999 v. 28. 12, richtet sich gegen „competencia desleal". Dieses Attribut ist sehr altmodisch, „lealdad" war etwa die Vasallentreue in der Feudalzeit. In der Präambel wird zugegeben, daß für diese Materie „tradicionalmente ha estado ausente el legislador" (es gab nur eine Strafbestimmung von 1905). Zweck des Gesetzes nach Art. 1: Schutz des Wettbewerbs im Interesse aller Marktteilnehmer. Maßstab der Kontrolle die Generalklausel des Art. 5:

---

[13] *Stefan Meyer*, Persönliche Haftung der Geschäftsführer/Verwalter einer spanischen GmbH, RIW 1998 S. 450.
[1] Vgl. *Fröhlingsdorf*, Neue spanische Gesetzgebung zum unlauteren Wettbewerb, RIW 1991, 987; *Axel Berg*, Das neue spanische Gesetz gegen den unlauteren Wettbewerb, 1997; *Andreas Wirth*, Das neue Recht des unlauteren Wettbewerbs in Spanien, 1996.

§ 18. Sonstiges Wirtschaftsrecht 121

„Se reputa desleal todo comportamiento que resulte objetivamente contrario a las exigencias de la buena fe."

Man hält für unlauter jedes Verhalten, das objektiv gegen die Erfordernisse von Treu und Glauben verstößt.

Wenn hier schon sozusagen bei „Treu und Glauben", nicht erst bei der Sittenwidrigkeit[2] angesetzt wird, dann könnte als Folgeentwicklung ein besonders scharfes spanisches Wettbewerbsrecht zu erwarten sein, doch die ersten Entscheidungen lassen noch keine Tendenzaussage zu. Gesetzliche Beispiele für verbotenes Verhalten sind: Verwirrung erregen („crear confusión"), Art. 6; Täuschungshandlungen („actos de engaño"), Art. 7; Versprechen von Geschenken oder Vorteilen („obsequios, ventajas o primas"); Art. 8; Anschwärzung („denigración"), Art. 9; auch die vergleichende Werbung („actos de comparación"), Art. 10; Imitation, Art. 11; Ausbeutung fremden Rufes („explotación de la reputación ajena"), Art. 12; Geheimnisverrat („violación de secretos"), Art. 13; Verleitung zum Vertragsbruch („inducción a la infracción contractual"), Art. 14; Diskriminierung, Art. 16 (erweitert 1999); Dumpinggeschäfte („venta a pérdida"), Art. 17. Die entsprechenden Klagen werden in den Art. 18ff. behandelt, Art. 19 Nr. 2a u. b gibt auch Vereinigungen zum Schutz von wirtschaftlichen Interessen oder des Wettbewerbs die „Legitimación activa". Verjährung von Ansprüchen: nach Art. 21 schon in einem Jahr nach Kenntnis, jedenfalls in drei Jahren nach der Verletzungshandlung.

II. Kartellrecht (Verbot von Wettbewerbsbeschränkungen)[3]

Das Gesetz 16/1989 v. 17. 7. „de defensa de la competencia" (LDC) hatte eine frühere Regelung von 1963 ersetzt, mit der erklärten Absicht, europäisches Niveau zu erreichen. Durch G 52/1999 v. 28. 12. ist es erweitert worden. Die Präambel widmet dem Wettbewerbsprinzip hochherzige, fast schon schwärmerische Worte. Art. 1 bringt unter „Conductas prohibidas" einen umfangreichen Tatbestandskatalog verschiedener Formen verbotenen Verhaltens, über Absprachen oder Praktiken, die den Wettbewerb einschränken oder mißbrauchen.

„Se prohibe todo acuerdo, decisión o recomendación colectiva, o práctica concertada o conscientemente paralela, que tenga por objeto, produzca o pueda producir el efecto de impedir, restringir o falsear la competencia en todo o en parte del mercado nacional ..."

Verboten ist jede Absprache, Entschließung oder gemeinsame Empfehlung ebenso wie jedes Verhalten, das abgestimmt oder parallel geführt wird, das zum Ziel hat oder bewirkt oder bewirken kann, den Wettbewerb des nationalen Marktes im ganzen oder in Teilen zu verhindern, zu beschränken oder zu verfälschen ...

---

[2] Vgl. *Hefermehl,* zu § 1 UWG, ein sehr lesenswerter Kommentar.
[3] *Fröhlingsdorf,* Das spanische Wettbewerbsrecht, in: *Löber/Peuster* aaO, S. 497ff.; *Alba Ródenas Borrás,* Die Reform des Wettbewerbsrechts ...: Das Gesetz 52/1999 v. 28. 12., informaciones 2000 S. 114.

Die letztgenannte Wirkungsbeschränkung auf den bloßen nationalen Markt wird aufgehoben durch RD 295/1998 v. 27. 2. „a la aplicación en España de las reglas europeas de competencia". Als Beispiele für wettbewerbswidriges Verhalten werden genannt:

– Festsetzung von Preisen, von Handels- oder Dienstleistungskonditionen;
– Beschränkung oder Kontrolle von Produktion, Vertrieb, Entwicklung;
– Aufteilung des Marktes oder der Zulieferung;
– Verabredung diskriminierender Bedingungen;
– Auferlegung von Zusatzleistungen.

Rechtsfolge solcher Kartellabsprachen etc. ist volle Nichtigkeit, sofern nicht die Ausnahmen der Art. 2 ff. greifen. Unterlassungsklagen können vor das „Tribunal de Defensa de la Competencia" gebracht werden, Art. 9, und das Gericht kann auch Geldstrafen („multas sancionadoras"), und Zwangsgelder („multas coercitivas") verhängen.

Das zweite große Thema sind „las concentraciones económicas", Art. 14, dazu RD 1080/92 v. 11. 9. (*Fröhlingsdorf*, RIW 1995 S. 280). Jedes Projekt oder jede Operation, die in diese Richtung geht, ist unter dort geregelten Voraussetzungen dem Ministerium anzuzeigen, was aber nicht einen Genehmigungsvorbehalt bedeutet, sondern der Regierung Reaktionsmöglichkeiten eröffnet. Die Gefahr übermäßiger Konzentration wird noch nicht als dramatisch gesehen, in der Phase des Übergangs hatten 80% der Unternehmen nicht mehr als fünf Arbeitnehmer.[4] Die Konzentration kann für unzulässig erklärt werden mit der Weisung – durch Geldbußen sanktioniert –, die Durchführung zu unterlassen. Wichtiges Organ zum Schutze des Wettbewerbs ist neben dem erwähnten speziellen Gericht eine Art Kartellamt, „El Servicio de Defensa de la Competencia", das dem Wirtschaftsministerium eingegliedert ist.

III. Recht der Werbung[5]

Das G 34/1988 v. 11. 11., „Ley General de Publicidad" steht zwischen Wettbewerbsrecht und Verbraucherschutz. Werbung („Publicidad") ist nach Art. 2:

„... toda forma de comunicación realizada por una persona física o jurídica, pública o privada, en el ejercicio de una actividad comercial, industrial, artesanal o profesional, con el fin de promover de forma directa o indirecta la contratación de bienes muebles o inmuebles, servicios, derechos y obligaciones."

... jede Form von Kommunikation ... erstellt in Ausübung einer Handelstätigkeit ... mit dem Ziel, einen Vertragsabschluß ... herbeizuführen.

---

[4] *Gerlach*, ZVglRWiss 1986, 266.
[5] *Johannes Sebastian Nebe*, Werbung in Spanien, 1997.

Verboten ist jede Werbung, welche die Personenwürde verletzt, oder Werte der Verfassung, besonders solche, die zum Schutz der Kinder, der Jugend oder der Frauen anerkannt sind, Art. 3. Verboten sind auch die betrügerische, die unlautere und die auf unerlaubte Gegenstände bezogene Werbung (zu Tabak und Alkohol Art. 8 Nr. 5). Die Verletzung von Vorschriften wird geahndet nach den Regeln des Verbraucherschutzes, führt also in den nächsten Abschnitt IV. über.

IV. Verbraucherschutz und Produzentenhaftung

Das G 26/1984 v. 19. 7. „para la defensa de los consumidores y usuarios" (LGDCU) erging zur Verwirklichung des Art. 51 der Verfassung. Es werden als grundlegende Rechte der Verbraucher und der Benutzer anerkannt:

– Schutz gegen Risiken, die Gesundheit oder Sicherheit verletzen könnten;
– Schutz ihrer legitimen wirtschaftlichen und sozialen Interessen;
– Recht auf Schadensersatz bei erlittenen Schäden oder Nachteilen;
– korrekte Information über das Angebot;
– Anhörung und Beratung;
– Rechtsschutz.

Ein Verzicht auf solche Rechte wäre nichtig, Art. 2 Nr. 3, ebenso Umgehungshandlungen („actos realizados en fraude de esta Ley"). Als Folge aus diesen Grundsätzen wird vor allem die Regierung und Verwaltung in die Pflicht genommen, die angesprochenen Interessen zu schützen. Richtig juristisch wird erst Art. 25:

„El consumidor y el usuario tienen derecho a ser indemnizados por los daños y perjuicios demostrados que el consumo de bienes o la utilización de productos o servicios les irroguen, salvo que aquellos daños y perjuicios estén causados por su culpa exclusiva o por la de las personas de las que deba responder civilmente."

Der Verbraucher und der Nutzungsnehmer sind zu entschädigen für Nachteile, die der Verbrauch, Gebrauch oder Dienstleistungen hervorrufen, es sei denn, daß solche Schäden durch ihre alleinige Schuld verursacht sind oder durch Personen, für die sie zivilrechtlich verantwortlich sind.

Damit ist das spanische Produkthaftungsrecht[6] bereits über das deutsche hinausgegangen: es genügt nicht zur Entlastung des Produzenten der Beweis fehlender eigener Schuld, sondern erforderlich ist zur vollständigen Exkulpation der Beweis des *alleinigen* Verschuldens auf Seiten des Verbrauchers bzw. Benutzers oder der zu verantwortenden Personen. Ergänzende Regeln finden sich in G 22/1994 v. 6. 7. „de responsabilidad civil por los daños causados por productos defectuosos" mit der

---

[6] Vgl. *Odenbach*, in: *Löber/Peuster* aaO, S. 197 ff.; *Vestweber*, Verbraucherschutz in Spanien, RIW 1992, 678; D. *Fuchs*, Verbraucherschutz ... nach dem KonsumentenschutzG von 1984, Baden-Baden 1990; *Kai Christian Fischer*, Verbraucherschutz im spanischen Vertragsrecht ..., 2000.

Haftungseinschränkung 10500 Mio. Peseten hinsichtlich eines identischen Produkts mit demselben Defekt.[7]

Art. 26 LGDCU bezieht in die Haftung für schadensstiftende Produkte auch Importeure, Zulieferer und Verkäufer ein. Die Einbeziehung von Zwischenhändlern ist streitig.[8] Mit Art. 28 LGDCU ist eine Gefährdungshaftung für Produkte eingeführt, die – etwa durch Werbung! – mit besonderen Garantien für Reinheit („pureza") oder Sicherheit verbunden waren, wie Nahrungs-, Hygiene-, Kosmetikerzeugnisse, Transportmittel, Aufzüge, Spielzeug für Kinder. – Zum formalrechtlichen Teil des Gesetzes Art. 32 ff.

Auch das *HaustürgeschäftsG* ist mit ähnlicher Möglichkeit des Widerrufs in Spanien eingezogen: Ley 26/1991 v. 21. 11. „sobre contratos celebrados fuera de los establecimientos mercantiles".

Für das Kleinhandelsgewerbe (Comércio Minorista) gilt G 7/1996 v. 15. 1. mit verbraucherfreundlichen „Spielregeln", *Thomas Rauscher*, RIW 1998 S. 26 ff. Hier hat auch schon (im 3.Titel) der Fernabsatz (contratación a distancia) eine Regelung gefunden, die aber heute nicht mehr dem EU- Recht genügt (RL 97/7/EG).

Das spanische VerbraucherkreditG ist Ley 7/1995 de 23. 5. „de Crédito al Consumo". Vgl. *Stefan Meyer*, RIW 1996 S. 299 ff. Auch hierüber *Kai Christian Fischer*, Verbraucherschutz ..., 2000 S. 153 ff.

V. Allgemeine Geschäftsbedingungen[9]

Bis zum Erlaß des Gesetzes 7/1998 vom 13. 4. 1998 wurde die Kontrolle der Verwendung Allgemeiner Geschäftsbedingungen in einem einzigen Artikel, dem Art. 10 des Verbraucherschutzgesetzes 26/1984 (LGDCU) geregelt. Da diese Regelung auf Verbraucherverträge beschränkt war, der Gesetzgeber aber eine weitergehende Kontrolle für erforderlich hielt, mußte das Recht der Allgemeinen Geschäftsbedingungen gänzlich neu geregelt werden. Gleichzeitig bestand die Verpflichtung zur Umsetzung der EU-Klauselrichtlinie 93/13 vom 5. 4. 1993.

Die neue Regelung ist auf drei Gesetze verteilt. In Anlehnung an das dt. AGBG wurde zunächst ein Gesetz über die Allgemeinen Geschäftsbedingungen *(Ley sobre Condiciones Generales de la Contratación –*

---

[7] *Alexandra Sonntag*, Die Entwicklung der spanischen Produkthaftung, informaciones 1999, 104 u. 196.

[8] Vgl. *Bercovitz Rodríguez-Cano*, La responsabilidad por los daños y perjuicios derivados del consumo de bienes y servicios, Estudios sobre consumo, 1984, S. 125 ff.

[9] *Helbing*, Der Entwurf des spanischen AGB-Gesetzes, informaciones 1998, 18; *Rodrigo Bercovitz Rodríguez-Cano*, Comentarios a la Ley de Condiciones Generales de la Contratación, 1999; *Ana Katharina Fischer*, Das neue Gesetz über AGB in Spanien, RIW 1998 S. 689 ff.; *Kai Christian Fischer*, Verbraucherschutz im spanischen Vertragsrecht..., 2000.

§ 18. Sonstiges Wirtschaftsrecht

LCGC) geschaffen. Es enthält erstmalig in Art. 1 eine Legaldefinition von Allgemeinen Geschäftsbedingungen.

„Son condiciones generales de la contratación las cláusulas predispuestas cuya incorporación al contrato sea impuesta por una de las partes, con independencia de la autoría material de las mismas, en su apariencia externa, de su extensión y de cualesquiera otras circunstancias, habiendo sido redactadas con la finalidad de ser incorporadas a una pluralidad de contratos."

Allgemeine Geschäftsbedingungen sind diejenigen vorformulierten Klauseln, deren Einbeziehung in den Vertrag von einer Partei vorgeschrieben wird und welche mit dem Zweck verfasst wurden, in einer Vielzahl von Verträgen verwendet zu werden. Dabei ist es gleichgültig, wer diese Klauseln materiell entworfen hat, wie sie äußerlich gestaltet sind, welchen Umfang sie haben oder welche sonstigen Umstände sie aufweisen.

Zu beachten ist, daß nach Art. 2 das neue Gesetz unabhängig von der Verbrauchereigenschaft des Verwendungsgegners für alle Verträge zwischen einem Verwender Allgemeiner Geschäftsbedingungen *(„predisponente")* und jeder anderen natürlichen oder juristischen Person *(„adherente")* gilt, die auch Kaufmann sein kann.

Desweiteren sind Einbeziehungs-, (Art 5, 7) Auslegungs- (Art. 6) und Rechtsfolgenregeln (Art. 9, 10) vorgesehen. Im Rahmen der Einbeziehungskontrolle ist die Ausführungsverordnung *(Real Decreto)* vom 17. 12. 1999 zu beachten, die speziell die Einbeziehung von Allgemeinen Geçhäftsbedingungen im elektronischen Geschäftsverkehr regelt.

Im spanischen Recht bleibt mehr Vertragsfreiheit erhalten als bei uns. Es gibt keine allgemeine, die Billigkeit überprüfende AGB-Kontrolle in Nicht-Verbraucherverträgen. Für Kaufleute gilt Art. 8, wonach Allgemeine Geschäftsbedingungen nur dann nichtig sind, wenn sie den im Gesetz festgelegten Bestimmungen widersprechen oder irgendeine andere Norm oder ein Verbot außer Acht lassen und dabei die andere Vertragspartei benachteiligen. Damit kann ein Kaufmann eine ihn benachteiligende Allgemeine Geschäftsbedingung grds. nur nach Massgabe der Art. 1300ff. CC, d.h. nach den allgemeinen Regeln über die Nichtigkeit der Verträge angreifen, die dafür wenig hergeben.

Eine Inhaltskontrolle findet, vielleicht vernünftig, vor nur in Verbraucherverträgen statt und ist in der reformierten Fassung des LGDCU statuiert. Ausgangspunkt ist die Generalklausel in Art. 10 bis I, wonach der Begriff der missbräuchlichen Klauseln *(„ cláusulas abusivas")* definiert wird:

„Se considerarán cláusulas abusivas todas aquéllas estipulaciones no negociadas individualmente que en contra de las exigencias de la buena fe causen, en perjuicio del consumidor, un desequilibrio importante de los derechos y obligaciones de las partes que se deriven del contrato".

„Danach sind als missbräuchliche Klauseln diejenigen nicht individuell ausgehandelten Vereinbarungen zu verstehen, die gegen den Grundsatz von Treu und Glauben zuungunsten des Verbrauchers ein bedeutsames Ungleichgewicht der Rechte und Pflichten der Parteien hervorrufen."

Insbesondere sind solche Klauseln als mißbräuchlich zu werten, die in der überarbeiteten „schwarzen Liste" (Art. 10, Art. 10 bis) enthalten sind. Zu nennen ist insbesondere das Verbot der missbräuchlichen Gerichtsstandsklauseln, die wiederholt Gegenstand von Gerichtsentscheidungen waren (zuletzt TS vom 19. 4. 1999 und EuGH vom 27. 6. 2000, abgedruckt in EuZW 2000 S. 506 ff.). Das LGDCU enthält daneben besondere Einbeziehungs-, Auslegungs- und Rechtsfolgenregelungen für Verbraucherverträge.

In Umsetzung der Richtlinie 93/13 führt nun auch Spanien das Institut der Verbandsklage ein (Kap. IV LCGC), wobei positiv hervorzuheben ist, daß die Aktivlegitimation von Verbraucherschutzverbänden ausdrücklich geregelt wird, Art. 16 (siehe in diesem Zusammenhang auch die Entscheidung des TS vom 11. 3. 2000 zur Frage der Aktivlegitimation von Verbraucherschutzverbänden in Steuerangelegenheiten unter analoger Anwendung von Art. 16).

Ohne europäisches Vorbild ist dagegen das in Art. 11 LCGC neugeschaffene AGB-Register, in das u. a. fakultativ AGB eingetragen werden können und welches eine Änderung des Hypothekengesetzes erforderlich machte.

Mit dem Gesetz 7/1998 traf der Gesetzgeber eine längst fällige Neuregelung des Rechts der Allgemeinen Geschäftsbedingungen. Leider hält sich aber auch das neue Gesetz nicht an die selbst auferlegten Werte der Konkretheit, Klarheit und Einfachheit der Regelung. Es bleibt abzuwarten, ob durch die Rechtsprechung eine plausiblere Systematik erreicht werden kann.

VI. Warenzeichenrecht[10]

Es gilt die „Ley de Marcas", G 32/1988 v. 10. 11., dt. Übersetzung GRUR Int. 1989 S. 552 ff., strafrechtlicher Schutz *J. del Valle/A. Mittelstaedt*, RIW 1997 S. 556 ff.

VII. Patente[11], Urheberrecht

Man spricht hier, ebenso wie bei den Warenzeichen, von „Propiedad industrial", im Gegensatz zu „Propiedad intelectual"[11a], womit das Urheberrecht bezeichnet ist (Gesetz 22/1987 v. 11. 11.; RD 1/1996 v. 12. 4.). Das PatentG ist „Ley de Patentes" 11/1986 v. 20. 3., an das Europarecht angepaßt durch RD – Ley 8/1998 v. 31. 7.

---

[10] *Schlachter*, Das spanische Warenzeichenrecht, in: *Löber/Peuster* aaO, S. 513 ff.
[11] *Dosterschill*, Spanisches Patentrecht, Dt.-span. Textausg. m. Einführung, 1989.
[11a] *Stefanie Müller*, Das neue spanische Urheberrecht ..., 1997.

VIII. Wechsel- und Scheckrecht[12]

Es gilt Ley 19/1985 v. 16. 7. „Cambiaria y del Cheque". „Pagaré" (= ich werde zahlen) heißt der eigene Wechsel, „letra de cambio" der gezogene Wechsel. Das neue Gesetz stärkt die Rechte des Wechselnehmers, sichert in Art. 20 die Abstraktheit der Verbindlichkeit (gegenüber dem Inhaber keine Einwendungen des Bezogenen, der akzeptiert hat, aus dem Verhältnis zum Aussteller). Verfahren der Wechselvollstreckung: Stefan Meyer, RIW 1993 S. 285.

IX. Börsenrecht

Es gilt Ley 24/1988 v. 28. 7. „del Mercado de Valores"[13], geändert durch G 37/1998 v. 16. 11. mit Schadensersatzansprüchen von zu kurz gekommenen Investoren. Über die Rechtsträger von Risikokapital und deren Verwaltungsgesellschaften Ley 1/1999 de 5. 1. „reguladora de las Entidades de Capital-Riesgo y de sus sociedades gestoras".

X. Recht der Auslandsinvestitionen[14]

Hier geht es um einen Abschnitt, der von großer praktischer Bedeutung auch für den deutsch-spanischen Wirtschaftsverkehr ist. In den 80er Jahren errang Spanien Platz 4 in der Weltrangliste der Empfangsländer für Auslandsinvestitionen, nach USA, GB und F, in einer Größenordnung von 59 Mrd. US-$, etwa 5× so viel wie die damalige westliche BRD.

Die Anerkennung der Freiheit ausländischer Investitionen (wie auch von deren Rücknahme) ist unter dem Einfluss der europäischen Einigung von Maastricht 1999 endlich zum Abschluss gekommen (RD Nr. 664 v. 23. 4.). Die Freiheit des Kapitalverkehrs soll nicht mehr eingeschränkt werden, höchstens berührt, um der Wirtschaftsverwaltung („Registro de Inversiones del Ministerio de Economía y Hacienda") die statistische Erfassung zu ermöglichen. Auch seien Eingriffe vorzube-

---

[12] *Sánchez Calero/Guilarte*, Spanisches Wechselrecht; *Hebel*, Der Pagaré; *Löber*, Das spanische Scheckrecht; alle in: *Löber/Peuster* aaO, S. 391 ff., 409 ff., 429 ff.; *Löber*, Das spanische Wechsel- und Scheckrecht, RIW 1991, 291; *Perdices*, Zum pagaré, informaciones 1996, 66.
[13] *Marten/Gómez-Acebo*, Der neue spanische Wertpapiermarkt, informaciones 1988, 41 f.; *Hans-Georg Heesen*, Die Entkörperung im spanischen Effektenwesen, 1997.
[14] Vgl. *G. Casas y J. Ribelles*, informaciones 1999 S. 87 ff.; *A. García Frías/Th. Zinser*, Investitionen in Spanien, Internationales Steuerrecht 1999 S. 55; *G. Frühbeck*, Gesetzgebung in Spanien über die sogenannte Geldwäsche, informaciones 2001 S. 3.

halten, um die öffentliche Ordnung und Sicherheit zu wahren. Ausländische Investitionen – gleich ob von EU-Bürgern bzw. Gesellschaften oder von außerhalb – dürfen also ohne administrative Genehmigung getätigt werden, sind erst danach („a posteriori") der Behörde anzuzeigen. Für Investitionen aus den sog. Steuerparadiesen (RD 1080/1991) gilt eine a priori-Regelung: vorherige Genehmigung erforderlich. Wer Resident in Spanien ist, gilt in dieser Hinsicht als Inländer. Als Investitionen gelten insbesondere Beteiligungen an Gesellschaften, Firmengründung, Erwerb von Wertpapieren, von Immobilien mit dem Wert von über 500 Mio. Peseten.

Bestehen bleiben spezielle Regelungen für Luftfracht, Rohstoffe oder Bergbau mit strategischer Bedeutung, Fernsehen, Versicherungswesen und Handel mit Kriegswaffen.

Im Hinblick auf die tatbestandsmäßig oft unklar gefaßten Ausnahmen wird ein Investor ohne juristisch-fachliche Beratung wohl nicht auskommen.

§ 19. Steuerrecht

Deutsche Literatur: Christoph Courage u. a., Steuerfibel Spanien, 2000; *A. Carcía Frías/Th. Zinser,* Das neue spanische Einkommensteuergesetz, Internationales Steuerrecht 1999, 550; *J. Martín Bueno,* Die Besteuerung von Nichtansässigen in Spanien, informaciones 1999, S. 182; *M. Golücke,* Die Steuerhinterziehung im deutschen und spanischen Recht, 2001; *Klaus Tipke/Nadya Bozza,* Besteuerung von Einkommen. Rechtsvergleich Italien, Deutschland und Spanien ..., 2000.
Literatur: E. Albi Ibañez/J. L. García Ariznavarreta, Sistema fiscal español, 2 Bde. Barcelona 2000; *R. Calvo Ortega,* Curso de Derecho financiero I: Derecho tributario, 4. Ed. Madrid 2000; *L. M. Cazorla Prieto,* Derecho Financiero y Tributario, Pamplona 2000; *J. L. Pérez de Ayala,* Fundamentos de Derecho tributario, 4. Ed. Madrid 2000; *F. Pérez Royo,* Derecho financiero y tributario, 10. Ed. Madrid 2000.
Wirtschaftsstrafrecht: M. Bajo Fernández/S. Bacigalupo, Derecho Penal Económico, Madrid 2001.

I. Die spanische Verfassung

Art. 31 der spanischen Verfassung schreibt drei Prinzipien für die Gestaltung des Steuerrechtes vor. Diese sind

– das Prinzip der Gleichheit,
– das Prinzip der Progressivität und
– das Verbot von Steuern, die zur Konfiskation des Vermögens führen.

Die Nicht-Einhaltung dieser Prinzipien hat in verschiedenen Fällen dazu geführt, daß das spanische Verfassungsgericht bestimmte Steuervorschriften als nichtig erklärt hat.[1]

---

[1] Siehe hierzu STC vom 20. 2. 1988, nach dem bestimmte Vorschriften über die Einkommensteuer als nichtig erklärt wurden.

§ 19. Steuerrecht

Nach Artikel 137 der spanischen Verfassung ist die Befugnis zur Auferlegung von Steuern in Spanien unter drei bestehenden Verwaltungsebenen, dem Zentralstaat, den Autonomen Regionalkörperschaften (Comunidades Autonomas) und den Gemeinden aufgegliedert.

Die Finanzhoheit steht jedoch gemäß Artikel 133.1 der Verfassung ausschließlich dem Zentralstaat zu. Dieser hat aber bestimmte Hoheitsrechte an die siebzehn bestehenden Regionalkörperschaften, insbesondere an die Kanarischen Inseln, die baskischen Provinzen und Navarra abgetreten.

Die Regionalkörperschaften haben die Befugnis zur gesetzlichen Regelung lediglich im Rahmen der ihnen abgetretenen Steuern.

Ferner werden mit Ausnahme des Baskenlandes und Navarra 30% der Einkünfte aus der Einkommenssteuer vom Zentralstaat an die Regionalkörperschaften abgeführt. In diesem Zusammenhang wurden den Regionalkörperschaften bestimmte Befugnisse in bezug auf Steuersätze und Ermäßigungen eingeräumt.

Auf den Kanarischen Inseln bestehen Sonderbestimmungen hinsichtlich der Körperschaftssteuer und der Steuer für Vermögensübertragungen und beurkundete Rechtshandlungen, welche die Steuerlast bedeutend vermindern. Ferner wird dort eine eigene Mehrwertsteuer erhoben.

Zuletzt wurden die Regionalkörperschaften Baskenland und Navarra aus historischen Gründen vom Zentralstaat ermächtigt, die Einkommensteuer und die Körperschaftssteuer mit der Befugnis zur gesetzlichen Regelung zu erheben.

Die von den Gemeinden zu erhebenden Steuern richten sich nach dem Gesetz 39/1988 v. 28. 12. „reguladora de las Haciendas Locales". Die Gemeinden haben danach ausschliesslich die Befugnis für den Erlaß von Verordnungen (Ordenanzas fiscales locales), welche die Ausführungsbestimmungen für die jeweiligen Steuern festlegen.

II. Allgemeines Steuergesetz (Ley 230/1963 vom 28.12., General Tributaria) und Gesetz über Rechte und Garantien der Steuerzahler (Ley 1/1998)

1. Steuervorschriften

Die Steuern richten sich nach dem allgemeinen Steuergesetz, den einzelnen Steuern regelnden Gesetzen, den Steuerverordnungen und den Dekreten und Anordnungen der Regierung und des Handels- und Finanzministeriums. Ergänzend finden die allgemeinen Vorschriften des Verwaltungs- und Zivilrechts Anwendung (Art. 9 LGT).

Durch ein Gesetz sind unter anderem die Begriffe des Steuertatbestandes, des Steuerpflichtigen, der Bemessungsgrundlage, des Steuersatzes und der Fälligkeit zu regeln, ferner die Begründung, Aufhebung und

Verlängerung von Steuerbefreiungen und -ermäßigungen, sowie die Steuerstrafordnung (Art. 18 LGT). Die Steuerverordnungen müssen mittels eines Dekretes erlassen werden (Art. 17 LGT). Artikel 20 LGT begründet das Prinzip der „Nichtrückwirkung" der Steuernormen.[2]

Die Steuervorschriften finden auf das spanische Hoheitsgebiet Anwendung unter Zugrundelegung der Prinzipien des effektiven Aufenthaltes der natürlichen Personen und der Territorialität (Art. 21 LGT).

Die Auslegung der Steuervorschriften erfolgt im Einvernehmen mit den in den spanischen Gesetzen festgelegten Kriterien. Die Rechtsanalogie wird ausdrücklich ausgeschlossen (Art. 24 LGT).[3] Eine Erweiterung des Steuertatbestandes ist dennoch zulässig, wenn dadurch Vorgänge besteuert werden, die mit dem nachgewiesenen Zweck, die Erhebung der Steuer zu vermeiden, vorgenommen wurden und ein dem Steuertatbestand ähnliches Ergebnis auslösen.[4]

Nach Art. 26 LGT erfolgt die Besteuerung mittels Steuern, Sonderabgaben und Gebühren. Diese werden durch die Zentralverwaltung des Staates, durch die autonomen Regierungen und durch die Gemeinden verwaltet.

2. Der Steuertatbestand („El hecho imponible")

Als Steuertatbestand gilt die Voraussetzung rechtlicher oder wirtschaftlicher Natur, die im jeweiligen Steuergesetz festgelegt wurde, und deren Vorliegen die Steuerpflicht auslöst (Art. 28 LGT).[5]

3. Der Steuerpflichtige („El sujeto pasivo")

Als steuerpflichtig gilt die natürliche oder juristische Person, die nach dem Gesetz zur Erfüllung der Steuerleistung verpflichtet ist, sei es als Steuerzahler oder als Ersatzsteuerzahler (Art. 30 LGT).[6] Steuerzahler ist die natürliche oder juristische Person, der das Gesetz die Steuerlast auferlegt (Art. 31 LGT).

Die wesentliche Verpflichtung eines Steuerpflichtigen besteht in der Zahlung der Steuerschuld. Ferner ist er verpflichtet, die für jede Steuer festgelegten Erklärungen und Mitteilungen abzugeben (Art. 35 im Zusammenhang mit Art. 59–63 und Art. 102–104 LGT).[7]

---

[2] Siehe hierzu STS vom 13. 3. 1984.
[3] Siehe hierzu STS vom 12. 5. 1983.
[4] Dieses bedarf der vorherigen Erklärung der „Fraus Legis" nach Königlichem Dekret 1919 vom 29. 6. 1979.
[5] Siehe hierzu auch Art. 1089 Zivilgesetzbuch im Zusammenhang mit der Begründung von Verpflichtungen.
[6] Siehe hierzu im Zusammenhang mit dem Erwerb von Unternehmen STS vom 16. 10. 1987, in dem unter Zugrundelegung von Art. 72 LGT der Erwerber eines Unternehmens zum Ersatzsteuerzahler erklärt wird.
[7] Siehe hierzu das Urteil des Zentralfinanzgerichts vom 14. 12. 1987.

§ 19. Steuerrecht 131

Die Steuerpflichtigen müssen die für die Buchhaltung notwendigen Bücher, Register und sonstigen Dokumente führen, die im Gesetz festgelegt werden, die Steuerprüfung ermöglichen und erleichtern und der Steuerverwaltung die Angaben, Berichte und Belege, die im Zusammenhang mit dem Steuertatbestand stehen, zur Verfügung stellen.

Die Eigenschaft eines Steuerpflichtigen und die anderen Elemente der Steuerpflicht können nicht mittels Privathandlungen oder -abmachungen geändert werden (Art. 36 LGT).[8]

Das Gesetz kann neben den Steuerpflichtigen auch andere Personen für die Zahlung der Steuer in gesamtschuldnerischer oder subsidiärer Form verantwortlich erklären. Diese Verantwortung gilt immer als gesamtschuldnerisch bezüglich der Personen, die bei einem Steuerverstoß mitgewirkt haben (Art. 38 LGT).

Es gelten als subsidiär steuerpflichtig die Verwalter juristischer Personen, die die zur Erfüllung der Steuerpflicht notwendigen Handlungen trotz ihrer Verantwortung nicht vollziehen, bzw. die Nichterfüllung durch ihnen unterstehende Personen erlauben oder Beschlüsse fassen, die Steuerverstöße ermöglichen. Ferner haften die Verwalter der Gesellschaften, die ihre Tätigkeiten eingestellt haben, für ausstehende Steuerschulden. Als subsidiär verantwortlich gelten auch die Konkursverwalter und die Abwickler einer Gesellschaft, wenn sie in bösem Glauben oder fahrlässig nicht die notwendigen Handlungen zur Erfüllung der Steuerpflichten ausüben (Art. 40 LGT).

4. Besteuerungsgrundlage („La base imponible")

Die einzelnen Steuergesetze legen die Mittel und Systeme zur Ermittlung der Besteuerungsgrundlage unter Zugrundelegung folgender Verfahren fest:
(1) direkte Ermittlung,
(2) objektive Ermittlung,
(3) indirekte Ermittlung.

Die in den Verfahren der direkten oder der objektiven Ermittlung herangezogenen Besteuerungsgrundlagen können vom Steuerpflichtigen mittels Erbringung der entsprechenden Beweise angefochten werden (Art. 47 LGT).

Das indirekte Ermittlungsverfahren findet Anwendung, wenn der Steuerpflichtige keine Steuererklärung abgegeben hat oder aus den eingereichten Steuererklärungen die Verwaltung nicht in der Lage ist, die Besteuerungsgrundlage oder die Einkünfte zu ermitteln oder wenn der Steuerpflichtige die Steuerprüfung erschwert oder die Buchführungsbestimmungen nicht erfüllt hat (Art. 50 LGT).[9] Bei der indirekten Ermitt-

---
[8] Siehe hierzu STS vom 13. 3. 1987.
[9] Siehe hierzu das Urteil des Obersten Gerichts von Valencia vom 7. 3. 1991.

lung werden die im jeweiligen Wirtschaftssektor üblichen Einkünfte, Umsätze, Kosten und Gewinne zugrunde gelegt.

Nach Art. 52 LGT ist die Steuerverwaltung befugt, die mit dem Steuertatbestand zusammenhängenden Werte nachzuprüfen. Die Prüfungssysteme werden in den einzelnen Steuergesetzen festgelegt. Der Steuerpflichtige kann jedoch eine selbständige „kontradiktorische" Schätzung durch Sachverständige beantragen (Art. 52.2 LGT).

5. Steuerschuld („La deuda tributaria")

Die Steuersätze können proportioneller oder progressiver Art sein (Art. 54 LGT). Die Steuerschuld wird mittels der Anwendung des Steuersatzes auf der Besteuerungsgrundlage nach Abzug der anwendbaren Freibeträge festgelegt.

Es bilden auch Bestandteil der Steuerschuld (Art. 58 LGT):

(a) die im Gesetz festgelegten Zuschläge,
(b) die Verzugszuschläge,[10]
(c) die Verzugszinsen,
(d) der Zwangsvollstreckungszuschlag,
(e) die Steuergeldstrafen.

Die Steuererklärungsfristen sind in den verschiedenen Gesetzen gesondert für die jeweiligen Steuerarten geregelt (Art. 61 LGT). Im Falle der freiwilligen Einzahlung der Steuerschuld nach Ablauf der Frist und ohne eine entsprechende Aufforderung der Behörde werden keine Steuerstrafen auferlegt. Wenn zwischen dem Datum für die fristgerechte Einzahlung der Steuer und dem Datum der tatsächlichen Einzahlung 3, 6, 12 Monate oder mehr vergangen sind, wird jedoch ein zusätzlicher Betrag in Höhe von 5%, 10%, 15% oder 20% der Steuerschuld erhoben.

Die Steuer und die damit zusammenhängenden Rechte und Pflichten verjähren nach Ablauf von vier Jahren (Art. 64 LGT in Zusammenhang mit Art. 24 Gesetz 1/1998).[11] Der Ablauf der Verjährung kann durch Handlungen seitens der Steuerbehörde oder der Steuerpflichtigen unterbrochen werden. Danach beginnt die Vierjahresfrist jeweils erneut zu laufen.

Das Steueramt hat bei der Eintreibung seiner Forderungen Vorrang („prelación") gegenüber anderen Gläubigern, mit Ausnahme derjenigen, deren Forderungen mit dinglichen Rechten gesichert sind (Art. 71 LGT).

6. Betriebsprüfung („Inspección")

Die Betriebsprüfung richtet sich nach Art. 109 des Allgemeinen Steuergesetzes und Art. 10ff des Königlichen Dekretes 939/1986. Die Prü-

---

[10] Die für jedes Kalenderjahr gültigen Verzugszinsen werden im entsprechenden Budgetgesetz festgelegt.
[11] Siehe hierzu die Urteile des Obersten Gerichts vom 25. 3. 1991 und vom 14. 5. 1991.

fung wird durch eine Mitteilung des Steueramtes eingeleitet, welche dem Steuerpflichtigen unter Angabe des Ortes, des Datums und der Uhrzeit für sein Erscheinen zugestellt wird. Diese Mitteilung legt ebenfalls die vorzulegenden Unterlagen und den Umfang der Prüfung fest. Dem Steuerpflichtigen muß bis zu seinem Erscheinen eine Frist von mindestens zehn Tagen eingeräumt werden.

Der Beginn der Steuerprüfung unterbricht die Verjährung hinsichtlich der der Prüfung unterliegenden Steuern.

Für den Fall einer Unterbrechung der Betriebsprüfung, welche den Zeitraum von sechs Monaten überschreitet, werden folgende Wirkungen ausgelöst:

(i) Die Verjährung der jeweiligen Steuern gilt als nicht unterbrochen;
(ii) Die nach der Unterbrechung der Betriebsprüfung eingereichten Steuererklärungen oder vorgenommenen Einzahlungen gelten als freiwillig ausgeführt; es ist daher der oben genannte Zusatzbetrag von 5 bis 20% der Steuerschuld zu entrichten, jedoch werden keine zusätzlichen Ordnungsstrafen durch die Behörde auferlegt.
(iii) Will die Steuerbehörde die Betriebsprüfung wieder aufnehmen, muß diese dem Steuerpflichtigen eine Mitteilung zur Einleitung der Prüfung erneut zustellen lassen.

Die Prüfung endet mit der Erstellung eines Protokolls (Art. 145 ff LGT in Zusammenhang mit Art. 49 ff der Betriebsprüfungsverordnung).

Der Steuerpflichtige kann dem Protokoll zustimmen (acta de conformidad) oder widersprechen (acta de disconformidad).

Im Falle des Widerspruches (acta de disconformidad) werden die Unterlagen dem Steuerpflichten zur Einsicht zur Verfügung gestellt. Er hat seine Einwendungen binnen einer Frist von fünfzehn Arbeitstagen schriftlich einzureichen. Fristbeginn ist der siebte Werktag ab Erstellung des Protokolls oder dessen Zustellung an den Steuerpflichtigen.

Der Vorsitzende der Betriebsprüfung (Inspector Jefe) hat danach binnen einer Frist von einem Monat über den Widerspruch zu entscheiden.

Diese Entscheidung sowie die daraufhin eventuell in Rechnung gestellte Steuerschuld können vor dem Tribunal Económico Administrativo (Finanzgericht) und danach vor dem Tribunal Contencioso Administrativo (Verwaltungsgericht) angefochten werden.

7. Steuerverstoß, Steuerstrafen und Steuerdelikte („Infracciones y sanciones tributarias")

Es gelten als Steuerverstoß die im Gesetz festgelegten strafbaren Handlungen und Unterlassungen. Der Steuerverstoß aus Fahrlässigkeit ist ebenfalls strafbar (Art. 77 LGT). Steuerverstöße können leichte (Art. 78 LGT) oder grobe Verstöße (Art. 79 LGT) darstellen.

Die Auferlegung von Steuerstrafen wird in Art. 80 ff. LGT geregelt. Die Steuerstrafen können bis zu 150% der nicht erklärten oder einbezahlten Steuerschuld betragen.

Das Strafgesetzbuch erfasst drei Delikte gegen das Steueramt (Título XIV: „De los delitos contra la Hacienda Pública ..."):
- Steuerbetrug – defraudación tributaria (Art. 305);
- Subventionsbetrug (Art. 308);
- Buchhaltungsdelikt (Art. 310).

Damit ein Steuerbetrug vorliegt, muß der hinterzogene Betrag 15 000 000 Peseten übersteigen. Der Steuerbetrug wird mit einer Haft von eins bis vier Jahren und mit einer Verwaltungsstrafe zwischen 100 und 600% der hinterzogenen Steuerschuld bestraft.[12]

Der Steuerpflichtige befreit sich jedoch von der strafrechtlichen Haftung, wenn er freiwillig und ohne Aufforderung seitens des Steueramtes den hinterzogenen Steuerbetrag einzahlt.

8. Rechtsmittel („Recursos")

Als Rechtsmittel gegen die Handlungen der Steuerverwaltung bestehen folgende:

(1) „Recurso de Reposición" (Widerspruchsverfahren nach Art. 160 LGT). Dieses Verfahren ist freiwillig, d. h., es ist nicht erforderlich für die Einleitung der unten aufgeführten weiteren Verfahren. Zuständig ist das Amt, das die angefochtene Handlung durchgeführt hat. Dieses Amt hat dann binnen einer Monatsfrist über den Einspruch zu entscheiden. Nach Ablauf dieser Frist kann der Steuerpflichtige weiterhin auf die Entscheidung warten oder den Einspruch als stillschweigend zurückgewiesen betrachten. Ist der Einspruch zurückgewiesen worden, kann der Steuerpflichtige Klage bei dem zuständigen Verwaltungsgericht (Tribunal Contencioso-Administrativo) einreichen.

(2) „Reclamación Económico-Administrativa" (Verfahren vor den Finanzgerichten nach Art. 163 LGT). Dieses entscheidet, je nach Fall, in einer oder in zwei Instanzen. Für den Fall, daß der Einspruch zurückgewiesen wird, kann der Steuerpflichtige die Klage bei dem zuständigen Verwaltungsgericht (Tribunal Contencioso-Administrativo) einreichen.

(3) „Recurso Contencioso-Administrativo" (Verfahren vor den Verwaltungsgerichten). In diesem Falle handelt es sich um Gerichte außerhalb des Steueramtes. Es besteht ebenfalls aus einer oder zwei Instanzen, je nach Fallgestaltung.

Welcher Verfahrensweg im konkreten Fall einschlägig ist, bestimmt sich nach der Art der Steuer und der Höhe der Steuerbeträge. Diese Faktoren sind ferner für die Anzahl der Instanzen vor den Finanz- und den Verwaltungsgerichten maßgebend.

Der Vollzug der angefochtenen Handlung wird automatisch ausgesetzt, wenn der Steuerpflichtige die Einhaltung seiner Zahlungsverpflichtung mittels einer Sicherheitsleistung von Bargeld oder einer selbstschuldnerischen Bankbürgschaft garantiert. Bei Zahlungsverpflichtungen, die 250 000 Peseten nicht übersteigen, kann die Bankbürgschaft durch ein Aval von zwei ortsansässigen Steuerpflichtigen ersetzt werden.

---

[12] Siehe hierzu STS vom 19. 1. 1993 und 24. 2. 1993; zur Haftung von Gesellschaftern („Filesa") v. 28. 10. 1997.

§ 19. Steuerrecht   135

Ferner kann das Gericht auf Antrag die Aussetzung der Vollziehung gewähren, wenn seiner Sicht nach die angefochtene Handlung auf einem Tatirrtum beruht, oder wenn aus der Vollziehung Schäden entstehen könnten, deren Aufhebung schwierig oder unmöglich ist.[13]

9. Steuerarten

Die in Spanien auferlegten wesentlichen Steuern sind folgende:

(1) „Impuesto sobre la Renta de las Personas Físicas" (Einkommensteuer der natürlichen Personen, Gesetz 40 vom 9. 12. 1998): IRPF
(2) „Impuesto sobre Sociedades" (Körperschaftssteuer, Gesetz 43 vom 27. 12. 1995): IS
(3) „Impuesto sobre la Renta de no Residentes" (Einkommenssteuer der nicht ansässigen Personen, Gesetz 41 vom 9. 12. 1998): IRNR
(4) „Impuesto sobre el Patrimonio" (Vermögenssteuer, Gesetz 19 vom 6. 6. 1991): IP
(5) „Impuesto sobre Sucesiones y Donaciones" (Erbschafts- und Schenkungssteuer, Gesetz 29 vom 28. 12. 1987): ISD
(6) „Impuesto sobre el Valor Añadido" (Umsatzsteuer, Gesetz 37 vom 28. 12. 1992): IVA
(7) „Impuesto sobre Transmisiones Patrimoniales y Actos Jurídicos Documentados" (Steuer auf Vermögensübertragungen und beurkundete Rechtshandlungen, Königliches Dekret 1 vom 24. 9. 1993): ITP
(8) „Impuesto sobre Bienes Inmuebles": IBI
(9) „Impuesto sobre el Incremento de Valor de los Terrenos de naturaleza urbana", Wertzuwachssteuer, IIVT
(10) „Impuesto sobre Actividades Económicas", Gewerbesteuer, IAE

III. Einkommenssteuer der natürlichen Personen

Die Rechtsgrundlage der spanischen Einkommenssteuer der natürlichen Personen (Impuesto sobre la Renta de las Personas Fisicas = LIRPF) bildet das Gesetz 40 vom 9. 12. 1998, welches am 1. 1. 1999 in Kraft trat. Die Ausführungsbestimmungen zu diesem Gesetz regelt das Königliche Dekret Nr. 214 vom 5. 2. 1999.

Die spanische Einkommenssteuer der natürlichen Personen findet auf das gesamte spanische Staatsgebiet mit Ausnahme der Regionalkörperschaften Baskenland und Navarra Anwendung. Im Baskenland gibt es für die Provinzen Vizcaya, Alava y Guipúzcoa eigene Einkommenssteuergesetze. Ein eigenes Einkommenssteuergesetz gilt auch in Navarra.

Diese Befugnisse wurden für das Baskenland durch das Gesetz 12/1981 (geändert durch das Gesetz 27/1990 und durch das Gesetz 38/1997) eingeräumt, welches das Finanzabkommen zwischen der Regionalkörperschaft Baskenland und dem Zentralstaat bis zum 31. 12. 2001 festlegt. Das Finanzabkommen mit Navarra ist in dem Gesetz 28/1990 verankert.

---

[13] Siehe hierzu das Urteil der Audiencia Nacional vom 15. 4. 1997.

Für die Einkommenssteuer der natürlichen Personen gelten als steuerpflichtig alle natürlichen Personen, die ihren gewöhnlichen Aufenthalt in Spanien haben (Art. 8).

Ein Steuerpflichtiger hat seinen gewöhnlichen Aufenthalt in Spanien, wenn einer der folgenden Tatbestände vorliegt (Art. 9):

(a) Die Person hält sich während eines Kalenderjahres länger als 183 Tage in Spanien auf;
(b) Der Kernbereich oder die Grundlage der Tätigkeiten oder der wirtschaftlichen Interessen des Steuerpflichtigen befinden sich in Spanien.[14]

Es besteht die durch den Steuerpflichtigen zu widerlegende Vermutung, daß er seinen gewöhnlichen Aufenthalt in Spanien hat, wenn sein Ehepartner und die gemeinsamen minderjährigen Kinder ihren gewöhnlichen Wohnsitz in Spanien haben.

Für die Festlegung der Residenz im Baskenland oder Navarra ist ebenfalls der gewöhnliche Aufenthalt des Steuerpflichtigen von mehr als 183 Tagen innerhalb eines Kalenderjahres maßgebend.

Als Veranlagungszeitraum gilt das Kalenderjahr. Die Steuer wird am 31. Dezember des jeweiligen Kalenderjahres fällig (Art. 12).

Als Einkunftsarten gelten die Einkünfte aus nicht selbständiger Arbeit, die Einkünfte aus dem Grundbesitz, die Einkünfte aus dem Kapitalvermögen, die Einkünfte aus gewerblichen oder freiberuflichen Tätigkeiten und die Veräusserungsgewinne und -verluste.

Als Bemessungsgrundlage gilt der Einkommensbetrag des Steuerpflichtigen im Veranlagungszeitraum (Kalenderjahr). Die Bemessungsgrundlage unterteilt sich in eine allgemeine Bemessungsgrundlage und eine spezielle Bemessungsgrundlage. Letztere erfaßt ausschließlich die Veräußerungsgewinne und -verluste aus der Übertragung von Vermögensgegenständen, die im Eigentum des Steuerpflichtigen länger als zwei Jahre gestanden haben (Art. 39). Die restlichen Einkünfte werden in der allgemeinen Bemessungsgrundlage erfaßt.

Die Einkommensteuerschuld setzt sich zusammen aus der Summe des staatlichen Anteils und des Anteils der jeweiligen Regionalkörperschaft an der Steuer. Die allgemeine Bemessungsgrundlage unterliegt einer progressiven staatlichen Steuersatztabelle, die für das Kalenderjahr 2001 bei einem Steuersatz von 15% (ab einem Einkommen von 612000 Peseten) beginnt und bis zu einem Steuersatz von 39,6% (ab einem Einkommen von 4488000 Peseten) reicht. Die Steuersatztabelle für die Berechnung des Anteils der Regionalkörperschaft an der Einkommensteuer wird von der jeweiligen Regionalkörperschaft in ihrem jährlichen Budgetgesetz festgesetzt. Sie beginnt bei einem Steuersatz von 3% und endet mit einem Steuersatz von 8,4%.

---

[14] Siehe hierzu die Entscheidung von der Dirección General de Tributos vom 27. 4. 1992 und 30. 11. 1992.

§ 19. Steuerrecht

Der spezielle Teil der Bemessungsgrundlage unterliegt einer staatlichen Einkommensteuer in Höhe von 17% und einer Einkommensteuer der Regionalkörperschaft in Höhe von 3%, d. h. insgesamt einer Steuer von 20%.

Es bestehen Familienermäßigungen und Abzüge, sowohl für den staatlichen Anteil wie für den Anteil der Regionalkörperschaft an der Einkommensteuer. Diese weichen von einer Regionalkörperschaft zu den anderen ab.

IV. Körperschaftssteuer

Die Körperschaftssteuer richtet sich nach dem Gesetz 43 vom 17. 12. 1995 (LIS), welches am 1. 1. 1996 in Kraft trat. Seine Ausführungsbestimmungen befinden sich im Königlichen Dekret 537/14. 4. 1997. Die Körperschaftssteuer findet auf das gesamte spanische Staatsgebiet mit Ausnahme der Regionalkörperschaften Baskenland, Navarra und Kanarische Inseln Anwendung.

Die Körperschaftssteuer ist eine direkte Steuer persönlicher Art, die das Einkommen der Gesellschaften und sonstiger juristischer Personen belastet (Art. 1).

Steuerpflichtig sind die juristischen Personen, die ihren Sitz in Spanien haben (Art. 8.1). Sie unterliegen der Steuer für ihr gesamtes Einkommen (Art. 8.2). Juristische Personen gelten als in Spanien ansässig, wenn eine der nachfolgenden Voraussetzungen vorliegt (Art. 8.3):

- Sie sind im Einvernehmen mit den spanischen Gesetzen gegründet worden;
- Ihr Sitz liegt innerhalb des spanischen Staatsgebietes;
- Der Sitz der effektiven Geschäftsführung befindet sich innerhalb des spanischen Staatsgebietes.

Als Bemessungsgrundlage gilt der Einkommensbetrag des Veranlagungszeitraumes (Geschäftsjahr) nach Anrechnung der Verlustvorträge aus den vorhergehenden zehn Geschäftsjahren. Für die Ermittlung der Bemessungsgrundlage werden in der Handelsbilanz im Ergebnis die in den Steuergesetzen festgelegten Anpassungen vorgenommen (Art. 10).

Die Vermögensgegenstände werden zu ihrem Erwerbspreis oder zu ihren Produktionskosten bewertet (Art. 15). Sowohl die lineare als auch die degressive Abschreibung sind zulässig. Die Abschreibung erfolgt nach den gesetzlich erlassenen Abschreibungstabellen. Der Steuerpflichtige hat jedoch die Möglichkeit, bei der Steuerverwaltung einen Abschreibungsplan einzureichen für die Anwendung höherer Abschreibungssätze, deren Notwendigkeit der Steuerpflichtige nachweisen muß.

Das gegen Entgelt von nicht verbundenen Parteien erworbene Goodwill und im allgemeinen das immaterielle Vermögen können bis zu einem jährlichen Betrag in Höhe eines Zehntels ihres Wertes steuerwirksam abgeschrieben werden.

Für die steuerwirksame Wertberichtigung von Forderungen müssen die folgenden Bedingungen vorliegen (Art. 12.2):

- Ablauf eines Jahres ab dem Fälligkeitstag der Forderung;
- Der Schuldner befindet sich in Konkurs oder Zahlungseinstellung;
- Der Schuldner ist wegen Verschiebung von Vermögenswerten angeklagt worden;
- Die Forderungen sind vor einem Gericht oder Schiedsgericht eingeklagt worden.

Rückstellungen für die Absicherung von vorhersehbaren Risiken, Eventualverlusten und vermutlichen Ausgaben oder Verpflichtungen sind grundsätzlich nicht steuerwirksam abzugsfähig.

Als Veräußerungsgewinn gilt nach Art. 15.3 die Differenz zwischen dem Marktwert und dem Nettobuchwert des übertragenen Vermögensgegenstandes. Veräußerungsgewinne aus der Übertragung des Anlagevermögens oder aus Beteiligungen von mindestens 5% am Kapital anderer Gesellschaften, die mindestens ein Jahr im Eigentum der Gesellschaft gestanden haben, werden innerhalb der sieben Folgejahre besteuert, und zwar in Höhe von $1/7$ pro Geschäftsjahr, wenn der Veräußerungsbetrag in ähnliche Vermögensgegenstände reinvestiert wird. Die Reinvestition erfolgt im Geschäftsjahr der Übertragung, im vorhergehenden Geschäftsjahr oder in den drei darauffolgenden Geschäftsjahren. Der Steuerpflichtige hat das Wahlrecht, den Veräußerungsgewinn anstatt in der oben genannten Siebenjahresfrist innerhalb der Abschreibungsfrist der Vermögensgegenstände, in der die Reinvestition erfolgt, zu versteuern. Die infolge der Reinvestition erworbenen Vermögensgegenstände müssen während der für die Versteuerung des Veräußerungsgewinnes anwendbaren Frist im Eigentum der Gesellschaft verbleiben.

Die Steuerverwaltung kann die zwischen verbundenen Personen oder Gesellschaften durchgeführten Geschäfte zu ihrem normalen Marktwert bewerten, wenn die vereinbarten Werte für die verbundenen Personen in Spanien insgesamt zu einer geringeren Besteuerung geführt haben, als diejenige, die bei Anwendung des Marktwertes entstanden wären (Art. 16).[15]

Die an in Spanien nicht ansässige verbundene Parteien gezahlten Darlehens- oder Kreditzinsen gelten bis zu einem Gesamtdarlehens- und Kreditbetrag in Höhe des dreifachen Eigenkapitals der Gesellschaft als abzugsfähig. Darüberhinaus werden die Zinsen wie Dividenden behandelt (Art. 20).

Wenn unter den Einkünften der Gesellschaft Dividenden oder Gewinnbeteiligung aus anderen in Spanien ansässigen Gesellschaften berücksichtigt werden, so hat diese einen Anspruch auf einen Freibetrag in Höhe von 50% in der Körperschaftssteuer auf die genannten Dividenden oder Gewinnbeteiligungen. Der Freibetrag beträgt 100%, wenn der Steuerpflichtige eine direkte oder indirekte Beteiligung von mindestens

---

[15] Siehe hierzu das EU-Abkommen vom 23. 7. 1990.

§ 19. Steuerrecht 139

5% während eines Jahres vor der Ausschüttung durchgehend gehalten hat.

Die Einkünfte (Dividenden und Veräußerungsgewinne) aus im Ausland gelegenen Betriebsstätten und Beteiligungen an Gesellschaften sind in Spanien steuerfrei, wenn die Betriebsstätten und Beteiligungsgesellschaften betriebliche Tätigkeiten ausführen und bestimmte Voraussetzungen erfüllen (Art. 29 bis 30).

Die Gruppen von Gesellschaften mit einer direkten oder indirekten Beteiligung von mindestens 90% können sich für eine Organschaftsbesteuerung entscheiden. Dieses erfolgt mittels einer Mitteilung an das Steueramt.

Die anwendbaren Steuersätze sind wie folgt:

- Der allgemeine Körperschaftssteuersatz beträgt 35% (Art. 26).
- Versicherungsgenossenschaften, Gesellschaften für die Gewährung gegenseitiger Garantien und Avale, Sparkassen, Berufskammern, Unternehmerverbände, öffentliche Kammern, Gewerkschaften und politische Parteien, Vereine und andere Einrichtungen ohne Gewinnabsicht, Fonds zur Arbeitsförderung und Genossenschaftsverbände unterliegen einem Steuersatz von 25%.
- Auf Genossenschaften findet ein Steuersatz von 20% Anwendung.
- Die Stiftungen und Vereine, die bestimmte Voraussetzungen des Gesetzes 30 vom 24. 11. 1994 erfüllen, unterliegen einem Steuersatz von 10%.
- Ein Steuersatz von 7% gilt bei Erfüllung der entsprechenden Voraussetzungen des Gesetzes 46 vom 26. 12. 1984 für Immobilieninvestitionsgesellschaften und Fonds.
- Ein Steuersatz von 1% ist für Investitionsgesellschaften in Wertschriften anzuwenden, falls sie auch die entsprechenden Voraussetzungen des Gesetzes 46/1984 erfüllen.
- Ein Steuersatz von 40% findet auf die Einkünfte der im Erdölsektor tätigen Gesellschaften Anwendung.
- Zuletzt unterliegen die Einkünfte der Rentenfonds nach dem Gesetz 8 vom 8. 6. 1987 einem Steuersatz von 0%.

V. Einkommenssteuer auf nicht ansässige Personen[16]

Die Einkommenssteuer auf die nicht ansässigen Personen richtet sich nach dem Gesetz 41 vom 9. 12. 1998 „del Impuesto de la Renta de no Residentes" = LIRNR, welches am 1. 1. 1999 in Kraft trat. Seine Ausführungsbestimmungen befinden sich im Königlichen Dekret 326 vom 26. 2. 1999. Die Einkommenssteuer auf die nicht ansässigen Personen ist eine direkte Steuer, die das von nicht ansässigen natürlichen und juristischen Personen auf dem spanischen Hoheitsgebiet erzielte Einkommen belastet (Art. 1).

Das Gesetz unterscheidet zwischen Einkünften, die über eine in Spanien liegende Betriebsstätte und Einkünften, die direkt ohne Betriebsstätte in Spanien erzielt werden.

---

[16] Vgl. A. vom Hofe, Das Einkommensteuergesetz für Nichtansässige in Spanien (zweisprachige Textausgabe), Madrid 2000.

Die Bemessungsgrundlage einer Betriebsstätte wird unter Anwendung der Allgemeinen Vorschriften der Körperschaftssteuer mit bestimmten Anpassungen ermittelt. Als Bemessungsgrundlage gilt somit der im Veranlagungszeitraum (Geschäftsjahr) erzielte Gewinn, nach Anrechnung der Verlustvorträge aus den vorhergehenden 10 Geschäftsjahren. Der anwendbare Steuersatz beträgt auch 35%. Wenn ein Steuerpflichtiger über mehrere Betriebsstätten in Spanien verfügt, so werden die verschiedenen Betriebsstätten separat versteuert.

Bei Nichtbestehen einer Betriebsstätte beträgt der Steuersatz nur 25%. In diesen Fällen stimmt jedoch die Bemessungsgrundlage mit den Einkünften überein. Als Ausnahme können bei Bauausführungen und bei der Erbringung technischer Assistenz die Personalkosten, die Kosten der in die Bauten eingegliederten Materialien und die Kosten der Zulieferungen steuerwirksam abgesetzt werden (Art. 23).

Im Falle von Veräußerungsgewinnen beträgt der Steuersatz 35%. Als Veräußerungsgewinn gilt die Differenz zwischen dem Anschaffungswert und dem Veräußerungswert. Bei der Veräußerung von Immobilien wird der Veräusserungsgewinn wie folgt ermittelt:

Der Anschaffungswert setzt sich aus folgenden Beträgen zusammen (Art. 33):

a) Dem realen Betrag, zu dem der Erwerb erfolgt ist;
b) Den Kosten der an der Immobilie vorgenommenen Investitionen und Besserungen und den Kosten und Steuern, Zinsen ausgeschlossen, die vom Erwerber getragen wurden.

Auf dem so ermittelten Anschaffungswert (mit Ausnahme des Anteils an Grund und Boden) wird eine Abschreibung in Höhe von 1,5% für jedes Jahr Eigentum an der Immobilie abgezogen.

Zuletzt wird der Anschaffungswert mittels der Anwendung der im Budgetgesetz festgelegten Quotienten für die Inflationsbereinigung erhöht. Im Jahr 2001 beträgt der Quotient 1,080 für das Jahr 1994 oder früher, 1,141 für das Jahr 1995, 1,102 für das Jahr 1996, 1,080 für das Jahr 1997, 1,059 für das Jahr 1998, 1,040 für das Jahr 1999, 1,020 für das Jahr 2000 und 1 für das Jahr 2001.

Diese Quotienten werden getrennt auf den Kaufpreis, auf die vorgenommenen Investitionen, auf die Kosten und Steuern aus der Übertragung und auf die Abschreibungen, unter Berücksichtigung der für die Inflationsbereinigung jeweils in Betracht kommende Jahre, angewandt.

Als Veräußerungswert gilt der gezahlte Betrag, es sei denn dieser stimmt nicht mit dem normalen Marktwert überein. Im letzteren Fall findet der Marktwert Anwendung.

Wenn die veräußerte Immobilie vor dem 31. 12. 1994 erworben wurde, dann kann dem Veräußerungsgewinn ein Freibetrag angerechnet werden, der von der Zeit, in der die Immobilie im Eigentum des Veräußerers gestanden hat, abhängig ist. Als Eigentumsperiode gilt die nach oben gerundete Anzahl von Jahren zwischen dem Anschaffungsdatum und dem 31. 12. 1996. Falls in der Immobilie Verbesserungen vorgenommen worden sind, gilt als Eigentumsperiode der Verbesserung die nach oben gerundete Anzahl von Jahren zwischen dem Datum der Ausführung der Verbesserung und dem 31. 12. 1996. Der Veräußerungsgewinn vermindert sich um 11,11% für jedes Jahr Eigentum, mit Ausnahme der 2 ersten Jahre. Bei einer Eigentumsperiode von 10 oder mehr Jahren ist der gesamte Veräußerungsgewinn von der Steuer freigestellt.

Um die Zahlung der Steuer auf Veräußerungsgewinne zu sichern, ist bei der Übertragung von in Spanien liegenden Immobilien durch nicht ansässige natürliche oder juristische Personen ohne Betriebsstätte in Spanien der Käufer verpflichtet, 5% der Gegenleistung (Preis) einzubehalten und dem Steueramt abzuführen. Dieser Betrag gilt dann als Akontosteuer für den nicht ansässigen Veräußerer mit Anspruch auf Anrechnung des Betrages auf die von ihm eventuell zu zahlende Steuer, bzw. Rückerstattung. Die Einbehaltungspflicht findet keine Anwendung, wenn der Immobilienveräußerer eine natürliche Person ist, die zum 31. 12. 1996 bereits die Immobilie seit 10 Jahren oder länger in ihrem Eigentum hatte und innerhalb dieser Zeit keine Wertsteigerungen an der Immobilie eingetreten waren.

Aufgrund der Besteuerung der Veräußerungsgewinne ist die Unterverbriefung bei dem Erwerb einer spanischen Immobilie für den Käufer in der Regel schädlich (!).

Im Falle des Bestehens eines Doppelbesteuerungsabkommen werden die Einkünfte aus Betriebstätigkeiten von nicht ansässigen Personen ohne Betriebsstätte in Spanien nicht besteuert. Ferner beschränkt sich der Allgemeine Steuersatz von 25% bezüglich der Zahlung von Dividenden, Zinsen und Lizenzgebühren auf die im jeweiligen Doppelbesteuerungsabkommen festgelegten Maximalsteuersätze.

Auf an EU-Ansässige gezahlte Zinsen wird derzeit keine Quellensteuer erhoben.

§ 20. Arbeitsrecht

Deutschsprachige Literatur: W. Däubler (Hrg.), Arbeitsbeziehungen in Spanien, 1982 (mit dt. Text des „Estatuto de los Trabajadores", aber in der Fassung von 1980, ohne die Novellierungen); *Schütz/Konle-Seidl,* Arbeitsbeziehungen und Interessenrepräsentation in Spanien, Baden-Baden 1990; *A. Ulrich,* Das Arbeitnehmerstatut in Spanien – Vorbild für ein Arbeitsvertragsgesetz in Deutschland? Heidelberg 1998; *Christopher Karsten,* Spanisches Arbeitsrecht im Umbruch, 1999.
Spanische Bibliographie: M. Alonso García, Curso de Derecho del Trabajo, 10. edición, Barcelona 1987; *M. Alonso Olea/M. E. Casas Baamonde,* Derecho del Trabajo, 18. edición, Madrid 2000; *M. García Fernández,* Manual de Derecho del Trabajo, Barcelona 1990; *A. Martín Valverde/F. Rodríguez-Sañudo Gutiérrez/J. García Murcia,* Derecho del Trabajo 9. ed., Madrid 2000; *A. Montoya Melgar,* Derecho del Trabajo, 21. edición, Madrid 2000; *M. C. Palomeque López/M. Alvarez de la Rosa,* Derecho del Trabajo, 8. Ed. Madrid 2000; *L. E. de la Villa Gil/G. García Becedas/*

I. García-Perrote Escartín, Instituciones de Derecho del Trabajo. Ordenamiento y Defensa de los Derechos Laborales, 2. edición, Madrid 1991

Das Arbeitsrecht ist in diesem Buch schon mehrfach berührt worden, bei der Gewerkschaftsfreiheit (oben S. 3, 14, 24), zum Arbeitskampfrecht (oben S. 24f.), beim Recht des Dienstvertrages (oben S. 73). Hier soll dem System des „Estatuto de los Trabajadores" (ET) gefolgt werden.

Was ist Arbeitsrecht? *Alfredo Montoya* definiert zum Einstieg in die 21. Auflage (2000) seines Lehrbuchs: „El Derecho del Trabajo es un sector del Ordenamiento jurídico que se ocupa de la Regulación del fenómeno humano del trabajo, despues de haber alcanzado éste un grado de complejidad tal que la organización del trabajo se convierte en un problema social y político", wobei der letzte Teil des Zitats dem schönen Buch von *Jaspers* entstammt, „Ursprung und Ziel der Geschichte". Es ist in der Tat so, daß gewichtige Probleme der Arbeit mit geschichtlichen Entwicklungen verflochten sind. Das letzte Jahrhundert war geprägt vom Kampf zwischen der unerbittlichen Revolutionsidee von *Marx,* exekutiert von *Lenin,* und revisionistisch- praktischen Konzeptionen von *Friedrich Ebert* bis *Felipe González.* Arbeitsrechtler dürfen sich das Selbstbewußtsein gönnen zu sagen: dieser epochale Konflikt konnte gar nicht anders befriedet werden als durch unser Arbeitsrecht! Zustand und Einzellösungen dieses Rechts werden freilich in Diskussion bleiben und Auseinandersetzungen hervorrufen, auch das kann nicht anders sein!

I. Allgemeines

1. Begriff des Arbeitnehmers[1]

Der Arbeitnehmerbegriff aus Art. 1 I ET wurde schon oben S. 73 kritisch beleuchtet. Ausgenommen aus dem Arbeitnehmerbegriff und der Regelung des ET sind:

– Die Funktionäre des öffentlichen Dienstes, die einer Sonderregelung unterliegen, zuletzt L 30/1984 v. 2. 8. „de Reforma de Función Pública", L 23/1988 v. 28. 7., 31/1990 v. 27. 12.;
– persönliche Pflichtleistungen (wie Zivildienst);
– Tätigkeit in den Organen juristischer Personen;
– Freundschafts- oder Nachbarschaftsdienste;
– Familienarbeit oder -mitarbeit;
– selbständige Handelsvertreter (dazu oben S. 90).

Für die Rechtsnatur als Arbeitsvertrag ist der Inhalt, nicht die Bezeichnung maßgebend.[2] Das Mitglied einer Genossenschaft („Cooperativa") kann sehr wohl Arbeitnehmer sein,[3] auch der mitarbeitende Ge-

---

[1] Vgl. *Teijeira Martínez,* Arbeitnehmerbegriff in der deutschen und spanischen Gesetzgebung, Diss. Berlin 1982.
[2] STS 20. 10. 1989, Art. Nr. 7303; TS 15. 2. 1991, La Ley 627/1991; *Adomeit,* Arbeitnehmer oder freie Mitarbeiter? FS Söllner 2000 S. 79.
[3] STCT 12. 2. 1986, 9. 12. 1987.

sellschafter einer AG.[4] Dagegen ist der Dienst für eine politische Partei keine Arbeitnehmertätigkeit.[5] Angehörige der freien Berufe, vor allem Rechtsanwälte, geraten nicht in ein Arbeitsverhältnis zu dem, der ihre Dienste in Anspruch nimmt.[6] Verschwommener ist der Begriff des Unternehmers, zu dem jedenfalls nicht notwendig eine Gewinnabsicht gehört.[7] Als besonders geartete Arbeitnehmer, sozusagen als arbeitnehmerunähnliche Personen, sind in Art. 2 ET anerkannt:

- Leitende Angestellte („Personal de Alta Dirección") RD 1382/1985 v. 1. 8.;
- Hausangestellte (vgl. Art. 13 ET) („Personal al Servicio del Hogar familiar") RD 1424/1985 v. 1. 8.;
- Strafgefangene („Penados en Instituciones Penetenciarias");
- Sportler (L 10/1990 v. 15. 10. „del Deporte y Normas del Desarollo");
- Bühnenkünstler, RD 1435/1985 v. 1. 8.

2. Quellen der arbeitsrechtlichen Regelung

Der *Stufenbau* des Arbeitsrechts[8] wird in Art. 3 I ET verkürzt wiedergegeben: Gesetz – Tarifverträge – Vertragsregelungen – Betriebs-(Berufs-)Übungen. Gleichzeitig wird die Vertragsfreiheit an das *Günstigkeitsprinzip* gebunden, weil nämlich

„... en ningún caso puedan establecerse en perjuicio del trabajador condiciones menos favorables o contrarias a las disposiciones legales y convenios colectivos antes expresados."

... in keinem Fall zum Nachteil des AN weniger günstige Bedingungen oder solche vereinbart werden können, die im Widerspruch zum Gesetz oder Kollektivvertrag stehen.

Ebenso lösen sich Konflikte zwischen Regelungen gem. Art. 3 III ET „mediante la aplicación de lo más favorable para el trabajador", wobei „gemäß unserer Doktrin auf einen Gesamtvergleich[9] der Regelungen abgestellt wird. Für „más favorable" steht in der Rechtsprechung auch „más beneficioso".[10]

Eine *Betriebsübung*, nach der Hotelangestellte den Gästen glattrasiert gegenübertreten müssen, kann es geben.[11] Das Stichwort lautet „usos y costumbres profesionales".

---

[4] STCT 5. 2. 1986.
[5] SCT 12. 6. 1986, Ar. 3911; 10. 1. 1989, Ar. 110.
[6] Std. Rechtspr., zuletzt StS 13. 11. 1989, Ar. 8041.
[7] Dazu *Adomeit*, Arbeitsrecht für die 90er Jahre, 1991, S. 12 ff.: Der Arbeitgeber im Arbeitsrecht – El empresario en el Derecho Laboral.
[8] *Hanau/Adomeit*, Arbeitsrecht, 12. Aufl. 2000, B I; Art. 3 II ET spricht von der „jerarquía normativa".
[9] Vgl. das Burda-Urteil, BAG 20. 4. 1999, dazu *Hanau/Adomeit*, Arbeitsrecht, 12. Aufl. Rn. 259 u. 730.
[10] STS 19. 3. 1988, Ar. 2049; 12. 6. 1991.
[11] STS 12. 2. 1986, Ar. 749.

3. Rechte und Pflichten

Für den Arbeitnehmer werden in Art. 4 I ET dessen verfassungsmäßige Rechte wiederholt: Recht auf Arbeit, Koalitionsfreiheit, Streikrecht. Unter den Rechten aus dem Arbeitsverhältnis steht das Recht auf *Beschäftigung*[11a] an erster Stelle, Art. 4 II ET, dann folgen das Recht auf Weiterbildung und Beförderung, das Recht auf Nichtdiskriminierung, vor allem wegen des Geschlechts, das Recht auf Wahrung der Gesundheit, das Recht auf Wahrung der Intimität und der Würde, einschließlich des Schutzes vor sexuellen Belästigungen[11b] –: erst zuletzt folgt der Lohnanspruch. Die Schöpfer des ET haben also eine Anzahl wichtiger Nebenpflichten des Arbeitgebers in den Rang oder in die Nähe der Hauptpflicht gehoben (Näheres Art. 17 ff.).

Verbot der Diskriminierung heißt noch nicht völlige Gleichstellung. Verboten ist nur die „desigualdad irracional".[12] Die Zurückweisung eines Basken wegen fehlender Spanischkenntnisse wird nicht als diskriminierend angesehen.[13] Bei Frauen und bei – meist von ihnen gebildeten – Teilzeitarbeitern lag die spanische Rechtsprechung ebenso wie die (west-)deutsche schon vor den europäischen Anforderungen auf der Tendenz des größtmöglichen Schutzes. Durch den Einsatz von Detektiven wird das Recht auf Intimität nicht verletzt, wenn der Arbeitgeber nur *so* eine Tätigkeit außerhalb des Betriebes überwachen kann,[14] auch nicht durch Fotoaufnahmen, wenn nur so ein unloyales Verhalten nachgewiesen werden kann.[15] Die Pflicht des Arbeitgebers zur pünktlichen Lohnzahlung ist sanktioniert durch ein Recht zur fristlosen Kündigung durch den Arbeitnehmer: „extinción del contrato de trabajo por voluntad del trabajador".[16]

Der Arbeitnehmer hat seine Arbeitspflicht zu erfüllen, sogar mit Fleiß („diligencia"), Art. 5 ET. In gleicher Weise hat er die Sicherheits- und Hygienebestimmungen einzuhalten; den Weisungen und Instruktionen des Arbeitgebers zu folgen; einen Wettbewerb mit der Unternehmertätigkeit zu unterlassen; zur Verbesserung der Produktivität beizutragen. Die letztgenannte Pflicht ist im deutschen Arbeitsrecht nicht anerkannt, nicht einmal erwogen. Die Gehorsamspflicht ist nach der Rechtsprechung vom Arbeitnehmer grundsätzlich zu erfüllen, Einwendungen habe er später im Wege der Reklamation gel-

---

[11a] Einschränkend STS 3. u. 10. 10. 1990.
[11b] Über einen Fall der sexuellen Belästigung (acoso sexual) STC 13. 12. 1999, BOE 20. 1. 2000.
[12] STS 16. 1. 1987, Ar. 791.
[13] STS 3. 3. 1988, Ar. 2150.
[14] STS 19. 7. 1989, Ar. 5878.
[15] STS 26. 1. 1988, Ar. 54.
[16] STCT 14. 4. 1989.

tend zu machen, anders nur beim „manifiesto y objetivo abuso de derecho".[17]

4. Der Arbeitsvertrag

Der Arbeitsvertrag unterliegt keiner Form, aber jede Seite kann schriftlichen Abschluß verlangen. Schriftform gilt für Ausbildungsverträge, Heimarbeitsverträge, Teilzeitarbeit („trabajo a tiempo parcial"), befristete Arbeitsverhältnisse (gelten ohne Schriftform als unbefristet, STS 7. 6. 1989, Ar. 4547), Auslandsarbeitsverhältnisse, Art. 8 II. Ausländer, aber natürlich nicht EG-Bürger, bedürfen der Arbeitserlaubnis,[18] bei den „súbditos hispano-americanos" wird dies weniger streng gehandhabt (STCT 27. 1. 1987). Umzusetzen sind die Gleichbehandlungsrichtlinien der EU des Jahres 2000.

Das Verbot der Kinderarbeit ist für alle unter 16 Jahren ausgedehnt, Art. 6 I ET, die praktische Verwirklichung ist mehr als fraglich. Für Jugendliche unter 18 Jahren sind Nacht- und Überstunden verboten. Minderjährige ab 16 Jahren können einen Arbeitsvertrag selbständig eingehen, wenn sie mit Zustimmung ihrer Eltern außer Haus wohnen, Art. 7 b.

Bei geleisteter Arbeit wird das Bestehen eines Arbeitsvertrages vermutet.[19] Der Gedanke des „faktischen Arbeitsverhältnisses" hat Eingang in Art. 9 II ET gefunden:

| „En caso de que el contrato resultase nulo, el trabajador podrá exigir, por el trabajo que ya hubiese prestado, la remuneración consiguiente a un contrato válido." | Im Falle der Nichtigkeit des Vertrages kann der Arbeitnehmer für die geleistete Arbeit das Entgelt verlangen, das aus einem gültigen Vertrag folgen würde. |

Dies gilt aber wohl nicht beim kriminellen oder sittenwidrigen Vertrag. Bei Teilnichtigkeit ist der gesunde Teil des Vertrages aufrechtzuerhalten, mit gerechter Anpassung des Verhältnisses von Leistung und Gegenleistung, Art. 9 I und II ET.

II. Inhalt des Arbeitsvertrages

1. Vertragsdauer

Der ET legt Wert auf den für unbestimmte Zeit abgeschlossenen Vertrag und bindet alle Ausnahmen an strenge Voraussetzungen. Gestattet ist die – schriftliche! – Vereinbarung einer Probezeit („un período de

---

[17] STS 26. 4. 1985, Ar. 1926; 25. 4. 1987, Ar. 1121; STCT 12. 1. 1988, Ar. 850; 1. 3. 1988, Ar. 2123.
[18] LO 4/2000 v. 11. 1. „sobre derechos y libertades de los extranjeros en España y su integración social", Art. 33.
[19] STS 7. 6. 1989, Ar. 4546; 20. 10. 1989, Ar. 6987; 11. 10. 1989, Ar. 7162.

prueba"), die für den normalen Arbeitnehmer zwei Monate nicht überschreiten darf. Gestaltet sich die Probezeit nicht im Sinne des Arbeitgebers, so kann es die Entlassung („desistimiento") geben, sonst gehen die Beziehungen in ein normales Arbeitsverhältnis über, Art. 14 ET. Für den früheren Zeitpunkt als für das Ende der Probezeit ist keine Kündigung durch den Arbeitgeber statthaft. Es darf aber für die Probezeit ein geringerer Lohn gewährt werden.

Artikel 15 des Arbeitnehmerstatutes gestattet Arbeitsverträge auf bestimmte Zeitdauer[20], wenn eine der folgenden Situationen vorliegt:

Situationen:	Dauer
a) bestimmte Werk- oder Serviceleistungen	Bis Beendigung
b) besondere Umstände der Produktion	Maximal 6 Monate in einem Zeitraum von 12 Monaten
c) Vertretungsvertrag	Solange der Vertretene beurlaubt ist

Über den Schutz von Arbeitnehmern, die von Firmen für *Zeitarbeit* (trabajo temporal) vermittelt werden: STS 4. 2. 1999 Ar. 1594.

Artikel 11 des ET regelt in Verbindung mit dem königlichen Dekret 488/98 v. 27. 3. die sogenannten Schulungsarbeitsverträge. Es gibt zwei Arten von Schulungsarbeitsverträgen:

a) der sogenannte „Praktikumvertrag" (*contrato en prácticas*), der für ein Minimum von sechs Monaten und für ein Maximum von zwei Jahren abgeschlossen werden kann. Anspruch auf einen solchen Arbeitsvertrag haben nur diejenigen, die eine abgeschlossene Ausbildung haben, die in Beziehung zum Arbeitsplatz steht.
b) Der Ausbildungsvertrag (*contrato de formación*) muß eine Minimumdauer von sechs Monaten und eine Maximumdauer von zwei Jahren haben. Das Alter des Arbeitnehmers muß zwischen 16 und 21 Jahren liegen. Dieser Vertrag ist für Arbeitnehmer gedacht, die keine Ausbildung abgeschlossen haben, jedoch über solch einen Vertrag eine praktische Ausbildung bekommen sollen.

Vgl. auch *Roland Abele,* Zwangspensionierungsklauseln im spanischen Arbeitsrecht, RIW 1995 S. 554.

2. Schutz des Arbeitnehmers

Art. 17 ff. ET konkretisieren im einzelnen die in Art. 4 ET vorgegebene Rechtsstellung des Arbeitnehmers. Art. 17 ET befestigt das Prinzip der Nicht-Diskriminierung. Hierbei ist der spezielle Schutz, den das ET für die Mutterschaft erteilt, hervorzuheben. Diese Situation wird in Artikel 45 d i. V. m. 48.4 ET geregelt. Der Arbeitsvertrag wird in solchen Fällen 16 Wochen suspendiert. Für diesen Zeitraum kann der Arbeitgeber einen Vertretungsvertrag (s. o.) abschliessen. In diesem Fall muß der Arbeitgeber nur einmal den Sozialversicherungsbeitrag bezahlen. Die Mutter bekommt ihr Gehalt von der Sozialversicherung. Hinsichtlich der Lohndifferenzierung aus Gründen der Arbeitsqualität scheint die

---

[20] *Eristina Marco/Eciar Alzaga,* Der neue unbefristete Arbeitsvertrag in Spanien, RIW 1997 S. 1015 ff.

spanische Rechtsprechung liberaler zu sein als die des *BAG*.[21] Register mit Arbeitnehmer-Daten müssen nach Art. 18 ET „respetar al máximo la dignidad e intimidad del trabajador". Diese sehr deutliche Rechtsgrundlage ersetzte das jetzt neu geschaffene *Datenschutzrecht*. Das Direktionsrecht des Arbeitgebers wird anerkannt, Art. 20 I ET:

„El trabajador estará obligado a realizar el trabajo convenido bajo la dirección del empresario o persona en quien éste delegue."	Der Arbeitnehmer ist verpflichtet, die vereinbarte Arbeit zu leisten, unter der Direktion des Arbeitgebers oder der Person, die dieser beauftragt.

Das Direktions- und Kontrollrecht des Arbeitgebers wird konkretisiert in Art. 20 III ET:

„El empresario podrá adoptar las medidas que estime más oportunas de vigilancia y control para verificar el cumplimiento por el trabajador de sus obligaciones y deberes laborales, guardando en su adopción y aplicación la consideración debida a su dignidad humana y teniendo en cuenta la capacidad real de los trabajadores disminuidos, en su caso."	Der Arbeitgeber darf die ihm geeignet erscheinenden Mittel der Überwachung und Kontrolle ergreifen, um festzustellen, ob der Arbeitnehmer seine Pflicht erfüllt, aber nur unter Wahrung von dessen Menschenwürde, unter besonderer Berücksichtigung der behinderten Arbeitnehmer.

Beim Art. 20 II ET ist noch bemerkenswert, daß der Arbeitnehmer nicht Arbeit schuldet, sondern Mitarbeit („colaboración"). Dies ist der Ansatz für die Theorie der gesellschaftsrechtlichen Elemente im Arbeitsverhältnis.

3. Arbeitslohn („salario")

Die keineswegs einfache Definition bringt Art. 26 I ET: die Gesamtheit der wirtschaftlich erheblichen, von den Arbeitnehmern entgegengenommenen Leistungen des Arbeitgebers. Entschädigungen („indemnizaciones") gehören nicht dazu, auch nicht die für den Kündigungsfall. Trinkgelder („propinas") sind kein Lohnbestandteil, auch nicht bei Beteiligung an einem „tronco de propinas".[22] Die Regierung setzt nach Beratung mit den Verbänden einen allgemeinen *Minimallohn* fest, Art. 27 ET: „Salario mínimo interprofesional", für 1999 424 Euro pro Monat (RD 2065/1999).

Der *Annahmeverzug* des Arbeitgebers läßt – wie in § 615 BGB – dessen Lohnfortzahlungspflicht bestehen, Art. 30 ET. Voraussetzung ist, daß der Hinderungsgrund vom Arbeitgeber zu vertreten war, aber dies wird durch den Gedanken des Betriebsrisikos („riesgo de empresa") erweitert (STCT 2. 12. 1987). Bei Störungen durch Sabotage während

---

[21] „Diferencias retributivas entre trabajadores de igual categoría no es discriminatorio", STS 15. 6. 1989, Ar. 4588; *Alfredo Montoya* S. 310ff.
[22] STS 25. 10. 1989, Ar. 8152.

eines Streiks entfällt das Betriebsrisiko (STCT 7. 2. 1989): hier erwacht die *Sphärentheorie*[23] zu neuem Leben. Bei Störungen durch höhere Gewalt – Sturm verhindert das Auslaufen der Fischkutter – erlaubt RD 2001/1983 die Nacharbeit von je einer zusätzlichen Stunde an den folgenden Werktagen (STS 31. 1. 1990).

Auf *Gratifikationen* besteht ein Rechtsanspruch nach Art. 31 ET: zweimal im Jahr, zu Weihnachten und zu einem festzulegenden Zeitpunkt; das Nähere soll durch Kollektiv- oder Einzelvertrag festgelegt werden. Bei früherem Ausscheiden hat der Arbeitnehmer einen anteiligen Anspruch: STS 10. 4. 1990.

Lohnforderungen an den Arbeitgeber aus den letzten 30 Arbeitstagen gehen, sofern sie nicht den doppelten Mindestlohn übersteigen, allen anderen Forderungen vor, selbst den durch Pfandrecht oder Hypothek gesicherten Forderungen, Art. 32 ET; dies sei ein „superprivilegio", sagt dazu kritisch das Tribunal Supremo.[24] Für Fälle der Insolvenz des Arbeitgebers ist beim Arbeitsministerium der „Fondo de Garantía Salarial" gebildet, Art. 33.

4. Arbeitszeit

Höchstarbeitszeit sind 40 Std./Woche, nach Art. 34 I ET. Das Nähere wird durch Tarif- oder Einzelverträge bestimmt. Die tägliche Höchstarbeitszeit beträgt neun Stunden; zwischen einem und dem nächsten Arbeitstag müssen mindestens zwölf Stunden Freizeit liegen. Nachtarbeit (von 22 Uhr abends bis 6 Uhr früh) muß mit einem Aufschlag von mindestens 25% bezahlt werden. In ihrem geringeren Lohn dürfen Arbeitnehmer der Tagesschicht keine Diskriminierung sehen.[25] In der Tarifpraxis wird häufig schon eine Jahresstundenzahl festgelegt.

Überstunden („horas extraordinarias") werden mit 75% mehr Lohn vergolten. Ihre Zahl darf 80 im Jahr nicht überschreiten. Freiwilligkeit muß garantiert sein. Für Notstandsfälle werden die Grenzen ausgeweitet.[26] Die gleitende Arbeitszeit („horario flexible") kann im Einvernehmen mit der Betriebsvertretung eingerichtet werden, Art. 36 ET. Wie auch immer die Arbeitszeit geregelt ist, der Arbeitnehmer muß wöchentlich eine Mindestruhe von 1½ Tagen bekommen, grundsätzlich zum Sonntag entweder den halben Samstag oder den halben Montag, Art. 37 ET. Feiertage werden bezahlt, auf jeden Fall Weihnachten („la Natividad del Señor"), Neujahr und der 1. Mai. Der Arbeitnehmer darf bezahlte Freizeit nehmen (vgl. § 616 BGB):

---

[23] Dazu *Hanau/Adomeit*, Arbeitsrecht, 12. Aufl. Rn. 775.
[24] 1. 12. 1988, Ar. 9877.
[25] STCT 22. 6. 1987, Ar. 13638.
[26] STS 29. 6. 1988, Ar. 4219; 25. 4. 1989, Ar. 4462; 22. 11. 1989, Ar. 9014.

- bei seiner Verheiratung fünfzehn Tage;
- bei Geburt eines Sohnes (Kindes!) zwei Tage;
- beim Umzug einen Tag;
- bei öffentlichen Pflichten im notwendigen Rahmen (STS 20. 12. 1990);
- zur Wahrnehmung von Gewerkschafts- oder Betriebsratsaufgaben (einschränkend STS 3. 7. 1989, Ar. 5423).

Schutz von Arbeitnehmern auf Teilzeit: RD – Ley 15/1998 de 27. 11. „para la mejora del mercado de trabajo en relación con el trabajo a tiempo parcial y el fomento de su estabilidad".
Mindesturlaub sind nach Art. 38 dreißig „natürliche" Tage, also nicht nur Werktage. Die Urlaubszeit darf zweigeteilt werden, noch kleiner nicht. „Trabajar durante las vacaciones para otra empresa – im Wettbewerbsverhältnis oder nicht? – viola el principio de buena fe", STCT 1. 7. 1986, Ar. 5379.

III. Änderung, Kündigung, Aufhebung

1. Versetzung (traslado) und Umsetzung (desplazamiento)

Artikel 40 des ET unterscheidet zwischen diesen beiden Rechtsfiguren. Unter *traslado* versteht man die Versetzung eines Arbeitnehmers oder mehrer Arbeitnehmer zu einem anderen Arbeitsort des Unternehmers, die eine Wohnsitzänderung des Arbeitnehmers verursacht. Die Dauer der Versetzung muß über 12 Monate sein in einem Zeitraum von drei Jahren. Wenn die Dauer darunterliegt, bezeichnet das ET in Artikel 40.4 die Versetzung als Umsetzung. Wenn die Versetzung nur einen Arbeitnehmer betrifft, muß der Arbeitgeber ihm seine Entscheidung mit der Begründung (technische, organisatorische, wirtschaftliche oder produktive Gegebeneheiten) rechtzeitig innerhalb von einer Frist von 30 Tagen ankündigen. In diesem Fall hat der Arbeitnehmer drei Möglichkeiten: die Versetzung annehmen, gegen die Nichtgerechtfertigkeit der Versetzung klagen, damit diese als gesetzwidrig und grundlos vom Arbeitsrichter erklärt wird, oder sein Arbeitsverhältnis mit dem Anspruch auf Entschädigung von 20 Tagen Bruttogehalt pro Betriebszugehörigkeitsjahr mit einem maximalen Entschädigungsbetrag von 12 Monatsgehältern kündigen. Die gleiche Regel gilt auch bei der individuellen Umsetzung.

Würde die Versetzung 10 Arbeitnehmer in einem Betrieb mit weniger als 100 Beschäftigten, 10% der Belegschaft in einem Betrieb mit 100–300 Arbeitnehmern und 30 Arbeitnehmer in einem Betrieb mit 300 oder mehr Arbeitnehmer betreffen, muss der Arbeitgeber die Versetzung mit der Arbeitnehmervertretung in einem Beratungszeitraum verhandeln. Die Formalien dafür sind im königlichen Dekret 43/96 vom 19. 1. festgelegt, das heißt, daß das Verfahren für solche kollektiven Versetzungen ähnlich wie das bei Massenentlassungen ist. Wenn keine Einigung über die Durchsetzung der Versetzung im Beratungszeitraum zwischen Arbeitgeber- und Arbeitnehmervertretern erreicht wird, entscheidet über die kollektive Versetzung die zuständige Arbeitsbehörde.

2. Änderung von Arbeitsbedingungen

Über Arbeitszeit, Schichtarbeit, Lohnsystem und Arbeitsordnung kann bei sachlicher Notwendigkeit und in Ermangelung einer betrieblichen Einigung eine Regelung durch die Arbeitsverwaltung ergehen *„Delegación de Trabajo"*.

In Fällen der Kontratation oder Subkontratation mit anderen Unternehmern zur Verwirklichung einer Aufgabe bleibt die Verantwortlichkeit des ursprünglichen Arbeitgebers erhalten, Art. 42 ET, besonders für die Leistungen zur Sozialversicherung. *Leiharbeit* wird durch Art. 43 ET ganz verboten. Die verliehenen Arbeitnehmer haben das Wahlrecht, zum verleihenden oder entleihenden Unternehmen zu gehören, beim letzteren aber nicht zu geringeren Konditionen.

Der *Betriebsübergang* („sucesión de empresa") stellt jedem modernen Arbeitsrecht eine schwierige Regelungsaufgabe. Die Arbeitsverhältnisse erlöschen nicht – der neue Inhaber übernimmt alle Rechte und Pflichten – für die früher begründeten Arbeitnehmerrechte haften früherer und neuer Inhaber gesamtschuldnerisch drei Jahre lang, Art. 44 ET. „El cedente" = der Veräußerer, „el cesionario" = der Erwerber. Betriebsübergang liegt im Gegensatz zu § 613a BGB auch beim Erbfall vor (STS 23. 5. 1988, Ar. 4278), dagegen nicht – anders unser Recht – bei Anmietung eines Geschäftslokals unter Erwerb des Inventars (STCT 22. 5. 1989).[27]

3. Suspendierung des Vertrages

Einen großen Raum nimmt die „suspensión" ein. Dazu gehören alle Fälle zeitweiliger berechtigter Nicht-Arbeit wie Krankheit, Mutterschaft (siehe Schutz des Arbeitnehmers), Wehrdienst, Übernahme eines öffentlichen Amtes, Untersuchungshaft, Höhere Gewalt, Streik und Aussperrung. Rechtsfolge: die Hauptpflichten ruhen. Art. 45 II ET:

„La suspensión exonera de las obligaciones recíprocas de trabajar y remunerar el trabajo."	Die Suspension hebt die gegenseitigen Pflichten auf, zu arbeiten und die Arbeit zu entlohnen.

Nach dem Gesetz 42/94 v. 30. 12. über Steuer-, Verwaltungs- und Sozialmaßnahmen (*„Ley de medidas fiscales, administrativas y de orden social)* wurde das Einstehen der Sozialversicherung bei allgemeinen Krankhei-

---

[27] Zum Betriebsübergang siehe *R. Cristobal Roncero*, Los derechos de los trabajadores en la transmisión de empresas. Servicio Publicaciones de la Universidad Complutense de Madrid, Madrid, 1999; STS 29. 2. 2000, Ar. 2413.

§ 20. Arbeitsrecht   151

ten oder Unfällen, die keine Berufsunfälle sind, angeordnet, wenn der Arbeitnehmer für einen Zeitraum von maximal 12 Monaten, die ausnahmsweise auf weitere 6 Monate verlängert werden können, vorübergehend arbeitsunfähig ist. Sollte eine Krankheit oder ein Unfall bei der Arbeit verur-sacht worden sein, beginnt die Zahlung am Tag nach der Krankmeldung. In diesem Fall sieht Artikel 131 I Satz 1 des Sozialversicherungsgesetzes v. 20. 6. 1/94 („*Ley General de Seguridad Social*", im weiteren LGSS) vor, daß der Arbeitgeber das Gehalt zahlen muß, auf welches der Arbeitnehmer am Tag der Krankmeldung Anspruch hatte. Im Gegensatz dazu beginnt die Zahlung bei allgemeinen Krankheiten oder Unfällen, die keine Berufsunfälle sind, erst am 16. Krankheitstag; und für die Zeit vom 4. bis zum 15. Krankheitstag hat der Arbeitgeber zu zahlen (Artikel 131 I Satz 2 LGSS). Die ersten 3 Krankheitstage sind Karenztage.

Dem Wunsch manch eines Arbeitnehmers auf zeitweilige Eigenregie kommt das Recht auf *Freisetzung* („excedencia") entgegen. Schon nach einem Jahr Betriebszugehörigkeit hat der Arbeitnehmer das Recht auf Freisetzung für zwei bis fünf Jahre. Ohne weitere Voraussetzungen gibt es einen solchen Anspruch bei Geburt oder Adoption eines Kindes für den Vater oder die Mutter (nicht für beide), vgl. Art. 46 ET.[28] Einen Lohnanspruch gibt es nicht, nur das Recht auf Rückkehr („reingreso") auf den Arbeitsplatz.

4. Erlöschen des Arbeitsverhältnisses, insbesondere Kündigung

Literatur: Peter Flägel, Beendigung von Arbeitsverhältnissen im spanischen Recht, RIW 1998 S. 445 ff.

a) Allgemeine Erlöschensgründe. Das spanische Recht der Kündigung, eingebettet in das generelle Thema „Extinción del contrato", unterscheidet sich stark vom deutschen Recht, ist in sich sehr kompliziert, so daß hier nur die wesentlichen Unterschiede hervorgehoben werden. Der Hauptunterschied liegt in Befugnissen der Arbeitsverwaltung mit der Folge, daß bei Nichtgenehmigung von Entlassungen die Verwaltungsgerichtsbarkeit entscheidet.

Aufhebungsvertrag („por mutuo acuerdo de las partes") und der Zeitablauf („por expiración del tiempo convenido") sind wichtige Erlöschensgründe. Der Zeitablauf muß aber vorher angekündigt werden, in den Fällen des Art. 49 Nr. 1c fünfzehn Tage vorher. Unproblematisch: Tod, Berufsunfähigkeit oder Eintritt in den Ruhestand („jubilación") beim Arbeitnehmer.[29] Dieselben Vorkommnisse beim Arbeitgeber wer-

---

[28] Der Forderung auf Freisetzung muß ein vernünftiges Motiv zugrunde liegen: STCT 22. 11. 1988. Für die Wiederaufnahme muß es einen freien Arbeitsplatz geben, die Verweigerung der Aufnahme gilt als Kündigung: STS 11. 3. 1986, Ar. 1299.

[29] Schwierig ist – wie bei uns – der mehr oder minder freiwillige Vorruhestand. Vgl. *Martín Puebla/Sastre Ibarreche*, Política de empleo y jubilación forzosa del trabajador, Madrid 1991.

fen bereits Zweifelsfragen auf, vgl. Art. 49 Nr. 1 g ET, ganz zu schweigen von der höheren Gewalt („fuerza mayor").³⁰

b) Kündigung durch den Arbeitnehmer. Auch die Kündigung durch den Arbeitnehmer muß auf Gründen („causas justas") beruhen, ohne daß in Art. 50 ET klar gesagt wird, ob es sich um fristlose Kündigung handelt. Verschieden ist auch die Konstruktion: der Arbeitnehmer hat kein einseitiges Gestaltungsrecht, sondern Anspruch auf Vertragsaufhebung: „puede solicitar la extinción del contrato". Ähnliches gibt es ab 1. 1. 2001 auch im deutschen Arbeitsrecht: Anspruch auf Teilzeitarbeit (*M. Kliemt,* NZA 2001, 63). Gründe sind: Behinderung im beruflichen Aufstieg; Antastung der Würde; ausbleibende oder unpünktliche Lohnzahlung; sonstige schwere Vertragsverletzungen. Der Arbeitnehmer hat in diesen Fällen Anspruch auf Entschädigung wie bei ungerechtfertigter Kündigung durch den Arbeitgeber.

Als eine Art ordentlicher Kündigung durch den Arbeitnehmer ist in Art. 49 Nr. 1 d ET seine „dimisión" anerkannt, bei der tarifvertragliche oder betriebsübliche Fristen einzuhalten sind. Diese Abkehr des Arbeitnehmers wird als eine schon fast verwerfliche Treulosigkeit angesehen.³¹

c) Disziplinarische Kündigung durch den Arbeitgeber. Diese Kündigung („despido disciplinario") steht dem § 626 BGB nahe. Gründe sind (Art. 54): Unpünktlichkeit oder andere Verstöße gegen die Arbeitspflicht; mangelnde Disziplin; Beleidigung des Arbeitgebers oder von Kollegen; Vertrauensmißbrauch („abuso de confianza"); Bummelei; Drogensucht. Die Rechtsprechung dazu ist wie bei uns unübersehbar.

Die Kündigung muß schriftlich erfolgen, ohne Verzögerung (STS 15. 6. 1990), mit Angabe der Gründe und der entsprechenden Tatsachen. Der Arbeitnehmer muß sich gegen die Kündigung verteidigen können (STS 24. 12. 1990), zur Anrufung des Gerichts hat er eine Frist von 20 Tagen, in der aber vorweg ein Schlichtungstermin bei der Arbeitsbehörde stattfinden muß. Wird die Kündigung vom Richter für rechtgemäß („procedente") erklärt, erlischt das Arbeitsverhältnis. War sie unrechtmäßig („improcedente"), so hat der Arbeitgeber sich binnen fünf Tagen zu entscheiden, den Arbeitnehmer wieder aufzunehmen oder die Entschädigung von 45 Tageslöhnen pro Beschäftigungsjahr zu zahlen, Art. 56 ET (Höchstgrenze: 42 Monatslöhne). Das spanische Kündigungsrecht erlaubt also dem ohne zureichenden Grund kündigenden AG, sich durch Geldzahlung vom Vertrag zu lösen; anders nur bei der aus formalen oder verfassungsmäßigen Gründen nichtigen Kündigung

---

³⁰ Vgl. *Juan José Fernández,* La Fuerza mayor como Causa de Extinción y Suspensión del Contrato de Trabajo, Madrid 1993; STS 12. 6. 1989, Ar. 4567.
³¹ „... requiere la voluntad inequívoca de romper de inmediato cualquier vínculo con la empresa", STC 5. 6. 1989, Ar. 4529; STCT 2. 2. 1988, Ar. 1497; STC 29. 6. 1989, Ar. 4856.

oder mißbräuchlichen („despido fraudulento"), dann Anspruch des Arbeitnehmers auf Weiterbeschäftigung („readmisión").

d) Kündigung por causas objetivas. Dies steht der ordentlichen Kündigung aus Gründen der Person des Arbeitnehmers (§ 1 KSchG) nahe: Ungeeignetheit des Arbeitnehmers; fehlende Anpassung an technische Veränderungen und nach Umschulungsangeboten; wenn objektive Gründe vorliegen, um Arbeitsplätze zu reduzieren, weil wirtschaftliche, technische, organisatorische oder produktive Gegebenheiten es erfordern; mehr als 20% Arbeitsausfall pro Jahr, Artikel 52 ET nach der Änderung des Artikels 3 des Gesetzes 63/97 vom 26. Dezember.

In der Praxis wird dieser Artikel nur benutzt, wenn die oben genannten Gründe vorliegen, um Arbeitsplätze zu reduzieren. Die Regelung dieses Artikels kann nur verwendet werden, wenn die betroffene Arbeitnehmerzahl unter dem im Artikel 51 festgelegten Minimum liegt.

Verfahren (Art. 53 ET): schriftliche Mitteilung an den Arbeitnehmer; Angebot einer Entschädigung von 20 Tageslöhnen pro Beschäftigungsjahr mit der Höchstgrenze von 12 Monatslöhnen; Einräumung einer Auslauffrist zwischen einem Monat und drei Monaten. Geht der Arbeitnehmer zu Gericht und wird die Kündigung als unrechtmäßig erklärt, so treten die gleichen Folgen wie beim „despido disciplinario" ein. Die Mitteilung an den zu entlassenden Arbeitnehmer („comunicación") ist hier nicht unsere Kündigung, sondern eine Art Vorankündigung.

e) Massenentlassung. Artikel 51 ET könnte in etwa den dringenden betrieblichen Erfordernissen des Paragraphen 1 I KSchG entsprechen. Dieser Artikel und seine Regelung setzt zusammen mit dem königlichen Dekret 43/96 die Richtlinie des Europarates 92/56/EWG vom 24. Juni und dessen folgende Änderungen um. Voraussetzung für eine solche Massenentlassung ist, daß objektive Gründe vorliegen, um Arbeitsplätze zu reduzieren, weil es wirtschaftliche, technische, organisatorische oder Gründe der Produktion erfordern. Die zweite Voraussetzung für die Anwendung dieses Artikels ist, daß die Anzahl der betroffenen Arbeitnehmer gewisse Minima erreicht und zwar: 10 Arbeitnehmer in einem Betrieb mit weniger als 100 Beschäftigten, 10% der Belegschaft, wenn der Betrieb zwischen 100 und 300 Arbeitnehmer beschäftigt und 30 Arbeitnehmer, wenn der Betrieb 300 oder mehr Arbeitnehmer beschäftigt. Der Artikel findet auch Anwendung, wenn die Massenentlassung die gesamte Belegschaft des Betriebes betrifft, vorausgesetzt aber, daß der Betrieb mehr als 5 Arbeitnehmer beschäftigt.

Das Verfahren ist nicht nur im Artikel 51 ET geregelt, sondern auch im RD 43/96. Es beginnt mit einem Antrag des Arbeitgebers an die Arbeitsbehörde, der gleichzeitig der Arbeitnehmervertretung zur Kenntnis gegeben wird. Diesem Antrag sind folgende Angaben beizufügen: ein erläuternder Schriftsatz bezüglich der Ursachen der Massenentlassung mit der notwendigen Dokumentation zu den genannten Ursachen; die Anzahl und Kategorien der Arbeitnehmer, die im Betrieb im letzten Jahr beschäftigt waren sowie die von der Massenentlassung betroffenen Arbeitsverträge. In Betrieben mit über 50 Arbeitnehmern ist auch ein Sozialplan vorzulegen, mit dem die Folgen der Massenentlassung vermieden oder vermindert werden können, um die Konsequenzen für die am Ende betroffenen Arbeitnehmer zu mildern. Dies erinnert an unseren § 112 BetrVG.

Mit der Einleitung und Übergabe des Antrages und der notwendigen Dokumente eröffnet sich ein Beratungszeitraum, der als Ziel eine Übereinkunft zwischen Arbeitgebern und Arbeitnehmervertretern hat. In der Praxis verhandelt man in diesem Beratungszeitraum vor allem über die Höhe der zu bezahlenden Entschädigung und über die Anzahl der Betroffenen. Die Arbeitnehmervertreter versuchen, daß die Entschädigungen so nahe wie nur möglich an der vom ET im Artikel 56.1a festgelegten Höchstbeiträge für die nicht gerechtfertigte Kündigung (45 Tage Bruttolohn pro Arbeitszugehörigkeitsjahr mit einem maximalen Entschädigungsbetrag von 42 Bruttomonatsgehältern) liegen. Der Arbeitgeber versucht auf seiner Seite, daß die Entschädigungen so nahe wie nur möglich an der im Artikel 51.8 ET aufgeführten Mindestbeträge (d.h. 20 Tage Bruttolohn pro Arbeitszugehörigkeitsjahr mit einem maximalen Entschädigungsbetrag von 12 Bruttomonatsgehältern) liegen. Der Beratungszeitraum beträgt 30 Tage, in Betrieben mit mehr als 50 Arbeitnehmern, sonst nur 15 Tage, wenn die Arbeitnehmerzahl unter der genannten liegt.

Wenn in der genannten Frist eine Übereinkunft zwischen den Parteien erreicht wird, wird diese der Arbeitsbehörde gemeldet, die binnen 15 Tagen die Genehmigung für das Erlöschen der Arbeitsverhältnisse mit Zahlung der vereinbarten Entschädigungen erteilt. Wenn keine Einigung erzielt worden ist, muß dieses auch der Arbeitbehörde mitgeteilt werden und sie entscheidet dann, ob die Gründe für die Massenentlassung genügend bewiesen worden sind und somit die Massenentlassung zu genehmigen ist oder nicht. Im Falle einer Genehmigung der Massenentlassung erlöschen die Arbeitsverhältnisse mit der Zahlung der im Artikel 51.8 des ET festgelegten Entschädigung. Wenn der Antrag nicht genehmigt wird, können die Entlassungen nicht stattfinden. Der Arbeitgeber kann vor den *Verwaltungsgerichten* Rechtsmittel einlegen, aber dies findet normalerweise in der Praxis nicht statt, denn diese Gerichtsbarkeit nimmt sich über ein Jahr Zeit, um ein Urteil zu fällen.

IV. Betriebsverfassung („de los derechos de representación colectiva y de reunión de los trabajadores en la empresa")

Es gibt *Mitbestimmung* („participación") durch „Delegados de Personal" im Unternehmen („empresa") oder Betrieb („Centro de Trabajo"), die mehr als 10 und weniger als 50 Arbeitnehmer haben. Sowohl Auswahl wie Tätigkeit dieser Delegierten ist eher informell. Ab 50 Arbeitnehmern im Unternehmen oder Betrieb wird ein „Comité de Empresa" gewählt. Die Anzahl der Mitglieder, die über den Zahlen von § 9 BetrVG steht, regelt sich wie folgt:

50–100 Arbeitnehmer : 5 Mitgl.
101–250 Arbeitnehmer : 9 Mitgl.
251–500 Arbeitnehmer : 13 Mitgl.
501–750 Arbeitnehmer : 17 Mitgl. usf. (Art. 66).

Die „competencias" (Art. 64) des „Comité" sind einzeln und kasuistisch aufgeführt, gehen aber über Information, Beratung und Kontrolle nicht hinaus. Weder das Gesetz noch die zugeordnete Dogmatik kennen die volle gleichberechtigte Mitbestimmung in dem Sinne, daß der Arbeitgeber – wie nach §§ 87, 99 BetrVG – ohne den Betriebsrat nicht wirksam handeln kann.[32] Dies besagt aber nichts über die faktischen Einwirkungsmöglichkeiten des „Comité", die bei starker Unterstützung durch eine starke Gewerkschaft die eines normalen deutschen Betriebsrats durchaus übertreffen können. Die Mitglieder des „Comité" genießen einen besonderen Kündigungsschutz und andere Garantien, Art. 68, dafür stehen sie unter dem Siegel der Verschwiegenheit („sigilo profesional") über erfahrene Fakten, „en especial en todas aquellas materias sobre las que la dirección señale expresamente el carácter reservado".

Die entsprechenden Artikel sind sehr ausführlich, dazu ergangene Rechtsprechung gibt es kaum, weil es in den romanischen Ländern zum gewerkschaftlichen Denken immer noch quersteht, Arbeiterinteressen auf dem Rechtswege geltend zu machen, statt in direkter Aktion. Auch gehen die Rechte der Betriebsvertretung kaum über bloße Information hinaus, worüber sich aber kaum jemand beklagt. Der „Tribunal Central de Trabajo" (4. 5. 1987, Ar. 17732):

„Entre las competencias atribuidas al comité de empresa, se encuentra la de informar a sus representados en todos los temas y cuestiones señaladas en el propio precepto, en cuanto directa o indirectamente tengan o puedan tener repercusión en las relaciones laborales."

Zu den Rechten des Betriebsrates gehört es, die von ihm Vertretenen über alle Themen und Fragen dieser Regelungen zu informieren, sofern sie direkt oder indirekt mit den Arbeitsbeziehungen in Verbindung stehen.

---

[32] *Wiese,* in: Gemeinschaftskommentar zum BetrVG, Bd. II, 5. Aufl. (1995), § 87 Rdnrn. 89 ff.; kritisch *Adomeit,* Betriebsräte – noch zeitgemäß? NJW 2001, 1033.

Die Abhaltung der Betriebsratswahlen steht unter der Regie der Gewerkschaften „más representativas", die mindestens 10% der Belegschaft als Mitglieder haben, Art. 67 Abs. 1 ET. Dauer eines Betriebsratsmandats: auch dort vier Jahre. Besonderer Kündigungsschutz: Art. 68 ET. Bei der Betriebsratswahl zeigt sich die Unterscheidung Angestellter/Arbeiter, die man leicht als deutsche Besonderheit abschätzig behandelt, im neuen Gewand: die Wahl erfolgt getrennt in zwei Kollegien, (1) „por los técnicos y administrativos" (2) „por los trabajadores especialistas y no cualificados" (Art. 71 ET). Neue Informationsrechte: Ley 2/1991 v. 7. 1.

Betriebsversammlung = „asamblea de trabajadores". Ein regelmäßiges Treffen ist nicht vorgesehen, sie wird einberufen vom Betriebsrat oder von mindestens 33% der Arbeitnehmer, Art. 77 ET. Der Betriebsversammlung können auch betriebliche Vereinbarungen zur Abstimmung vorgelegt werden, Art. 80 ET, im Gegensatz zum BetrVG.

Eine mindestens gleichwertige Bedeutung zum „comité" hat die gewerkschaftliche Interessenvertretung in den Betrieben, geregelt im Titel IV der LO „de Libertad sindical" 11/1985.

Vgl. auch *Silvia Schnelle:* Der Europäische Betriebsrat in Spanien, 1999; *Abbo Junker*, Betriebsverfassung im europäischen Vergleich, ZfA 2001 s. 225.

V. Tarifvertragsrecht

Definition und Inhaltsbeschreibung aus Art. 82 ET entsprechen unserem Recht. Anders Abs. 3:

„Los convenios colectivos regulados por esta Ley obligan a todos los empresarios y trabajadores incluidos dentro de su ámbito de aplicación y durante todo el tiempo de su vigencia."	Die von diesem Gesetz geregelten Tarifverträge verpflichten alle Arbeitgeber und Arbeitnehmer des Geltungsbereichs für die Zeit der Geltung.

Es wird also über die Frage der Tarifgebundenheit hinweggegangen, die Allgemeinverbindlichkeit (§ 5 TVG) ist sozusagen vorweg gesetzlich angeordnet. Man vermißt darüber eine ernstliche verfassungsrechtliche Diskussion, und zwar um so mehr, als der Organisationsgrad spanischer Arbeitnehmer unter 29% bleibt.[33] Nur bei Tarifverträgen außerhalb des ET („convenios no estatutarios") kommt es auf die Tarifgebundenheit an, dann fallen nichttarifgebundene Arbeitnehmer („trabajadores no afiliados al sindicato pactante") heraus. Wichtig ist die beherrschende Stellung der „sindicatos que tengan la consideración de *más representativos*", Art. 87 II a ET.

---

[33] Spanien-Lexikon zu „Sindicatos"; *Rodríguez-Piñero*, Eficacia general del convenio colectivo, Sevilla 1960 (ein Klassiker!); vgl. STS de País Vasco 2. 11. 1999, Ar. 4811.

§ 20. Arbeitsrecht

Die Beachtung des Gesetzes („respeto a las leyes") wird als Grenze der Tarifautonomie besonders betont. Tarifinhalt darf sein, eine bestimmte Zahl von Arbeitnehmern einzustellen,[34] ebenso, die Zahl der Überstunden festzulegen,[35] auch Nacht- und Festtagsarbeit.[36] Die Nachwirkung des Tarifvertrages ist anerkannt, Art. 86 III ET:

„Denunciado un convenio, y hasta tanto no se logre acuerdo expreso, perderán vigencia sus cláusulas obligacionales. La vigencia del contenido normativo ... en defecto de pacto se mantendrá.[37]	Ist ein Tarifvertrag aufgekündigt und kein neues Abkommen vorhanden, verlieren nur die schuldrechtlichen Bestimmungen die Geltung. Der normative Inhalt bleibt mangels eines neuen Tarifvertrages bestehen.

Tarifparteien dürfen sich einem Tarifvertrag, von anderen Parteien abgeschlossen, anschließen („adhesión"), der Arbeitsminister darf einen Tarifvertrag auf einen anderen Bereich erstrecken („extensión"), wenn dort besondere Schwierigkeiten, zu einer Einigung zu kommen, oder besondere soziale oder ökonomische Probleme bestehen, Art. 92 ET.

VI. Zeitarbeitsfirmen

Mit der Änderung des Gesetzes 14/94 vom 1. 6. durch das königliche Dekret 4/95 vom 13. 1. wurde im Artikel 43 ET zum ersten Mal in Spanien die Möglichkeit geschaffen, daß Zeitarbeitsfirmen *(„empresas de trabajo temporal")* Arbeitnehmer anstellen, um diese an andere Arbeitgeber temporär zu überlassen. Es sind genau die Fälle aufgelistet, in denen eine Überlassung durch Zeitarbeitsfirmen stattfinden kann. Diese sind: Durchführung eines bestimmten Werkes, Vertretung eines beurlaubten Arbeitnehmers (z.B. Mutterschaft), eventuelle Umstände der Produktion (maximal 6 Monate), Auswahlverfahren (3 Monate). Das Gesetz 29/1999 v. 16. 7. hat den Schutz der Leiharbeitnehmer noch weiter verbessert (vgl. STS 4. 2. 1999, Ar. 1594).

VII. Arbeitsgerichtsbarkeit

Das Arbeitsgerichtsverfahren wird durch das Gesetz über das arbeitsgerichtliche Verfahren *(„Ley de Procedimiento Laboral"*, im weiteren LPL) v. 7. 4. 2/95 geregelt. Die Arbeitsgerichtsbarkeit ist gemäß Art. 1 LPL grundsätzlich für alle Streitigkeiten zuständig, bei denen Normen des Arbeits- und Sozialrechts in Rede stehen.

---

[34] STCT 23. 2. 1987, Tejada S. 109.
[35] STCT 7. 1. 1988, Ar. 676; 10. 2. 1988, Ar. 139.
[36] STCT 8. 1. 1988, Ar. 680.
[37] Es ist aber ein Verstoß gegen die Koalitionsfreiheit, wenn ein Unternehmen nach dem Abbruch von Tarifverhandlungen einseitig eine generelle Ordnung von Arbeitsbedingungen durchsetzt, STC 107/2000 v. 5.5.

Hauptzweck des Arbeitsgerichtsverfahren ist es, ein einfaches und schnelles Verfahren zur Verfügung zu stellen, um dem Arbeitnehmer im Prozeß die Durchsetzung seine Rechte zu erleichtern. Daraus ergeben sich die folgenden Prinzipien: Mündlichkeit, Konzentration, Unmittelbarkeit, Schnelligkeit, Gebührenfreiheit für die Arbeitnehmer, richterliche Aufklärungspflicht, sowie die Möglichkeit der Vertretung durch Gewerkschaften und Arbeitgeberverbände.

In der ersten Instanz besteht kein Anwaltszwang, d.h. die Parteien können wählen, ob sie selbst auftreten oder sich durch Rechtsanwalt, durch Gewerkschaftsvertreter oder durch Personen im Vollbesitz der bürgerlichen Ehrenrechte bei Gericht vertreten lassen (Art. 18 LPL). Im Rechtsmittelverfahren (*suplicación, casación y casación para unificación de doctrina*) besteht Anwaltszwang. Wenn mehr als 10 Antragsteller eine gemeinsam Klage erheben, ordnet Art. 19 LPL schon für die erste Instanz eine obligatorische Vertretung durch Rechtsanwalt oder durch Gewerkschaft an.

Einwirkung des neuen Zivilprozeßrechts: *I. Albiol Montesinos* u. a., Derecho Procesal Laboral, 3. Ed. Valencia 2000; *J. Montero Aroca*, Introducción al proceso laboral, 5. Ed. Madrid 2000.

VIII. Schiedsgerichtsbarkeit

Es besteht zwischen den großen Verbänden ein „Acuerdo sobre Solución Extrajudicial de Conflictos" (ASEC), bestätigt am 31. 1. 2001; darüber ein Gutachten von *T. Sala Franco* u. *C. L. Alfonso Mellado*, Consejo Económico y Social, 2001.

Anhang zu § 20: Arbeitsrecht

Don Quijote und Sancho Panza – ein Arbeitsverhältnis?[*]

Von Manuel Alonso Olea, Madrid[**]
frei übertragen von Klaus Adomeit, Berlin

Spät erst in seiner Dienstzeit als Knappe, nach der ersten gemeinsamen, an merkwürdigen Abenteuern so reichen Fahrt, drei Tage vor der angeordneten nächsten, entschloß sich Sancho, seinen Herrn in förmlicher Weise zu fragen, auf welche Weise sein Dienst eigentlich entlohnt werden sollte. Um nicht als grober Tölpel zu erscheinen, setzt er mit einem umständlichen und hochtrabenden Vorspruch ein, schließlich ging es um viel für ihn:

„*Der Umstand ist der, und Euer Gnaden weiß das besser als ich, daß wir alle sterblich sind, heut noch auf der Welt und morgen nicht mehr, und das Lämmchen ist so schnell dahin wie sein Schlachter, und keiner kann sich im Leben eine längere Frist versprechen, als Gott ihm gewähren will...*"[1]

Über diese ungewöhnliche, schon fast philosophische Rede ist Don Quijote nicht wenig erstaunt, und er fragt, wo dies hinauslaufen solle. Sancho:

„*Da hinaus, daß mir Euer Gnaden einen bestimmten Lohn aussetzen möge, den Ihr mir jeden Monat, so lange ich Euch diene, entrichtet, und daß man diesen Lohn aus Eurem Landgut mir auszahle.*"

Sancho zeigt plötzlich Anspruchsdenken so, als wäre er gewerkschaftlich vertreten, und er zieht die Sicherheit eines festen Lohns der Chance auf ein unbestimmtes, noch so hohes Entgelt entschieden vor:

„*Ich mag nicht mehr auf bloße Gnade hin dienen, die spät, oder schlecht oder nie gewährt wird. Am Ende möchte ich doch wissen, was ich verdiene, so wenig oder so viel dies sein möge...*"

Zwar habe sein Herr ihm aus dem zu erobernden, immer wieder in Aussicht gestellten Königreich eine ganze Insel („Barataria") versprochen,[2] aber

„*... wenn dies eintreten sollte, daß Ihr mir die versprochene Insel schenkt, so bin ich gewiß nicht undankbar, sondern lasse es mir gefallen, daß man den Betrag meiner Einkünfte (als „Gouverneur" der Insel) abschätzt und von meinem Lohn abzieht*".

Wir haben also zu einer Hauptpflicht aus diesem Rechtsverhältnis zwischen dem, der die Dienste leistet (Sancho), und dem, der sie empfängt (Don Quijote) einen offenen rechtlichen Dissens. Ersterer will ein Verhältnis von Leistung und Gegenleistung, Arbeit gegen Lohn; der andere zwar die Leistung, aber statt der Gegenleistung eine

---

[*] Über „Don Quijote" sagt der Neue Brockhaus folgendes: „Ritter von der traurigen Gestalt, Held des Romans von Cervantes (1547–1616), der, aus niederem Landadel stammend, in der Traumwelt der Ritterromane lebt. Auf seinen Abenteuerfahrten kämpft er u.a. gegen Windmühlen, die er für Riesen hält. Lächerlich und ergreifend zugleich, hält er, ein edler, hochstrebender Geist, der nüchternen Welt zum Trotz an seinen Illusionen fest. Sein treuer Begleiter ist der bäuerl., erdgebundene und schlaue Sancho Pansa. –"

[**] „Entre Don Quijote y Sancho – relación laboral?" Universidad Complutense de Madrid, 1992.

[1] Diese und auch folgenden Zitate aus *Cervantes*, Don Quijote, Teil II Kapitel 7 („de lo que pasó Don Quijote con su escudero ..."). Benutzte Ausgabe: Ediciones Orbis, Barcelona 1982.

[2] Über die Vergütungspflicht als notwendiger Bestandteil des Arbeitsverhältnisses *Zöllner/Loritz*, Arbeitsrecht.

freiwillige Schenkung dann und wann, nach dem Maß der Dankbarkeit, die der erbrachte Dienst auslöst (denn das Versprechen der Insel, einer bloßen „res sperata", läßt sich nur mit Mühe dem arbeitsrechtlichen Entgeltbegriff subsumieren). Nach der ersten Sichtweise liegt ein gegenseitiges Schuldverhältnis vor, nach der anderen ein einseitiges, das nur eventuell Anlaß, nicht aber den Rechtsgrund für Geldzahlungen des Leistungsempfängers abgibt. Es handelt sich also um nichts weniger als um fehlende Übereinstimmung über die „causa" des Vertrages.[3]

Die geringe Zuversicht des Sancho, seine vom historisch späteren Art. 1583 des Código Civil[4] durchaus getragene Rechtsansicht bestätigt zu erhalten, erweist sich leider als nur allzu wahr. Sein Herr hält ihm das folgende vor, sozusagen kopfschüttelnd über soviel Unverstand bei Vertretern der dienenden Klasse:

„Sieh doch, Sancho, ich würde dir gern einen Lohn aussetzen, wenn ich nur in einer Geschichte von fahrenden Rittern eine Spur davon gefunden hätte, was ein Schildknappe monatlich oder jährlich verdiente. Aber ich erinnere mich keiner einzigen Geschichte, wo ein Ritter seinem Escudero einen bestimmten Lohn auswarf. Diese alle dienten vielmehr auf Gnade, wurden aber oft, wenn sie dies am wenigsten erwarteten und ihre Herren das Glück begünstigt hatte, mit einer Insel belohnt oder trugen einen hohen Titel oder Rang davon."

Eine frühe Extremposition zum Thema „Flexibilisierung der Arbeitsbedingungen"! Gegenüber seinem unbotmäßigen Knappen schlägt Don Quijote jetzt einen ernsteren Ton an, spricht mit ihm sogar in der 2. Person Plural, was diesen wie ein Vertrauensentzug erschrecken muß:

„Ich spreche so, um Euch zu sagen, daß, wenn Ihr nicht auf meine Gnade mit mir gehen wollt, so behüte Euch Gott. Es wird mir nicht an Schildknappen fehlen, die gehorsamer, eifriger, weniger ungeschickt und nicht so schwatzhaft sind, als Ihr es seid."

Der Hinweis auf rechtsgeschäftliche Alternativen mit anderen Partnern ist ein simpler Verhandlungstrick, damit setzt aber ein erhabener Vertreter der Feudalzeit sich selbst beträchtlich herab. Leider hat die Finte Wirkung. Vor dem drohenden Unheil einer gescheiterten Vertragsverhandlung und gänzlich aufgelöster Rechtsbeziehung gibt Sancho klein bei. Er wisse sehr wohl und erkenne es aus den guten Werken und mehr noch (!) aus den guten Worten seines Herrn,

„daß Ihr mit dem Gedanken umgeht, mir eine Gnade zu erweisen."

Wenn er vielleicht zu hartnäckig auf Barlohn bestanden habe, so sei nicht er selbst verantwortlich, sondern seine Frau Teresa, die immer nur davon spreche, daß der Sohn Sanchico ein Schulgeld und die Tochter Mari-Sancha eine Aussteuer brauche. Teresa Panza, diese bisher von der Cervantes-Forschung sträflich vernachlässigte Romangestalt, die eigentliche Gegenspielerin des Don Quijote, weil herzhaft realistisch veranlagt, hatte ihren Sancho dazu bewegen wollen, mit seinem Herrn einen klaren Vertrag auszuhandeln und gar noch einen schriftlichen,[5] weil

‚Schwarz auf Weiß der beste Zeuge ist."[6]

Teresa hatte es erleben müssen, wie Sancho von der ersten gemeinsamen Fahrt heimgekehrt oder besser zurückgebracht worden war: abgerissen, grün und blau geschlagen,

---

[3] Die „causa" ist heute nach Art. 1261, 1275 CC unentbehrliches Vertragselement, bei Fehlen einer gültigen Vereinbarung ist der Vertrag nichtig, verfällt der „nulidad radical".

[4] In den Art. 1583 ff. CC (von 1888) geht es um die „Dienstmiete" von „criados y trabajadores asalariados", von Dienern und Lohnarbeitern. Heute: Art. 1 des „Estatuto de los trabajadores" von 1980.

[5] Das Formprinzip ist bis heute im spanischen Zivilrecht wenig ausgeprägt, man kann ein Hausgrundstück mündlich wirksam verkaufen und durch Aushändigung der Schlüssel („acuerdo con llave en mano") den Käufer zum Eigentümer machen. Vgl. Art. 1278 ff. CC.

[6] Hier findet sich eine eher volkstümliche Vermengung von Urkunden- und Zeugenbeweis. Vgl. den beweisrechtlichen Abschnitt Art. 578 ff. in „Ley de Enjuiciamiento Civil" von 1881.

Don Quijote und Sancho Panza – ein Arbeitsverhältnis? 161

hungrig, in den Taschen „ni un real", und die Rehabilitation des durch eine Serie von Berufsunfällen geschädigten Arbeitnehmers war in Ermangelung eines funktionierenden Sozialsystems ihre (Teresas) Aufgabe gewesen. Das konnte nicht so weitergehen!

Sancho, der bald wieder von seinem Herrn des „Du" gewürdigt wird – des einseitigen, wie sich versteht – hatte die leidige Lohnfrage schon beim letzten Ausritt angesprochen: nach dem nächtlichen Abenteuer mit schrecklichen und gewaltiges Getöse verursachenden Feinden, die sich nach der strategisch ausgeklügelten Annäherung als schlagende Stempel einer Walkmühle herausstellten, worauf Sancho in Lachen ausbrach und von seinem Herrn zur Strafe zwei Lanzenschläge auf die Schulter einsteckte (Bd. I Kap. 20).

Hier wäre arbeitsrechtlich dringend die Grenze der Disziplinargewalt des Dienstherrn zu erörtern (vermutlich stehen wir rechtshistorisch vor einer Frühform der Betriebsbuße), aber der gutmütige Sancho suchte schon damals eine Verhandlungslösung:

„*... ich hab's mein Lebtag gehört, wen der Herr lieb hat, den züchtigt er. Überdies, großmütige Herren schenken immer ihrem Diener ein Paar Strümpfe, wenn sie ihn ausgescholten haben. Was werden sie ihm erst geben, wenn er Prügel bezogen hat!"*

Der so angesprochene und bei seiner Großmut gepackte Held versuchte sich aber schmählich herauszureden mit zu erhoffenden späteren Geschenken und Belohnungen und schließlich damit, daß in seinem Testamente, versiegelt im Ritterhause zurückgelassen, mit Einsetzung der Dame Dulcinea von Toboso als Alleinerbin, auch für Sancho „ein bestimmter Lohn" ausgesetzt sei. Also sei ihm eine Lohnzahlung „post mortem" gewiß, sogar eher früher als später, in Anbetracht des höchstgefährdeten Daseins und der entsprechend geringen Lebenserwartung eines jeden umherziehenden Ritters.

Wohl die Erinnerung an dieses zurückliegende Gespräch bringt Sancho dazu, thematisch vom Arbeitsrecht zum Erbrecht überzuwechseln, und die Forderung zu erheben, daß der Ritter noch vor der gemeinsamen dritten Fahrt sein Testament unter Beibehaltung des Vermächtnisses so ändere,

„*daß es für Euer Gnaden nicht möglich ist, es wieder zu rufen.*"

Sancho erhält die Rüge, er hätte korrekterweise sagen müssen, „es zu widerrufen".[7] Außerdem hat er verkannt, daß das Prinzip der Widerruflichkeit („revocabilidad") aller Verfügungen von Todes wegen vom spanischen Recht hochgehalten wird, so Art. 737 des heutigen Código Civil:

„auch wenn der Testator im Testament seinen Willen oder Entschluß zum Ausdruck bringt, es nicht zu widerrufen." (aunque el testador exprese en el testamento su voluntad o resolución de no revocar ...).

Konsequenterweise gibt es im Código Civil nicht den Erbvertrag des deutschen Rechts.[8]

Der freundlich geneigte Leser gestattet hier eine Abschweifung: Letzten Endes geht die Widerruflichkeit auf die römisch-rechtliche Wertung zurück, wonach eine Verfügung von Todes wegen auch eine letztwillige Verfügung sein muß, daß der Testator seinen Willen „usque ad supremum vitae exitum" ändern darf, wie *Ulpian*[9] in Dig. 34, 4, 4 sagt und woraus man entnehmen darf, daß bei den Alten „Tod" soviel wie „Ausgang" bedeutete. Von dort gelangte der Grundsatz in die mittelalterlichen „Siete Partidas" (6.ª I–XXI), blieb aber immer angefochten, so von dem großen *García Goyena*, der hierin „keinen einzigen vernünftigen Grund" sah, so daß Sanchos Wunsch so töricht nicht war, trotzdem aber nicht oder – wie wir sehen werden! – erst ganz zuletzt erfüllt wurde.

Denn gerade diese dritte Abenteuerfahrt nahm immer sich steigernde dramatische Ausmaße an – zuletzt Steinhagel durch eine aufgebrachte Dorfbevölkerung, tödliche Bedrohung durch Mengen gespannter Armbrüste, ein den armen Sancho zu Boden

---

[7] Wortspiele sind bekanntlich unübersetzbar. Hier geht es um „revolcar" = umwerfen und „revocar" = widerrufen.

[8] Dies in Fortführung des Römischen Rechts: *Max Kaser*, Das römische Privatrecht I, 1955 S. 567. Dort auch S. 579 über „Das Kodizill", wovon im Original bei *Cervantes* die Rede ist, statt vom Legat.

[9] „Ambulatoria est enim voluntas defuncti usque ad vitae supremum exitum".

streckender Rückenknüppelschlag (Teil II Kapitel 27 a. E.) – so daß Sancho davonhumpelnd wieder sehr grundsätzlich werden muß:

„*Wahrhaft, gnädiger Herr, man sieht wohl, daß fremdes Leid Euch nicht zu Herzen geht, und mit jedem Tage sehe ich mehr ein, wie wenig ich mir von Eurer Gnaden Gesellschaft zu versprechen habe.*"

Dies ist ein früher, unüberhörbarer Ruf nach einer Pflicht zur echten Fürsorge durch alle Arbeitgeber! Wer denkt hier nicht an den notwendigen Schutz am Arbeitsplatz und der Arbeitsumgebung! Sancho:

„*Diesmal habt Ihr mich prügeln lassen, ein andermal werde ich geprellt oder muß andere Späße erleiden, die heute nur meinem Rücken galten, aber doch leicht mich zum Krüppel machen können.*"

Eine so eklatante Verletzung von Nebenpflichten kann nicht sanktionslos bleiben! Sancho tastet sich an seine arbeitsrechtlichen Möglichkeiten heran:

„*Weit besser täte ich daran, wenn ich nach Haus zu meiner Frau und meinen Kindern zurückkehrte ...*"

Diese juristisch auslegungsbedürftige Erklärung kann – das Bestehen eines Arbeitsverhältnisses unterstellt! – eine Kündigung von Seiten des Arbeitnehmers, sogar schon aus wichtigem Grunde, sein, wie auch der Antrag auf Abschluß eines Aufhebungsvertrages.

Speziell das spanische Arbeitsrecht steht hier allerdings vor der Schwierigkeit, daß nur die Kündigung von Seiten des Arbeitgebers ein gesetzlich anerkanntes Rechtsinstitut ist („despido", vgl. Art. 50 ff. des „Estatuto de los Tabajadores"), bei der von Seiten des Arbeitnehmers spricht man umständlich von einer „resolución del contrato de trabajo por voluntad unilateral del trabajador".[10]

Diese eher scholastische Zweifelsfrage braucht hier nicht entschieden zu werden, weil Don Quijote eine korrespondierende Willenserklärung zum Aufhebungsantrag abgibt, kürzer gesagt *annimmt:*

„*... wenn es dich so sehr nach Haus zu Weib und Kindern begehrt, so verhüte Gott!, daß ich dich davon abhalte.*"

Zugleich wird jetzt endlich, jedenfalls „im Prinzip", der Lohnanspruch anerkannt, bloß die Methode der Lohnfindung läßt an Exaktheit viel vermissen, ist ausgeprägt vormodern.

„*Du hast mein Geld in Händen (der treuherzige Sancho führte auch die Geldkatze auf seinem Grauen mit), rechne nach, wie lange es her ist, daß wir jetzt ausgezogen sind (und was ist mit der ersten Reise??), und überlege, was du monatlich als Lohn verdient haben magst, dann mach' dich selbst bezahlt.*"

Als Sancho vorträgt, sozusagen laut vor sich hinrechnend, daß er als Diener des Dorfhonoratioren und Großbauern Tomé Carrasco zwei Dukaten monatlich verdient habe, Kost extra, daß aber der Schildknappe eines fahrenden Ritters ganz andere Plackereien erdulde, kein warmes Essen, selten Wein, wann schon ein richtiges Bett, sondern Schlafen meist auf der harten Erde unter freiem Himmel, Wind und Wetter ausgesetzt, als Essen Käserinde und Brotkrumen, zum Trinken Flußwasser usf. usf. muß Don Quijote schon wieder einmal förmlich werden, auch schon deshalb, weil die Gleichstellung vom feudalen Treudienstverhältnis[11] und bürgerlichen Arbeitsverhältnis völlig quer zu seinem Denken steht:

„*Was scheint Euch denn angemessen, daß ich Euch schulde mehr als Tomé Carrasco gezahlt hatte?*"

Die Einigung ist insofern schnell erzielt: zwei Realen monatlich mehr. Aber jetzt sieht Sancho, ganz im Geiste seiner klugen Teresa, einen Zusatzanspruch:

---

[10] Vgl. dazu Art. 49 ET zu „Extinción del contrato" und Art. 50 „Extinción por voluntad del trabajador".
[11] Vgl. Otto v. Gierke, Die Wurzeln des Dienstvertrages, Festschr. H. Brunner 1914 S. 37 ff.; span. von *Germán Barreiro,* 1980; Manuel *Alonso Olea,* De la servidumbre al contrato de trabajo, dt. Von der Hörigkeit zum Arbeitsvertrag, übers. von *Fuente Rojo,* Vorwort von *Gamillscheg,* Heidelberg 1981.

"Nun gut, das wäre also der Lohn für meine Arbeit. Was hingegen das Versprechen von Euer Gnaden betrifft, mir die Statthalterschaft für eine Insel zu verleihen, so wäre es billig, wenn Ihr noch sechs Realen zufügtet..."

Dem Ritter von der traurigen Gestalt beginnt die Rechnung teuer zu werden, er fühlt sich nicht zu schade, im eigenen Kopf nachzurechnen, wie viele Tage seit der Ausfahrt verstrichen waren, um eine korrekte Multiplikation zu ermöglichen. Sein Ergebnis: 25 Tage. Aber Sancho:

"Wie irrt Ihr doch in Eurer Rechnung, gnädiger Herr! Denn was das Versprechen der Insel betrifft, da muß von dem Tag an gerechnet werden, wo Ihr mir sie verspracht ..."

Endlich! Hier wie sonst einmal darf der Arbeitsrechtler einer Arbeitnehmerforderung so vollen Herzens zustimmen!

Das folgende Hin und Her über die Kapitalisierung oder Verrentung der versprochenen „res sperata" ergibt beträchtliche Differenzen: 20 Jahre ist das Versprechen alt laut Sancho, kaum zwei Monate nach seinem Herrn. Don Quijote hebt zu einer langen Tadelrede an, wo er Ausdrücke wie „Pflichtvergessener", „Meineidiger", „Schurke" und sogar – in dialektischer Verdrehung des Tatbestandes – „Blutsauger" benutzt, was dem Charakter des guten Sancho empörend unangemessen ist. Auch ein Satz nach Gutsherrenart wie

"Der Honig ist nicht für den Esel bestimmt!"

zeigt soziale Kälte, und nur widerwillig zitiert man die allerschlimmste Entgleisung des unwürdigen Señors:

"O Geschöpf, das mehr vom Tier als von einem Menschen hat!"

Auf den armen Sancho macht diese typische Arbeitgeberstrategie unverständlicherweise Eindruck. Er verliert seine letzte Würde, indem er eingesteht, daß ihm „zum vollkommenen Esel nur der Schwanz fehle", erfleht die „Verzeihung" seines Herrn, und wird, wenn er sie erhält, hinter ihm hertrotten, zunächst „nach den Ufern des gepriesenen Ebro", dann weiter, immer weiter.

Hat unsere Geschichte doch einen glücklichen Ausgang? Aber ja! Dem großen Dichter Cervantes schlug sein Gewissen! Ein Abschluß des Romans ohne Auflösung der fundamentalen arbeitsrechtlichen Problematik wäre undenkbar gewesen, hätte keinen Leser von Herz und Sinnen zufriedengestellt. Im letzten, dem 74. Kapitel des II. Bandes wird Don Quijote krank, ist am Ende seiner Fahrten, gewinnt jedoch seine Verstandeskraft zurück, so daß er niemand mehr braucht, „procurar la cura de su locura". Er erkennt seine Missetaten an und verspricht, Barmherzigkeit zu üben. Dazu hat er bei dem nunmehr ernsthaft zu verfassenden notariellen Testament[12] gute Gelegenheit. Und wem gilt das erste Vermächtnis? Man rate oder höre und staune:

"Item, es ist mein Wille, daß eine gewisse Summe Geldes, welche Sancho Panza, den ich in den Tagen meiner Torheit zu meinem Schildknappen machte, noch von mir in den Händen hat, ihm vollständig gelassen und keinerlei Rechenschaft von ihm darüber gefordert wird. Bleibt noch etwas übrig, nachdem er das, was ich ihm schulde (endlich! ein Anerkenntnis!) bezahlt gemacht hat, so soll der Rest ihm zum Nutz und Frommen gereichen (arbeitsrechtlich wäre hier der Übergang von der feudalen „Gnade" zur bürgerlichen „Gratifikation" zu erörtern!). Früher hatte ich ihm eine Insel versprochen, jetzt würde ich ihm ein Königreich schenken, weil die Gradheit seines Charakters und die Treue seines Wesens die höchste Belohnung verdienen."

Der am Sterbebette im echten Schmerz schluchzende Sancho erfährt, daß sein Herr im Zustande der Verrücktheit ein rücksichtsloser und enghizeriger Arbeitgeber gewesen war, dagegen, bei klaren Sinnen, verständnisvoll und großzügig. Wenn das keine Moral einer Geschicht' ist!

---

[12] Nach heutigem spanischen Recht handelte es sich hier um ein „testamento abierto", Art. 694ff. CC, zu dessen Abschluß man des Notars bedarf.

Anhang

Constitución Española*

De 27 de diciembre de 1978
(BOE de 29 de diciembre de 1978)

DON JUAN CARLOS I, REY DE ESPAÑA, A TODOS LOS QUE LA PRESENTE VIEREN Y ENTENDIEREN,
SABED: QUE LAS CORTES HAN APROBADO Y EL PUEBLO ESPAÑOL RATIFICADO LA SIGUIENTE CONSTITUCION:

Preámbulo

La Nación española, deseando establecer la justicia, la libertad y la seguridad y promover el bien de cuantos la integran, en uso de su soberanía, proclama su voluntad de:

Garantizar la convivencia democrática dentro de la Constitución y de las leyes conforme a un orden económico y social justo.

Consolidar un Estado de Derecho que asegure el imperio de la ley como expresión de la voluntad popular.

Proteger a todos los españoles y pueblos de España en el ejercicio de los derechos humanos, sus culturas y tradiciones, lenguas e instituciones.

Promover el progreso de la cultura y de la economía para asegurar a todos una digna calidad de vida.

Establecer una sociedad democrática avanzada, y

Colaborar en el fortalecimiento de unas relaciones pacíficas y de eficaz cooperación entre todos los pueblos de la Tierra.

En consecuencia, las Cortes aprueban y el pueblo español ratifica la siguiente

Constitución

Título Preliminar

Artículo 1 [Rechtsstaat; Staatsform]

1. España se constituye en un Estado social y democrático de Derecho, que propugna como valores superiores de su ordenamiento jurídico la libertad, la justicia, la igualdad y el pluralismo político.

2. La soberanía nacional reside en el pueblo español, del que emanan los poderes del Estado.

3. La forma política del Estado español es la Monarquía parlamentaria.

Artículo 2 [Nation]

La Constitución se fundamenta en la indisoluble unidad de la Nación española, patria común e indivisible de todos los españoles, y reconoce y garantiza el derecho a la autonomía de las nacionalidades y regiones que la integran y la solidaridad entre todas ellas.

---

* Eine makellose dt. Übersetzung in *A. López Pina*, Spanisches Verfassungsrecht, Heidelberg 1993, S. 555 ff. Dort wird als Entstehungsdatum der 31. 10. 1978, der Tag der Verabschiedung im Parlament, angegeben. Fassungen in katalanisch, galizisch, valenzianisch und baskisch bei *Luis Martín Rebollo*, Textausgabe 2000.

Artículo 3 [Sprachen]

1. El castellano es la lengua española oficial del Estado. Todos los españoles tienen el deber de conocerla y el derecho a usarla.

2. Las demás lenguas españolas serán también oficiales en las respectivas Comunidades Autónomas de acuerdo con sus Estatutos.

3. La riqueza de las distintas modalidades lingüísticas de España es un patrimonio cultural que será objeto de especial respeto y protección.

Artículo 4 [Fahne]

1. La bandera de España está formada por tres franjas horizontales, roja, amarilla y roja, siendo la amarilla de doble anchura que cada una de las rojas.

2. Los Estatutos podrán reconocer banderas y enseñas propias de las Comunidades Autónomas. Estas se utilizarán junto a la bandera de España en sus edificios públicos y en sus actos oficiales.

Artículo 5 [Hauptstadt]

La capital del Estado es la villa de Madrid.

Artículo 6 [polit. Parteien]

Los partidos políticos expresan el pluralismo político, concurren a la formación y manifestación de la voluntad popular y son instrumento fundamental para la participación política. Su creación y el ejercicio de su actividad son libres dentro del respeto a la Constitución y a la ley. Su estructura interna y funcionamiento deberán ser democráticos.

Artículo 7 [Gewerkschaften]

Los sindicatos de trabajadores y las asociaciones empresariales contribuyen a la defensa y promoción de los intereses económicos y sociales que les son propios. Su creación y el ejercicio de su actividad son libres dentro del respeto a la Constitución y a la ley. Su estructura interna y funcionamiento deberán ser democráticos.

Artículo 8 [Streitkräfte]

1. Las Fuerzas Armadas, constituidas por el Ejército de Tierra, la Armada y el Ejército del Aire, tienen como misión garantizar la soberanía e independencia de España, defender su integridad territorial y el ordenamiento constitucional.

2. Una ley orgánica regulará las bases de la organización militar conforme a los principios de la presente Constitución.

Artículo 9 [Wirkung der Verfassung]

1. Los ciudadanos y los poderes públicos están sujetos a la Constitución y al resto del ordenamiento jurídico.

2. Corresponde a los poderes públicos promover las condiciones para que la libertad y la igualdad del individuo y de los grupos en que se integra sean reales y efectivas; remover los obstáculos que impidan o dificulten su plenitud y facilitar la participación de todos los ciudadanos en la vida política, económica, cultural y social.

3. La Constitución garantiza el principio de legalidad, la jerarquía normativa, la publicidad de las normas, la irretroactividad de las disposiciones sancionadoras no favorables o restrictivas de derechos individuales, la seguridad jurídica, la responsabilidad y la interdicción de la arbitrariedad de los poderes públicos.

Título I
De los derechos y deberes fundamentales

Artículo 10 [Grundrechte]

1. La dignidad de la persona, los derechos inviolables que le son inherentes, el libre desarrollo de la personalidad, el respeto a la ley y a los derechos de los demás son fundamento del orden político y de la paz social.

2. Las normas relativas a los derechos fundamentales y a las libertades

que la Constitución reconoce, se interpretarán de conformidad con la Declaración Universal de Derechos Humanos y los tratados y acuerdos internacionales sobre las mismas materias ratificados por España.

Capítulo Primero
De los españoles y los extranjeros

Artículo 11 [Staatsbürgerschaft]

1. La nacionalidad española se adquiere, se conserva y se pierde de acuerdo con lo establecido por la ley.
2. Ningún español de origen podrá ser privado de su nacionalidad.
3. El Estado podrá concertar tratados de doble nacionalidad con los países iberoamericanos o con aquellos que hayan tenido o tengan una particular vinculación con España. En estos mismos países, aun cuando no reconozcan a sus ciudadanos un derecho recíproco, podrán naturalizarse los españoles sin perder su nacionalidad de origen.

Artículo 12 [Volljährigkeit]

Los españoles son mayores de edad a los dieciocho años.

Artículo 13 [Ausländer]

1. Los extranjeros gozarán en España de las libertades públicas que garantiza el presente Título en los términos que establezcan los tratados y la ley.
2. Solamente los españoles serán titulares de los derechos reconocidos en el artículo 23, salvo lo que, atendiendo a criterios de reciprocidad, pueda establecerse por tratado o ley para el derecho de sufragio activo y pasivo en las elecciones municipales.
3. La extradición sólo se concederá en cumplimiento de un tratado o de la ley, atendiendo al principio de reciprocidad. Quedan excluidos de la extradición los delitos políticos, no considerándose como tales los actos de terrorismo.
4. La ley establecerá los términos en que los ciudadanos de otros países y los apátridas podrán gozar del derecho de asilo en España.

Capítulo Segundo
Derechos y libertades

Artículo 14 [Gleichheit]

Los españoles son iguales ante la ley, sin que pueda prevalecer discriminación alguna por razón de nacimiento, raza, sexo, religión, opinión o cualquier otra condición o circunstancia personal o social.

Sección 1.ª
De los derechos fundamentales y de las libertades públicas

Artículo 15 [Recht auf Leben]

Todos tienen derecho a la vida y a la integridad física y moral, sin que, en ningún caso, puedan ser sometidos a tortura ni a penas o tratos inhumanos o degradantes. Queda abolida la pena de muerte, salvo lo que puedan disponer las leyes penales militares para tiempos de guerra.

Artículo 16 [Glaubensfreiheit]

1. Se garantiza la libertad ideológica, religiosa y de culto de los individuos y las comunidades sin más limitación, en sus manifestaciones, que la necesaria para el mantenimiento del orden público protegido por la ley.
2. Nadie podrá ser obligado a declarar sobre su ideología, religión o creencias.
3. Ninguna confesión tendrá carácter estatal. Los poderes públicos tendrán en cuenta las creencias religiosas de la sociedad española y mantendrán las consiguientes relaciones de cooperación con la Iglesia Católica y las demás confesiones.

Artículo 17 [Freiheit und Sicherheit]

1. Toda persona tiene derecho a la libertad y a la seguridad. Nadie puede ser privado de su libertad, sino con la

observancia de lo establecido en este artículo y en los casos y en la forma previstos en la ley.

2. La detención preventiva no podrá durar más del tiempo estrictamente necesario para la realización de las averiguaciones tendentes al esclarecimiento de los hechos, y, en todo caso, en el plazo máximo de setenta y dos horas, el detenido deberá ser puesto en libertad o a disposición de la autoridad judicial.

3. Toda persona detenida debe ser informada de forma inmediata, y de modo que le sea comprensible, de sus derechos y de las razones de su detención, no pudiendo ser obligada a declarar. Se garantiza la asistencia de abogado al detenido en las diligencias policiales y judiciales, en los términos que la ley establezca.

4. La ley regulará un procedimiento de „habeas corpus" para producir la inmediata puesta a disposición judicial de toda persona detenida ilegalmente. Asimismo, por ley se determinará el plazo máximo de duración de la prisión provisional.

Artículo 18 [Ehre, Intimsphäre]

1. Se garantiza el derecho al honor, a la intimidad personal y familiar y a la propia imagen.

2. El domicilio es inviolable. Ninguna entrada o registro podrá hacerse en él sin consentimiento del titular o resolución judicial, salvo en caso de flagrante delito.

3. Se garantiza el secreto de las comunicaciones y, en especial, de las postales, telegráficas y telefónicas, salvo resolución judicial.

4. La ley limitará el uso de la informática para garantizar el honor y la intimidad personal y familiar de los ciudadanos y el pleno ejercicio de sus derechos.

Artículo 19 [Wohnort]

Los españoles tienen derecho a elegir libremente su residencia y a circular por el territorio nacional.

Asimismo, tienen derecho a entrar y salir libremente de España en los términos que la ley establezca. Este derecho no podrá ser limitado por motivos políticos o ideológicos.

Artículo 20 [Meinungsfreiheit]

1. Se reconocen y protegen los derechos:
a) A expresar y difundir libremente los pensamientos, ideas y opiniones mediante la palabra, el escrito o cualquier otro medio de reproducción.
b) A la producción y creación literaria, artística, científica y técnica.
c) A la libertad de cátedra.
d) A comunicar o recibir libremente información veraz por cualquier medio de difusión. La ley regulará el derecho a la cláusula de conciencia y al secreto profesional en el ejercicio de estas libertades.

2. El ejercicio de estos derechos no puede restringirse mediante ningún tipo de censura previa.

3. La ley regulará la organización y el control parlamentario de los medios de comunicación social dependientes del Estado o de cualquier ente público y garantizará el acceso a dichos medios de los grupos sociales y políticos significativos, respetando el pluralismo de la sociedad y de las diversas lenguas de España.

4. Estas libertades tienen su límite en el respeto a los derechos reconocidos en este Título, en los preceptos de las leyes que lo desarrollen y, especialmente, en el derecho al honor, a la intimidad, a la propia imagen y a la protección de la juventud y de la infancia.

5. Sólo podrá acordarse el secuestro de publicaciones, grabaciones y otros medios de información en virtud de resolución judicial.

Artículo 21 [Versammlungsfreiheit]

1. Se reconoce el derecho de reunión pacífica y sin armas. El ejercicio de este derecho no necesitará autorización previa.

2. En los casos de reuniones en lugares de tránsito público y manifestaciones se dará comunicación previa a la autoridad, que sólo podrá prohibirlas cuando existan razones fundadas de alteración del orden público, con peligro para personas o bienes.

Artículo 22 [Vereinigungsfreiheit]
1. Se reconoce el derecho de asociación.
2. Las asociaciones que persigan fines o utilicen medios tipificados como delito son ilegales.
3. Las asociaciones constituidas al amparo de este artículo deberán inscribirse en un registro a los solos efectos de publicidad.
4. Las asociaciones sólo podrán ser disueltas o suspendidas en sus actividades en virtud de resolución judicial motivada.
5. Se prohíben las asociaciones secretas y las de carácter paramilitar.

Artículo 23 [Bürgerrechte]
1. Los ciudadanos tienen el derecho a participar en los asuntos públicos, directamente o por medio de representantes, libremente elegidos en elecciones periódicas por sufragio universal.
2. Asimismo, tienen derecho a acceder en condiciones de igualdad a las funciones y cargos, públicos, con los requisitos que señalen las leyes.

Artículo 24 [Gerichte]
1. Todas las personas tienen derecho a obtener la tutela efectiva de los jueces y tribunales en el ejercicio de sus derechos e intereses legítimos, sin que, en ningún caso, pueda producirse indefensión.
2. Asimismo, todos tienen derecho al Juez ordinario predeterminado por la ley, a la defensa y a la asistencia de letrado, a ser informados de la acusación formulada contra ellos, a un proceso público sin dilaciones indebidas y con todas las garantías, a utilizar los medios de prueba pertinentes para su defensa, a no declarar contra sí mismos, a no confesarse culpables y a la presunción de inocencia.

La ley regulará los casos en que, por razón de parentesco o de secreto profesional, no se estará obligado a declarar sobre hechos presuntamente delictivos.

Artículo 25 [Strafrecht]
1. Nadie puede ser condenado o sancionado por acciones u omisiones que en el momento de producirse no constituyan delito, falta o infracción administrativa, según la legislación vigente en aquel momento.
2. Las penas privativas de libertad y las medidas de seguridad estarán orientadas hacia la reeducación y reinserción social y no podrán consistir en trabajos forzados. El condenado a pena de prisión que estuviere cumpliendo la misma gozará de los derechos fundamentales de este Capítulo, a excepción de los que se vean expresamente limitados por el contenido del fallo condenatorio, el sentido de la pena y la ley penitenciaria. En todo caso, tendrá derecho a un trabajo remunerado y a los beneficios correspondientes de la Seguridad Social, así como al acceso a la cultura y al desarrollo integral de su personalidad.
3. La Administración civil no podrá imponer sanciones que, directa o subsidiariamente, impliquen privación de libertad.

Artículo 26 [keine Ehrengerichte]
Se prohíben los Tribunales de Honor en el ámbito de la Administración civil y de las organizaciones profesionales.

Artículo 27 [Erziehung]
1. Todos tienen el derecho a la educación. Se reconoce la libertad de enseñanza.
2. La educación tendrá por objeto el pleno desarrollo de la personalidad humana en el respeto a los principios

democráticos de convivencia y a los derechos y libertades fundamentales.

3. Los poderes públicos garantizan el derecho que asiste a los padres para que sus hijos reciban la formación religiosa y moral que esté de acuerdo con sus propias convicciones.

4. La enseñanza básica es obligatoria y gratuita.

5. Los poderes públicos garantizan el derecho de todos a la educación, mediante una programación general de la enseñanza, con participación efectiva de todos los sectores afectados y la creación de centros docentes.

6. Se reconoce a las personas físicas y jurídicas la libertad de creación de centros docentes, dentro del respeto a los principios constitucionales.

7. Los profesores, los padres y, en su caso, los alumnos interventrán en el control y gestión de todos los centros sostenidos por la Administración con fondos públicos, en los términos que la ley establezca.

8. Los poderes públicos inspeccionarán y homologarán el sistema educativo para garantizar el cumplimiento de las leyes.

9. Los poderes públicos ayudarán a los centros docentes que reúnan los requisitos que la ley establezca.

10. Se reconoce la autonomía de las Universidades, en los términos que la ley establezca.

Artículo 28 [Koalitionsfreiheit]

1. Todos tienen derecho a sindicarse libremente. La ley podrá limitar o exceptuar el ejercicio de este derecho a las Fuerzas o Institutos armados o a los demás Cuerpos sometidos a disciplina militar y regulará las peculiaridades de su ejercicio para los funcionarios públicos. La libertad sindical comprende el derecho a fundar sindicatos y a afiliarse al de su elección, así como el derecho de los sindicatos a formar confederaciones y a fundar organizaciones sindicales internacionales o afiliarse a las mismas. Nadie podrá ser obligado a afiliarse a un sindicato.

2. Se reconoce el derecho a la huelga de los trabajadores para la defensa de sus intereses. La ley que regule el ejercicio de este derecho establecerá las garantías precisas para asegurar el mantenimiento de los servicios esenciales de la comunidad.

Artículo 29 [Petition]

1. Todos los españoles tendrán el derecho de petición individual y colectiva, por escrito, en la forma y con los efectos que determine la ley.

2. Los miembros de las Fuerzas o Institutos armados o de los Cuerpos sometidos a disciplina militar podrán ejercer este derecho sólo individualmente y con arreglo a lo dispuesto en su legislación específica.

Sección 2.ª
De los derechos y deberes de los ciudadanos

Artículo 30 [Militärdienst]

1. Los españoles tienen el derecho y el deber de defender a España.

2. La ley fijará las obligaciones militares de los españoles y regulará, con las debidas garantías, la objeción de conciencia, así como las demás causas de exención del servicio militar obligatorio, pudiendo imponer, en su caso, una prestación social sustitutoria.

3. Podrá establecerse un servicio civil para el cumplimiento de fines de interés general.

4. Mediante ley podrán regularse los deberes de los ciudadanos en los casos de grave riesgo, catástrofe o calamidad pública.

Artículo 31 [Steuerpflicht]

1. Todos contribuirán al sostenimiento de los gastos públicos de acuerdo con su capacidad económica mediante un sistema tributario justo inspirado en los principios de igualdad y progresividad que, en ningún caso, tendrá alcance confiscatorio.

2. El gasto público realizará una asignación equitativa de los recursos públicos, y su programación y ejecución responderán a los criterios de eficiencia y economía.

3. Sólo podrán establecerse prestaciones personales o patrimoniales de carácter público con arreglo a la ley.

Artículo 32 [Ehe]

1. El hombre y la mujer tienen derecho a contraer matrimonio con plena igualdad jurídica.

2. La ley regulará las formas de matrimonio, la edad y capacidad para contraerlo, los derechos y deberes de los cónyuges, las causas de separación y disolución y sus efectos.

Artículo 33 [Eigentum]

1. Se reconoce el derecho a la propiedad privada y a la herencia.

2. La función social de estos derechos delimitará su contenido, de acuerdo con las leyes.

3. Nadie podrá ser privado de sus bienes y derechos sino por causa justificada de utilidad pública o interés social, mediante la correspondiente indemnización y de conformidad con lo dispuesto por las leyes.

Artículo 34 [Stiftungen]

1. Se reconoce el derecho de fundación para fines de interés general, con arreglo a la ley.

2. Regirá también para las fundaciones lo dispuesto en los apartados 2 y 4 del artículo 22.

Artículo 35 [Recht auf Arbeit]

1. Todos los españoles tienen el deber de trabajar y el derecho al trabajo, a la libre elección de profesión u oficio, a la promoción a través del trabajo y a una remuneración suficiente para satisfacer sus necesidades y las de su familia, sin que en ningún caso pueda hacerse discriminación por razón de sexo.

2. La ley regulará un estatuto de los trabajadores.

Artículo 36 [Berufsvereinigungen]

La ley regulará las peculiaridades propias del régimen jurídico de los Colegios Profesionales y el ejercicio de las profesiones tituladas. La estructura interna y el funcionamiento de los Colegios deberán ser democráticos.

Artículo 37 [Tarifrecht]

1. La ley garantizará el derecho a la negociación colectiva laboral entre los representantes de los trabajadores y empresarios, así como la fuerza vinculante de los convenios.

2. Se reconoce el derecho de los trabajadores y empresarios a adoptar medidas de conflicto colectivo. La ley que regule el ejercicio de este derecho, sin perjuicio de las limitaciones que pueda establecer, incluirá las garantías precisas para asegurar el funcionamiento de los servicios esenciales de la comunidad.

Artículo 38 [Marktwirtschaft]

Se reconoce la libertad de empresa en el marco de la economía de mercado. Los poderes públicos garantizan y protegen su ejercicio y la defensa de la productividad, de acuerdo con las exigencias de la economía general y, en su caso, de la planificación.

Capítulo Tercero
De los principios rectores de la política social y económica

Artículo 39 [Familie]

1. Los poderes públicos aseguran la protección social, económica y jurídica de la familia.

2. Los poderes públicos aseguran, asimismo, la protección integral de los hijos, iguales éstos ante la ley con independencia de su filiación, y de las madres, cualquiera que sea su estado civil. La ley posibilitará la investigación de la paternidad.

3. Los padres deben prestar asistencia de todo orden a los hijos habidos

dentro o fuera del matrimonio, durante su minoría de edad y en los demás casos en que legalmente proceda.

4. Los niños gozarán de la protección prevista en los acuerdos internacionales que velan por sus derechos.

Artículo 40 [Sozialstaat]

1. Los poderes públicos promoverán las condiciones favorables para el progreso social y económico y para una distribución de la renta regional y personal más equitativa, en el marco de una política de estabilidad económica. De manera especial realizarán una política orientada al pleno empleo.

2. Asimismo, los poderes públicos fomentarán una política que garantice la formación y readaptación profesionales; velarán por la seguridad e higiene en el trabajo y garantizarán el descanso necesario, mediante la limitación de la jornada laboral, las vacaciones periódicas retribuidas y la promoción de centros adecuados.

Artículo 41 [Sozialversicherung]

Los poderes públicos mantendrán un régimen público de Seguridad Social para todos los ciudadanos, que garantice la asistencia y prestaciones sociales suficientes ante situaciones de necesidad, especialmente en caso de desempleo. La asistencia y prestaciones complementarias serán libres.

Artículo 42 [Spanier im Ausland]

El Estado velará especialmente por la salvaguardia de los derechos económicos y sociales de los trabajadores españoles en el extranjero y orientará su política hacia su retorno.

Artículo 43 [Gesundheit]

1. Se reconoce el derecho a la protección de la salud.

2. Compete a los poderes públicos organizar y tutelar la salud pública a través de medidas preventivas y de las prestaciones y servicios necesarios. La ley establecerá los derechos y deberes de todos al respecto.

3. Los poderes públicos fomentarán la educación sanitaria, la educación física y el deporte. Asimismo facilitarán la adecuada utilización del ocio.

Artículo 44 [Kultur]

1. Los poderes públicos promoverán y tutelarán el acceso a la cultura, a la que todos tienen derecho.

2. Los poderes públicos promoverán la ciencia y la investigación científica y técnica en beneficio del interés general.

Artículo 45 [Umwelt]

1. Todos tienen el derecho a disfrutar de un medio ambiente adecuado para el desarrollo de la persona, así como el deber de conservarlo.

2. Los poderes públicos velarán por la utilización racional de todos los recursos naturales, con el fin de proteger y mejorar la calidad de la vida y defender y restaurar el medio ambiente, apoyándose en la indispensable solidaridad colectiva.

3. Para quienes violen lo dispuesto en el apartado anterior, en los términos que la ley fije se establecerán sanciones penales o, en su caso, administrativas, así como la obligación de reparar el daño causado.

Artículo 46 [Kulturerbe]

Los poderes públicos garantizarán la conservación y promoverán el enriquecimiento del patrimonio histórico, cultural y artístico de los pueblos de España y de los bienes que lo integran, cualquiera que sea su régimen jurídico y su titularidad. La ley penal sancionará los atentados contra este patrimonio.

Artículo 47 [Wohnmöglichkeit]

Todos los españoles tienen derecho a disfrutar de una vivienda digna y adecuada. Los poderes públicos promoverán las condiciones necesarias y establecerán las normas pertinentes para hacer efectivo este derecho, regulando la utilización del suelo de acuerdo con el interés general para impedir la especulación.

La comunidad participará en las plusvalías que genere la acción urbanística de los entes públicos.

Artículo 48 [Jugend]

Los poderes públicos promoverán las condiciones para la participación libre y eficaz de la juventud en el desarrollo político, social, económico y cultural.

Artículo 49 [Behinderte]

Los poderes públicos realizarán una política de previsión, tratamiento, rehabilitación e integración de los disminuidos físicos, sensoriales y psíquicos, a los que prestarán la atención especializada que requieran y los ampararán especialmente para el disfrute de los derechos que este Título otorga a todos los ciudadanos.

Artículo 50 [Altersrente]

Los poderes públicos garantizarán, mediante pensiones adecuadas y periódicamente actualizadas, la suficiencia económica a los ciudadanos durante la tercera edad. Asimismo, y con independencia de las obligaciones familiares, promoverán su bienestar mediante un sistema de servicios sociales que atenderán sus problemas específicos de salud, vivienda, cultura y ocio.

Artículo 51 [Verbraucherschutz]

1. Los poderes públicos garantizarán la defensa de los consumidores y usuarios, protegiendo, mediante procedimientos eficaces, la seguridad, la salud y los legítimos intereses económicos de los mismos.
2. Los poderes públicos promoverán la información y la educación de los consumidores y usuarios, fomentarán sus organizaciones y oirán a éstas en las cuestiones que puedan afectar a aquéllos, en los términos que la ley establezca.
3. En el marco de lo dispuesto por los apartados anteriores, la ley regulará el comercio interior y el régimen de autorización de productos comerciales.

Artículo 52 [Verbände]

La ley regulará las organizaciones profesionales que contribuyan a la defensa de los intereses económicos que les sean propios. Su estructura interna y funcionamiento deberán ser democráticos.

Capítulo Cuarto
De las garantías de las libertades y derechos fundamentales

Artículo 53 [Geltung der Grundrechte]

1. Los derechos y libertades reconocidos en el Capítulo segundo del presente Título vinculan a todos los poderes públicos. Sólo por ley, que en todo caso deberá respetar su contenido esencial, podrá regularse el ejercicio de tales derechos y libertades, que se tutelarán de acuerdo con lo previsto en el artículo 161, 1, a).
2. Cualquier ciudadano podrá recabar la tutela de las libertades y derechos reconocidos en el artículo 14 y la Sección primera del Capítulo segundo ante los Tribunales ordinarios por un procedimiento basado en los principios de preferencia y sumariedad y, en su caso, a través del recurso de amparo ante el Tribunal Constitucional. Este último recurso será aplicable a la objeción de conciencia reconocida en el artículo 30.
3. El reconocimiento, el respeto y la protección de los principios reconocidos en el Capítulo tercero informará la legislación positiva, la práctica judicial y la actuación de los poderes públicos. Sólo podrán ser alegados ante la Jurisdicción ordinaria de acuerdo con lo que dispongan las leyes que los desarrollen.

Artículo 54 [Ombudsmann]

Una ley orgánica regulará la institución del Defensor del Pueblo, como alto comisionado de las Cortes Generales, designado por éstas para la defensa de los derechos comprendidos en este Título, a cuyo efecto podrá supervisar la actividad de la Administración, dando cuenta a las Cortes Generales.

Capítulo Quinto
De la suspensión de los derechos y libertades

Artículo 55 [Notstand]

1. Los derechos reconocidos en los artículos 17, 18, apartados 2 y 3, artículos 19, 20, apartados 1, *a)* y *d)*, y 5, artículos 21, 28, apartado 2, y artículo 37, apartado 2, podrán ser suspendidos cuando se acuerde la declaración del estado de excepción o de sitio en los términos previstos en la Constitución. Se exceptúa de lo establecido anteriormente el apartado 3 del artículo 17 para el supuesto de declaración de estado de excepción.

2. Una ley orgánica podrá determinar la forma y los casos en los que, de forma individual y con la necesaria intervención judicial y el adecuado control parlamentario, los derechos reconocidos en los artículos 17, apartado 2, y 18, apartados 2 y 3, pueden ser suspendidos para personas determinadas, en relación con las investigaciones correspondientes a la actuación de bandas armadas o elementos terroristas.

La utilización injustificada o abusiva de las facultades reconocidas en dicha ley orgánica producirá responsabilidad penal, como violación de los derechos y libertades reconocidos por las leyes.

Título II
De la Corona

Artículo 56 [Der König]

1. El Rey es el Jefe del Estado, símbolo de su unidad y permanencia, arbitra y modera el funcionamiento regular de las instituciones, asume la más alta representación del Estado español en las relaciones internacionales, especialmente con las naciones de su comunidad histórica, y ejerce las funciones que le atribuyen expresamente la Constitución y las leyes.

2. Su título es el de Rey de España y podrá utilizar los demás que correspondan a la Corona.

3. La persona del Rey es inviolable y no está sujeta a responsabilidad. Sus actos estarán siempre refrendados en la forma establecida en el artículo 64, careciendo de validez sin dicho refrendo, salvo lo dispuesto en el artículo 65, 2.

Artículo 57 [Thronfolge]

1. La Corona de España es hereditaria en los sucesores de S. M. Don Juan Carlos I de Borbón, legítimo heredero de la dinastía histórica. La sucesión en el trono seguirá el orden regular de primogenitura y representación, siendo preferida siempre la línea anterior a las posteriores; en la misma línea, el grado más próximo al más remoto; en el mismo grado, el varón a la mujer, y en el mismo sexo, la persona de más edad a la de menos.

2. El Príncipe heredero, desde su nacimiento o desde que se produzca el hecho que origine el llamamiento, tendrá la dignidad de Príncipe de Asturias y los demás títulos vinculados tradicionalmente al sucesor de la Corona de España.

3. Extinguidas todas las líneas llamadas en Derecho, las Cortes Generales proveerán a la sucesión en la Corona en la forma que más convenga a los intereses de España.

4. Aquellas personas que teniendo derecho a la sucesión en el trono contrajeren matrimonio contra la expresa prohibición del Rey y de las Cortes Generales, quedarán excluidas en la sucesión a la Corona por sí y sus descendientes.

5. Las abdicaciones y renuncias y cualquier duda de hecho o de derecho que ocurra en el orden de sucesión a la Corona se resolverán por una ley orgánica.

Artículo 58 [Die Königin]

La Reina consorte o el consorte de la Reina no podrán asumir funciones constitucionales, salvo lo dispuesto para la Regencia.

Artículo 59 [Regentschaft]

1. Cuando el Rey fuere menor de edad, el padre o la madre del Rey y, en su defecto, el pariente mayor de edad más próximo a suceder en la Corona, según el orden establecido en la Constitución, entrará a ejercer inmediatamente la Regencia y la ejercerá durante el tiempo de la minoría de edad del Rey.

2. Si el Rey se inhabilitare para el ejercicio de su autoridad y la imposibilidad fuere reconocida por las Cortes Generales, entrará a ejercer inmediatamente la Regencia el Príncipe heredero de la Corona, si fuere mayor de edad. Si no lo fuere, se procederá de la manera prevista en el apartado anterior, hasta que el Príncipe heredero alcance la mayoría de edad.

3. Si no hubiere ninguna persona a quien corresponda la Regencia, ésta será nombrada por las Cortes Generales, y se compondrá de una, tres o cinco personas.

4. Para ejercer la Regencia es preciso ser español y mayor de edad.

5. La Regencia se ejercerá por mandato constitucional y siempre en nombre del Rey.

Artículo 60 [Vormund]

1. Será tutor del Rey menor la persona que en su testamento hubiese nombrado el Rey difunto, siempre que sea mayor de edad y español de nacimiento; si no lo hubiese nombrado, será tutor el padre o la madre, mientras permanezcan viudos. En su defecto, lo nombrarán las Cortes Generales, pero no podrán acumularse los cargos de Regente y de tutor sino en el padre, madre o ascendientes directos del Rey.

2. El ejercicio de la tutela es también incompatible con el de todo cargo o representación política.

Artículo 61 [Königseid]

1. El Rey, al ser proclamado ante las Cortes Generales, prestará juramento de desempeñar fielmente sus funciones, guardar y hacer guardar la Constitución y las leyes y respetar los derechos de los ciudadanos y de las Comunidades Autónomas.

2. El Príncipe heredero, al alcanzar la mayoría de edad, y el Regente o Regentes al hacerse cargo de sus funciones, prestarán el mismo juramento, así como el de fidelidad al Rey.

Artículo 62 [Rechte des Königs]

Corresponde al Rey:

a) Sancionar y promulgar las leyes.

b) Convocar y disolver las Cortes Generales y convocar elecciones en los términos previstos en la Constitución.

c) Convocar a referéndum en los casos previstos en la Constitución.

d) Proponer el candidato a Presidente del Gobierno y, en su caso, nombrarlo, así como poner fin a sus funciones en los términos previstos en la Constitución.

e) Nombrar y separar a los miembros del Gobierno, a propuesta de su Presidente.

f) Expedir los decretos acordados en el Consejo de Ministros, conferir los empleos civiles y militares y conceder honores y distinciones con arreglo a las leyes.

g) Ser informado de los asuntos de Estado y presidir, a estos efectos, las sesiones del Consejo de Ministros, cuando lo estime oportuno, a petición del Presidente del Gobierno.

h) El mando supremo de las Fuerzas Armadas.

i) Ejercer el derecho de gracia con arreglo a la ley, que no podrá autorizar indultos generales.

j) El Alto Patronazgo de las Reales Academias.

Artículo 63 [Aussenbeziehungen]

1. El Rey acredita a los embajadores y otros representantes diplomáticos. Los representantes extranjeros en España están acreditados ante él.

2. Al Rey corresponde manifestar el consentimiento del Estado para obligarse internacionalmente por medio de

tratados, de conformidad con la Constitución y las leyes.

3. Al Rey corresponde, previa autorización de las Cortes Generales, declarar la guerra y hacer la paz.

Artículo 64 [Gegenzeichnung]

1. Los actos del Rey serán refrendados por el Presidente del Gobierno y, en su caso, por los Ministros competentes. La propuesta y el nombramiento del Presidente del Gobierno, y la disolución prevista en el artículo 99, serán refrendados por el Presidente del Congreso.

2. De los actos del Rey serán responsables las personas que los refrenden.

Artículo 65 [Dotation]

1. El Rey recibe de los Presupuestos del Estado una cantidad global para el sostenimiento de su Familia y Casa, y distribuye libremente la misma.

2. El Rey nombra y releva libremente a los miembros civiles y militares de su Casa.

Título III
De las Cortes Generales

Capítulo Primero
De las Cámaras

Artículo 66 [Volksvertretung]

1. Las Cortes Generales representan al pueblo español y están formadas por el Congreso de los Diputados y el Senado.

2. Las Cortes Generales ejercen la potestad legislativa del Estado, aprueban sus Presupuestos, controlan la acción del Gobierno y tienen las demás competencias que les atribuya la Constitución.

3. Las Cortes Generales son inviolables.

Artículo 67 [Zwei Kammern]

1. Nadie podrá ser miembro de las dos Cámaras simultáneamente, ni acumular el acta de una Asamblea de Comunidad Autónoma con la de Diputado al Congreso.

2. Los miembros de las Cortes Generales no estarán ligados por mandato imperativo.

3. Las reuniones de Parlamentarios que se celebren sin convocatoria reglamentaria no vincularán a las Cámaras, y no podrán ejercer sus funciones ni ostentar sus privilegios.

Artículo 68 [Der Kongress]

1. El Congreso se compone de un mínimo de 300 y un máximo de 400 Diputados, elegidos por sufragio universal, libre, igual, directo y secreto, en los términos que establezca la ley.

2. La circunscripción electoral es la provincia. Las poblaciones de Ceuta y Melilla estarán representadas cada una de ellas por un Diputado. La ley distribuirá el número total de Diputados, asignando una representación mínima inicial a cada circunscripción y distribuyendo los demás en proporción a la población.

3. La elección se verificará en cada circunscripción atendiendo a criterios de representación proporcional.

4. El Congreso es elegido por cuatro años. El mandato de los Diputados termina cuatro años después de su elección o el día de la disolución de la Cámara.

5. Son electores y elegibles todos los españoles que estén en pleno uso de sus derechos políticos. La ley reconocerá y el Estado facilitará el ejercicio del derecho de sufragio a los españoles que se encuentren fuera del territorio de España.

6. Las elecciones tendrán lugar entre los treinta días y sesenta días desde la terminación del mandato. El Congreso electo deberá ser convocado dentro de los veinticinco días siguientes a la celebración de las elecciones.

Artículo 69 [Der Senat]

1. El Senado es la Cámara de representación territorial.

Constitución Española

2. En cada provincia se elegirán cuatro Senadores por sufragio universal, libre, igual, directo y secreto por los votantes de cada una de ellas, en los términos que señale una ley orgánica.

3. En las provincias insulares, cada isla o agrupación de ellas, con Cabildo o Consejo Insular, constituirá una circunscripción a efectos de elección de Senadores, correspondiendo tres a cada una de las islas mayores – Gran Canaria, Mallorca y Tenerife – y uno a cada una de las siguientes islas o agrupaciones: Ibiza-Formentera, Menorca, Fuerteventura, Gomera, Hierro, Lanzarote y La Palma.

4. Las poblaciones de Ceuta y Melilla elegirán cada una de ellas dos Senadores.

5. Las Comunidades Autónomas designarán además un Senador y otro más por cada millón de habitantes de su respectivo territorio. La designación corresponderá a la Asamblea legislativa o, en su defecto, al órgano colegiado superior de la Comunidad Autónoma, de acuerdo con lo que establezcan los Estatutos, que asegurarán, en todo caso, la adecuada representación proporcional.

6. El Senado es elegido por cuatro años. El mandato de los Senadores termina cuatro años después de su elección o el día de la disolución de la Cámara.

Artículo 70 [Inkompatibilität]

1. La ley electoral determinará las causas de inelegibilidad e incompatibilidad de los Diputados y Senadores, que comprenderán, en todo caso:
a) A los componentes del Tribunal Constitucional.
b) A los altos cargos de la Administración del Estado que determine la ley, con la excepción de los miembros del Gobierno.
c) Al Defensor del Pueblo.
d) A los Magistrados, Jueces y Fiscales en activo.
e) A los militares profesionales y miembros de las Fuerzas y Cuerpos de Seguridad y Policía en activo.

f) A los miembros de las Juntas Electorales.

2. La validez de las actas y credenciales de los miembros de ambas Cámaras estará sometida al control judicial, en los términos que establezca la ley electoral.

Artículo 71 [Imdemnität, Immunität]

1. Los Diputados y Senadores gozarán de inviolabilidad por las opiniones manifestadas en el ejercicio de sus funciones.

2. Durante el período de su mandato los Diputados y Senadores gozarán asimismo de inmunidad y sólo podrán ser detenidos en caso de flagrante delito. No podrán ser inculpados ni procesados sin la previa autorización de la Cámara respectiva.

3. En las causas contra Diputados y Senadores será competente la Sala de lo Penal del Tribunal Supremo.

4. Los Diputados y Senadores percibirán una asignación que será fijada por las respectivas Cámaras.

Artículo 72 [Satzungen]

1. Las Cámaras establecen sus propios Reglamentos, aprueban autónomamente sus presupuestos y, de común acuerdo, regulan el Estatuto del Personal de las Cortes Generales. Los Reglamentos y su reforma serán sometidos a una votación final sobre su totalidad, que requerirá la mayoría absoluta.

2. Las Cámaras eligen sus respectivos Presidentes y los demás miembros de sus Mesas. Las sesiones conjuntas serán presididas por el Presidente del Congreso y se regirán por un Reglamento de las Cortes Generales aprobado por mayoría absoluta de cada Cámara.

3. Los Presidentes de las Cámaras ejercen en nombre de las mismas todos los poderes administrativos y facultades de policía en el interior de sus respectivas sedes.

Artículo 73 [Zusammentreten]
1. Las Cámaras se reunirán anualmente en dos períodos ordinarios de sesiones: el primero, de septiembre a diciembre, y el segundo, de febrero a junio.
2. Las Cámaras podrán reunirse en sesiones extraordinarias a petición del Gobierno, de la Diputación Permanente o de la mayoría absoluta de los miembros de cualquiera de las Cámaras. Las sesiones extraordinarias deberán convocarse sobre un orden del día determinado y serán clausuradas una vez que éste haya sido agotado.

Artículo 74 [Kompetenzen]
1. Las Cámaras se reunirán en sesión conjunta para ejercer las competencias no legislativas que el Título II atribuye expresamente a las Cortes Generales.
2. Las decisiones de las Cortes Generales previstas en los artículos 94, 1, 145, 2, y 158, 2, se adoptarán por mayoría de cada una de las Cámaras. En el primer caso, el procedimiento se iniciará por el Congreso, y en los otros dos, por el Senado. En ambos casos, si no hubiera acuerdo entre Senado y Congreso, se intentará obtener por una Comisión Mixta compuesta de igual número de Diputados y Senadores. La Comisión presentará un texto que será votado por ambas Cámaras. Si no se aprueba en la forma establecida, decidirá el Congreso por mayoría absoluta.

Artículo 75 [Kommissionen]
1. Las Cámaras funcionarán en Pleno y por Comisiones.
2. Las Cámaras podrán delegar en las Comisiones Legislativas Permanentes la aprobación de proyectos o proposiciones de ley. El Pleno podrá, no obstante, recabar en cualquier momento el debate y votación de cualquier proyecto o proposición de ley que haya sido objeto de esta delegación.
3. Quedan exceptuados de lo dispuesto en el apartado anterior la reforma constitucional, las cuestiones internacionales, las leyes orgánicas y de bases y los Presupuestos Generales del Estado.

Artículo 76 [Untersuchungsausschüsse]
1. El Congreso y el Senado, y, en su caso, ambas Cámaras conjuntamente, podrán nombrar Comisiones de investigación sobre cualquier asunto de interés público. Sus conclusiones no serán vinculantes para los Tribunales, ni afectarán a las resoluciones judiciales, sin perjuicio de que el resultado de la investigación sea comunicado al Ministerio Fiscal para el ejercicio, cuando proceda, de las acciones oportunas.
2. Será obligatorio comparecer a requerimiento de las Cámaras. La ley regulará las sanciones que puedan imponerse por incumplimiento de esta obligación.

Artículo 77 [Petitionen]
1. Las Cámaras pueden recibir peticiones individuales y colectivas, siempre por escrito, quedando prohibida la presentación directa por manifestaciones ciudadanas.
2. Las Cámaras pueden remitir al Gobierno las peticiones que reciban. El Gobierno está obligado a explicarse sobre su contenido, siempre que las Cámaras lo exijan.

Artículo 78 [Ständiger Ausschuss]
1. En cada Cámara habrá una Diputación Permanente compuesta por un mínimo de veintiún miembros, que representarán a los grupos parlamentarios, en proporción a su importancia numérica.
2. Las Diputaciones Permanentes estarán presididas por el Presidente de la Cámara respectiva y tendrán como funciones la prevista en el artículo 73, la de asumir las facultades que correspondan a las Cámaras, de acuerdo con los artículos 86 y 116, en caso de que éstas hubieren sido disueltas o

hubiere expirado su mandato y la de velar por los poderes de las Cámaras cuando éstas no estén reunidas.

3. Expirado el mandato o en caso de disolución, las Diputaciones Permanentes seguirán ejerciendo sus funciones hasta la constitución de las nuevas Cortes Generales.

4. Reunida la Cámara correspondiente, la Diputación Permanente dará cuenta de los asuntos tratados y de sus decisiones.

Artículo 79 [Einigungsverfahren]

1. Para adoptar acuerdos, las Cámaras deben estar reunidas reglamentariamente y con asistencia de la mayoría de sus miembros.

2. Dichos acuerdos, para ser válidos, deberán ser aprobados por la mayoría de los miembros presentes, sin perjuicio de las mayorías especiales que establezcan la Constitución o las leyes orgánicas y las que para elección de personas establezcan los Reglamentos de las Cámaras.

3. El voto de Senadores y Diputados es personal e indelegable.

Artículo 80 [Öffentlichkeit]

Las sesiones plenarias de las Cámaras serán públicas, salvo acuerdo en contrario de cada Cámara, adoptado por mayoría absoluta o con arreglo al Reglamento.

Capítulo Segundo
De la elaboración de las leyes

Artículo 81 [Organische Gesetze]

1. Son leyes orgánicas las relativas al desarrollo de los derechos fundamentales y de las libertades públicas, las que aprueben los Estatutos de Autonomía y el régimen electoral general y las demás previstas en la Constitución.

2. La aprobación, modificación o derogación de las leyes orgánicas exigirá mayoría absoluta del Congreso, en una votación final sobre el conjunto del proyecto.

Artículo 82 [Ermächtigungen]

1. Las Cortes Generales podrán delegar en el Gobierno la potestad de dictar normas con rango de ley sobre materias determinadas no incluidas en el artículo anterior.

2. La delegación legislativa deberá otorgarse mediante una ley de bases cuando su objeto sea la formación de textos articulados o por una ley ordinaria cuando se trate de refundir varios textos legales en uno solo.

3. La delegación legislativa habrá de otorgarse al Gobierno de forma expresa para materia concreta y con fijación del plazo para su ejercicio. La delegación se agota por el uso que de ella haga elGobierno mediante la publicación de la norma correspondiente. No podrá entenderse concedida de modo implícito o por tiempo indeterminado. Tampoco podrá permitir la subdelegación a autoridades distintas del propio Gobierno.

4. Las leyes de bases delimitarán con precisión el objeto y alcance de la delegación legislativa y los principios y criterios que han de seguirse en su ejercicio.

5. La autorización para refundir textos legales determinará el ámbito normativo a que se refiere el contenido de la delegación, especificando si se circunscribe a la mera formulación de un texto único o si se incluye la de regularizar, aclarar y armonizar los textos legales que han de ser refundidos.

6. Sin perjuicio de la competencia propia de los Tribunales, las leyes de delegación podrán establecer en cada caso fórmulas adicionales de control.

Artículo 83 [Grenzen]

Las leyes de bases no podrán en ningún caso:
a) Autorizar la modificación de la propia ley de bases.
b) Facultar para dictar normas con carácter retroactivo.

Artículo 84 [Überschreitung]

Cuando una proposición de ley o una enmienda fuere contraria a una delegación legislativa en vigor, el Gobierno está facultado para oponerse a su tramitación. En tal supuesto, podrá presentarse una proposición de ley para la derogación total o parcial de la ley de delegación.

Artículo 85 [Verordnungen]

Las disposiciones del Gobierno que contengan legislación delegada recibirán el título de Decretos Legislativos.

Artículo 86 [Notstandsfall]

1. En caso de extraordinaria y urgente necesidad, el Gobierno podrá dictar disposiciones legislativas provisionales que tomarán la forma de Decretos-leyes y que no podrán afectar al ordenamiento de las instituciones básicas del Estado, a los derechos, deberes y libertades de los ciudadanos regulados en el Título I, al régimen de las Comunidades Autónomas ni al Derecho electoral general.

2. Los Decretos-leyes deberán ser inmediatamente sometidos a debate y votación de totalidad al Congreso de los Diputados, convocado al efecto si no estuviere reunido, en el plazo de los treinta días siguientes a su promulgación. El Congreso habrá de pronunciarse expresamente dentro de dicho plazo sobre su convalidación o derogación, para lo cual el Reglamento establecerá un procedimiento especial y sumario.

3. Durante el plazo establecido en el apartado anterior, las Cortes podrán tramitarlos como proyectos de ley por el procedimiento de urgencia.

Artículo 87 [Gesetzesinitiative]

1. La iniciativa legislativa corresponde al Gobierno, al Congreso y al Senado, de acuerdo con la Constitución y los Reglamentos de las Cámaras.

2. Las Asambleas de las Comunidades Autónomas podrán solicitar del Gobierno la adopción de un proyecto de ley o remitir a la Mesa del Congreso una proposición de ley, delegando ante dicha Cámara un máximo de tres miembros de la Asamblea encargados de su defensa.

3. Una ley orgánica regulará las formas de ejercicio y requisitos de la iniciativa popular para la presentación de proposiciones de ley. En todo caso se exigirán no menos de 500 000 firmas acreditadas. No procederá dicha iniciativa en materias propias de ley orgánica, tributarias o de carácter internacional ni en lo relativo a la prerrogativa de gracia.

Artículo 88 [Entwürfe]

Los proyectos de ley serán aprobados en Consejo de Ministros, que los someterá al Congreso, acompañados de una exposición de motivos y de los antecedentes necesarios para pronunciarse sobre ellos.

Artículo 89 [Verfahren]

1. La tramitación de las proposiciones de ley se regulará por los Reglamentos de las Cámaras, sin que la prioridad debida a los proyectos de ley impida el ejercicio de la iniciativa legislativa en los términos regulados por el artículo 87.

2. Las proposiciones de ley que, de acuerdo con el artículo 87, tome en consideración el Senado, se remitirán al Congreso para su trámite en éste como tal proposición.

Artículo 90 [Ausfertigung]

1. Aprobado un proyecto de ley ordinaria u orgánica por el Congreso de los Diputados, su Presidente dará inmediata cuenta del mismo al Presidente del Senado, el cual lo someterá a la deliberación de éste.

2. El Senado, en el plazo de dos meses, a partir del día de la recepción del texto, puede, mediante mensaje motivado, oponer su veto o introducir enmiendas al mismo. El veto deberá ser aprobado por mayoría absoluta. El proyecto no podrá ser sometido al Rey para sanción sin que el Congreso

ratifique por mayoría absoluta, en caso de veto, el texto inicial, o por mayoría simple, una vez transcurridos dos meses desde la interposición del mismo, o se pronuncie sobre las enmiendas, aceptándolas o no por mayoría simple.

3. El plazo de dos meses de que el Senado dispone para vetar o enmendar el proyecto se reducirá al de veinte días naturales en los proyectos declarados urgentes por el Gobierno o por el Congreso de los Diputados.

Artículo 91 [Inkraftsetzung]

El Rey sancionará en el plazo de quince días las leyes aprobadas por las Cortes Generales, y las promulgará y ordenará su inmediata publicación.

Artículo 92 [Referendum]

1. Las decisiones políticas de especial trascendencia podrán ser sometidas a referéndum consultivo de todos los ciudadanos.

2. El referéndum será convocado por el Rey, mediante propuesta del Presidente del Gobierno, previamente autorizada por el Congreso de los Diputados.

3. Una ley orgánica regulará las condiciones y el procedimiento de las distintas modalidades de referéndum previstas en esta Constitución.

Capítulo tercero
De los Tratados Internacionales

Artículo 93 [Internationale Verträge]

Mediante ley orgánica se podrá autorizar le celebración de tratados por los que se atribuya a una organización o institución internacional el ejercicio de competencias derivadas de la Constitución. Corresponde a las Cortes Generales o al Gobierno, según los casos, la garantía del cumplimiento de estos tratados y de las resoluciones emanadas de los organismos internacionales o supranacionales titulares de la cesión.

Artículo 94 [Ermächtigung]

1. La prestación del consentimiento del Estado para obligarse por medio de tratados o convenios requerirá la previa autorización de las Cortes Generales, en los siguientes casos:
   a) Tratados de carácter político.
   b) Tratados o convenios de carácter militar.
   c) Tratados o convenios que afecten a la integridad territorial del Estado o a los derechos y deberes fundamentales establecidos en el Título I.
   d) Tratados o convenios que impliquen obligaciones financieras para la Hacienda Pública.
   e) Tratados o convenios que supongan modificación o derogación de alguna ley o exijan medidas legislativas para su ejecución.

2. El Congreso y el Senado serán inmediatamente informados de la conclusión de los restantes tratados o convenios.

Artículo 95 [Verfassungsmässigkeit]

1. La celebración de un tratado internacional que contenga estipulaciones contrarias a la Constitución exigirá la previa revisión constitucional.

2. El Gobierno o cualquiera de las Cámaras puede requerir al Tribunal Constitucional para que declare si existe o no esa contradicción.

Artículo 96 [Geltung]

1. Los tratados internacionales válidamente celebrados, una vez publicados oficialmente en España, formarán parte del ordenamiento interno. Sus disposiciones sólo podrán ser derogadas, modificadas o suspendidas en la forma prevista en los propios tratados o de acuerdo con las normas generales del Derecho internacional.

2. Para la denuncia de los tratados y convenios internacionales se utilizará el mismo procedimiento previsto para su aprobación en al artículo 94.

Título IV
Del Gobierno y de la Administración

Artículo 97 [Regierungsgewalt]

El Gobierno dirige la política interior y exterior, la Administración civil y militar y la defensa del Estado. Ejerce la función ejecutiva y la potestad relgamentaria de acuerdo con la Constitución y las leyes.

Artículo 98 [Zusammensetzung]

1. El Gobierno se compone del Presidente, de los Vicepresidentes, en su caso, de los Ministros y de los demás miembros que establezca la ley.

2. El Presidente dirige la acción del Gobierno y coordina las funciones de los demás miembros del mismo, sin perjuicio de la competencia y responsabilidad directa de éstos en su gestión.

3. Los miembros del Gobierno no podrán ejercer otras funciones representativas que las propias del mandato parlamentario, ni cualquier otra función pública que no derive de su cargo, ni actividad profesional o mercantil alguna.

4. La ley regulará el estatuto e incompatibilidades de los miembros del Gobierno.

Artículo 99 [Vorschlagsrecht des Königs]

1. Después de cada renovación del Congreso de los Diputados, y en los demás supuestos constitucionales en que así proceda, el Rey, previa consulta con los representantes designados por los Grupos políticos con representación parlamentaria, y a través del Presidente del Congreso, propondrá un candidato a la Presidencia del Gobierno.

2. El candidato propuesto conforme a lo previsto en el apartado anterior expondrá ante el Congreso de los Diputados el programa político del Gobierno que pretenda formar y solicitará la confianza de la Cámara.

3. Si el Congreso de los Diputados, por el voto de la mayoría absoluta de sus miembros, otorgare su confianza a dicho candidato, el Rey le nombrará Presidente. De no alcanzarse dicha mayoría, se someterá la misma propuesta a nueva votación cuarenta y ocho horas después de la anterior, y la confianza se entenderá otorgada si obtuviere la mayoría simple.

4. Si efectuadas las citadas votaciones no se otorgase la confianza para la investidura, se tramitarán sucesivas propuestas en la forma prevista en los apartados anteriores.

5. Si transcurrido el plazo de dos meses, a partir de la primera votación de investidura, ningún candidato hubiere obtenido la confianza del Congreso, el Rey disolverá ambas Cámaras y convocará nuevas elecciones con el refrendo del Presidente del Congreso.

Artículo 100 [Minister]

Los demás miembros del Gobierno serán nombrados y separados por el Rey, a propuesta de su Presidente.

Artículo 101 [Amtsende]

1. El Gobierno cesa tras la celebración de elecciones generales, en los casos de pérdida de la confianza parlamentaria previstos en la Constitución, o por dimisión o fallecimiento de su Presidente.

2. El Gobierno cesante continuará en funciones hasta la toma de posesión del nuevo Gobierno.

Artículo 102 [Strafrechtliche Verantwortung]

1. La responsabilidad criminal del Presidente y los demás miembros del Gobierno será exigible, en su caso, ante la Sala de lo Penal del Tribunal Supremo.

2. Si la acusación fuere por traición o por cualquier delito contra la seguridad del Estado en el ejercicio de sus funciones, sólo podrá ser planteada por iniciativa de la cuarta parte de los

miembros del Congreso, y con la aprobación de la mayoría absoluta del mismo.

3. La prerrogativa real de gracia no será aplicable a ninguno de los supuestos del presente artículo.

Artículo 103 [Verwaltung]

1. La Administración Pública sirve con objetividad los intereses generales y actúa de acuerdo con los principios de eficacia, jerarquía, descentralización, desconcentración y coordinación, con sometimiento pleno a la ley y al Derecho.

2. Los órganos de la Administración del Estado son creados, regidos y coordinados de acuerdo con la ley.

3. La ley regulará el estatuto de los funcionarios públicos, el acceso a la función pública de acuerdo con los principios de mérito y capacidad, las peculiaridades del ejercicio de su derecho a sindicación, el sistema de incompatibilidades y las garantías para la imparcialidad en el ejercicio de sus funciones.

Artículo 104 [Sicherheit]

1. Las Fuerzas y Cuerpos de seguridad, bajo la dependencia del Gobierno, tendrán como misión proteger el libre ejercicio de los derechos y libertades y garantizar la seguridad ciudadana.

2. Una ley orgánica determinará las funciones, principios básicos de actuación y estatutos de las Fuerzas y Cuerpos de seguridad.

Artículo 105 [Gesetz und Bürger]

La ley regulará:

a) La audiencia de los ciudadanos, directamente o a través de las organizaciones y asociaciones reconocidas por la ley, en el procedimiento de elaboración de las disposiciones administrativas que les afecten.

b) El acceso de los ciudadanos a los archivos y registros administrativos, salvo en lo que afecte a la seguridad y defensa del Estado, la averiguación de los delitos y la intimidad de las personas.

c) El procedimiento a través del cual deben producirse los actos administrativos, garantizando, cuando proceda, la audiencia del interesado.

Artículo 106 [Gerichte]

1. Los Tribunales controlan la potestad reglamentaria y la legalidad de la actuación administrativa, así como el sometimiento de ésta a los fines que la justifican.

2. Los particulares, en los términos establecidos por la ley, tendrán derecho a ser indemnizados por toda lesión que sufran en cualquiera de sus bienes y derechos, salvo en los casos de fuerza mayor, siempre que la lesión sea consecuencia del funcionamiento de los servicios públicos.

Artículo 107 [Staatsrat]

El Consejo de Estado es el supremo órgano consultivo del Gobierno. Una ley orgánica regulará su composición y competencia.

Título V
De las relaciones entre el Gobierno y las Cortes Generales

Artículo 108 [Parlamentshoheit]

El Gobierno responde solidariamente en su gestión política ante el Congreso de los Diputados.

Artículo 109 [Auskunftspflicht]

Las Cámaras y sus Comisiones podrán recabar, a través de los Presidentes de aquéllas, la información y ayuda que precisen del Gobierno y de sus Departamentos y de cualesquiera autoridades del Estado y de las Comunidades Autónomas.

Artículo 110 [Anwesenheitspflicht]

1. Las Cámaras y sus Comisiones pueden reclamar la presencia de los miembros del Gobierno.

2. Los miembros del Gobierno tienen acceso a las sesiones de las Cámaras y a sus Comisiones y la facultad de hacerse oír en ellas, y podrán solicitar que informen ante las mismas funcionarios de sus Departamentos.

Artículo 111 [Fragerecht]

1. El Gobierno y cada uno de sus miembros están sometidos a las interpelaciones y preguntas que se le formulen en las Cámaras. Para esta clase de debate los Reglamentos establecerán un tiempo mínimo semanal.

2. Toda interpelación podrá dar lugar a una moción en la que la Cámara manifieste su posición.

Artículo 112 [Vertrauensfrage]

El Presidente del Gobierno, previa deliberación del Consejo de Ministros, puede plantear ante el Congreso de los Diputados la cuestión de confianza sobre su programa o sobre una declaración de política general. La confianza se entenderá otorgada cuando vote a favor de la misma la mayoría simple de los Diputados.

Artículo 113 [Misstrauensvotum]

1. El Congreso de los Diputados puede exigir la responsabilidad política del Gobierno mediante la adopción por mayoría absoluta de la moción de censura.

2. La moción de censura deberá ser propuesta al menos por la décima parte de los Diputados, y habrá de incluir un candidato a la Presidencia del Gobierno.

3. La moción de censura no podrá ser votada hasta que transcurran cinco días desde su presentación. En los dos primeros días de dicho plazo podrán presentarse mociones alternativas.

4. Si la moción de censura no fuere aprobada por el Congreso, sus signatarios no podrán presentar otra durante el mismo período de sesiones.

Artículo 114 [Entzug des Vertrauens]

1. Si el Congreso niega su confianza al Gobierno, éste presentará su dimisión al Rey, procediéndose a continuación a la designación de Presidente del Gobierno, según lo dispuesto en el artículo 99.

2. Si el Congreso adopta una moción de censura, el Gobierno presentará su dimisión al Rey y el candidato incluido en aquélla se entenderá investido de la confianza de la Cámara a los efectos previstos en el artículo 99. El Rey le nombrará Presidente del Gobierno.

Artículo 115 [Auflösung]

1. El Presidente del Gobierno, previa deliberación del Consejo de Ministros, y bajo su exclusiva responsabilidad, podrá proponer la disolución del Congreso, del Senado o de las Cortes Generales, que será decretada por el Rey. El decreto de disolución fijará la fecha de las elecciones.

2. La propuesta de disolución no podrá presentarse cuando esté en trámite una moción de censura.

3. No procederá nueva disolución antes de que transcurra un año desde la anterior, salvo lo dispuesto en el artículo 99, apartado 5.

Artículo 116 [Notstandsregelung]

1. Una ley orgánica regulará los estados de alarma, de excepción y de sitio, y las competencias y limitaciones correspondientes.

2. El estado de alarma será declarado por el Gobierno mediante decreto acordado en Consejo de Ministros por un plazo máximo de quince días, dando cuenta al Congreso de los Diputados, reunido inmediatamente al efecto y sin cuya autorización no podrá ser prorrogado dicho plazo. El decreto determinará el ámbito territorial a que se extienden los efectos de la declaración.

3. El estado de excepción será declarado por el Gobierno mediante decreto acordado en Consejo de Ministros, previa autorización del Congreso de los Diputados. La autorización y proclamación del estado de

excepción deberá determinar expresamente los efectos del mismo, el ámbito territorial a que se extiende y su duración, que no podrá exceder de treinta días, prorrogables por otro plazo igual, con los mismos requisitos.

4. El estado de sitio será declarado por la mayoría absoluta del Congreso de los Diputados, a propuesta exclusiva del Gobierno. El Congreso determinará su ámbito territorial, duración y condiciones.

5. No podrá procederse a la disolución del Congreso mientras estén declarados algunos de los estados comprendidos en el presente artículo, quedando automáticamente convocadas las Cámaras si no estuvieren en período de sesiones. Su funcionamiento, así como el de los demás poderes constitucionales del Estado, no podrán interrumpirse durante la vigencia de estos estados.

Disuelto el Congreso o expirado su mandato, si se produjere alguna de las situaciones que dan lugar a cualquiera de dichos estados, las competencias del Congreso serán asumidas por su Diputación Permanente.

6. La declaración de los estados de alarma, de excepción y de sitio no modificarán el principio de responsabilidad del Gobierno y de sus agentes reconocidos en la Constitución y en las leyes.

Título VI
Del Poder Judicial

Artículo 117 [Die Justiz]

1. La justicia emana del pueblo y se administra en nombre del Rey por Jueces y Magistrados integrantes del poder judicial, independientes, inamovibles, responsables y sometidos únicamente al imperio de la ley.

2. Los Jueces y Magistrados no podrán ser separados, suspendidos, trasladados ni jubilados, sino por alguna de las causas y con las garantías previstas en la ley.

3. El ejercicio de la potestad jurisdiccional en todo tipo de procesos, juzgando y haciendo ejecutar lo juzgado, corresponde exclusivamente a los Juzgados y Tribunales determinados por las leyes, según las normas de competencia y procedimiento que las mismas establezcan.

4. Los Juzgados y Tribunales no ejercerán más funciones que las señaladas en el apartado anterior y las que expresamente les sean atribuidas por ley en garantía de cualquier derecho.

5. El principio de unidad jurisdiccional es la base de la organización y funcionamiento de los Tribunales. La ley regulará el ejercicio de la jurisdicción militar en el ámbito estrictamente castrense y en los supuestos de estado de sitio, de acuerdo con los principios de la Constitución.

6. Se prohíben los Tribunales de excepción.

Artículo 118 [Urteile]

Es obligado cumplir las sentencias y demás resoluciones firmes de los Jueces y Tribunales, así como prestar la colaboración requerida por éstos en el curso del proceso y en la ejecución de lo resuelto.

Artículo 119 [Gerichtskosten]

La justicia será gratuita cuando así lo disponga la ley y, en todo caso, respecto de quienes acrediten insuficiencia de recursos para litigar.

Artículo 120 [Öffentlichkeit]

1. Las actuaciones judiciales serán públicas, con las excepciones que prevean las leyes de procedimiento.

2. El procedimiento será predominantemente oral, sobre todo en materia criminal.

3. Las sentencias serán siempre motivadas y se pronunciarán en audiencia pública.

Artículo 121 [Haftung]

Los daños causados por error judicial, así como los que sean consecuencia del funcionamiento anormal de la Administración de Justicia, darán derecho a una indemnización a cargo del Estado, conforme a la ley.

Artículo 122 [Gerichtsverfassung]

1. La ley orgánica del poder judicial determinará la constitución, funcionamiento y gobierno de los Juzgados y Tribunales, así como el estatuto jurídico de los Jueces y Magistrados de carrera, que formarán un Cuerpo único, y del personal al servicio de la Administración de Justicia.

2. El Consejo General del Poder Judicial es el órgano de gobierno del mismo. La ley orgánica establecerá su estatuto y el régimen de incompatibilidades de sus miembros y sus funciones, en particular en materia de nombramientos, ascensos, inspección y régimen disciplinario.

3. El Consejo General del Poder Judicial estará integrado por el Presidente del Tribunal Supremo, que lo presidirá, y por veinte miembros nombrados por el Rey por un período de cinco años. De éstos, doce entre Jueces y Magistrados de todas las categorías judiciales, en los términos que establezca la ley orgánica; cuatro a propuesta del Congreso de los Diputados, y cuatro a propuesta del Senado, elegidos en ambos casos por mayoría de tres quintos de sus miembros, entre abogados y otros juristas, todos ellos de reconocida competencia y con más de quince años de ejercicio en su profesión.

Artículo 123 [Höchstes Gericht]

1. El Tribunal Supremo, con jurisdicción en toda España, es el órgano jurisdiccional superior en todos los órdenes, salvo lo dispuesto en materia de garantías constitucionales.

2. El Presidente del Tribunal Supremo será nombrado por el Rey, a propuesta del Consejo General del Poder Judicial, en la forma que determine la ley.

Artículo 124 [Staatsanwaltschaft]

1. El Ministerio Fiscal, sin perjuicio de las funciones encomendadas a otros órganos, tiene por misión promover la acción de la justicia en defensa de la legalidad, de los derechos de los ciudadanos y del interés público tutelado por la ley, de oficio o a petición de los interesados, así como velar por la independencia de los Tribunales y procurar ante éstos la satisfacción del interés social.

2. El Ministerio Fiscal ejerce sus funciones por medio de órganos propios conforme a los principios de unidad de actuación y dependencia jerárquica y con sujeción, en todo caso, a los de legalidad e imparcialidad.

3. La ley regulará el estatuto orgánico del Ministerio Fiscal.

4. El Fiscal General del Estado será nombrado por el Rey, a propuesta del Gobierno, oído el Consejo General del Poder Judicial.

Artículo 125 [Popularklage]

Los ciudadanos podrán ejercer la acción popular y participar en la Administración de Justicia mediante la institución del Jurado, en la forma y con respecto a aquellos procesos penales que la ley determine, así como en los Tribunales consuetudinarios y tradicionales.

Artículo 126 [Gerichtspolizei]

La policía judicial depende de los Jueces, de los Tribunales y del Ministerio Fiscal en sus funciones de averiguación del delito y descubrimiento y aseguramiento del delincuente, en los términos que la ley establezca.

Artículo 127 [Nebentätigkeit]

1. Los Jueces y Magistrados así como los Fiscales, mientras se hallen en activo, no podrán desempeñar otros cargos públicos, ni pertenecer a partidos políticos o sindicatos. La ley establecerá el sistema y modalidades de asociación profesional de los Jueces, Magistrados y Fiscales.

2. La ley establecerá el régimen d e incompatibilidades de los miembros del poder judicial, que deberá asegurar la total independencia de los mismos.

Título VII
Economía y Hacienda

Artículo 128 [Reichtum des Landes]
1. Toda la riqueza del país en sus distintas formas y sea cual fuere su titularidad está subordinada al interés general.
2. Se reconoce la iniciativa pública en la actividad económica. Mediante ley se podrá reservar al sector público recursos o servicios esenciales, especialmente en caso de monopolio y asimismo acordar la intervención de empresas cuando así los exigiere el interés general.

Artículo 129 [Mitbestimmung bei Sozialversicherung]
1. La ley establecerá las formas de participación de los interesados en la Seguridad Social y en la actividad de los organismos públicos cuya función afecte directamente a la calidad de la vida o al bienestar general.
2. Los poderes públicos promoverán eficazmente las diversas formas de participación en la empresa y fomentarán, mediante una legislación adecuada, las sociedades cooperativas. También establecerán los medios que faciliten el acceso de los trabajadores a la propiedad de los medios de producción.

Artículo 130 [Modernisierung]
1. Los poderes públicos atenderán a la modernización y desarrollo de todos los sectores económicos y, en particular, de la agricultura, de la ganadería, de la pesca y de la artesanía, a fin de equiparar el nivel de vida de todos los españoles.
2. Con el mismo fin, se dispensará un tratamiento especial a las zonas de montaña.

Artículo 131 [Planung]
1. El Estado, mediante ley, podrá planificar la actividad económica general para atender a las necesidades colectivas, equilibrar y armonizar el desarrollo regional y sectorial y estimular el crecimiento de la renta y de la riqueza y su más justa distribución.
2. El Gobierno elaborará los proyectos de planificación, de acuerdo con las previsiones que le sean suministradas por las Comunidades Autónomas y el asesoramiento y colaboración de los sindicatos y otras organizaciones profesionales, empresariales y económicas. A tal fin se constituirá un Consejo, cuya composición y funciones se desrrollarán por ley.

Artículo 132 [Öffentliches Eigentum]
1. La ley regulará el régimen jurídico de los bienes de dominio público y de los comunales, inspirándose en los principios de inalienabilidad, imprescriptibilidad e inembargabilidad, así como su desafectación.
2. Son bienes de dominio público estatal los que determine la ley y, en todo caso, la zona marítimo-terrestre, las playas, el mar territorial y los recursos naturales de la zona económica y la plataforma continental.
3. Por ley se regularán el Patrimonio del Estado y el Patrimonio Nacional, su administración, defensa y conservación.

Artículo 133 [Steuern]
1. La potestad originaria para establecer los tributos corresponde exclusivamente al Estado, mediante ley.
2. Las Comunidades Autónomas y las Corporaciones locales podrán establecer y exigir tributos, de acuerdo con la Constitución y las leyes.
3. Todo beneficio fiscal que afecte a los tributos del Estado deberá establecerse en virtud de ley.
4. Las administraciones públicas sólo podrán contraer obligaciones financieras y realizar gastos de acuerdo con las leyes.

Artículo 134 [Haushalt]

1. Corresponde al Gobierno la elaboración de los Presupuestos Generales del Estado y a las Cortes Generales, su examen, enmienda y aprobación.
2. Los Presupuestos Generales del Estado tendrán carácter anual, incluirán la totalidad de los gastos e ingresos del sector público estatal y en ellos se consignará el importe de los beneficios fiscales que afecten a los tributos del Estado.
3. El Gobierno deberá presentar ante el Congreso de los Diputados los Presupuestos Generales del Estado al menos tres meses antes de la expiración de los del año anterior.
4. Si la Ley de Presupuestos no se aprobara antes del primer día del ejercicio económico correspondiente, se considerarán automáticamente prorrogados los Presupuestos del ejercicio anterior hasta la aprobación de los nuevos.
5. Aprobados los Presupuestos Generales del Estado, el Gobierno podrá presentar proyectos de ley que impliquen aumento del gasto público o disminución de los ingresos correspondientes al mismo ejercicio presupuestario.
6. Toda proposición o enmienda que suponga aumento de los créditos o disminución de los ingresos presupuestarios requerirá la conformidad del Gobierno para su tramitación.
7. La Ley de Presupuestos no puede crear tributos. Podrá modificarlos cuando una ley tributaria sustantiva así lo prevea.

Artículo 135 [Staatsschulden]

1. El Gobierno habrá de estar autorizado por ley para emitir Deuda Pública o contraer crédito.
2. Los créditos para satisfacer el pago de intereses y capital de la Deuda Pública del Estado se entenderán siempre incluidos en el estado de gastos de los presupuestos y no podrán ser objeto de enmienda o modificación, mientras se ajusten a las condiciones de la ley de emisión.

Artículo 136 [Finanzgericht]

1. El Tribunal de Cuentas es el supremo órgano fiscalizador de las cuentas y de la gestión económica del Estado, así como del sector público.
Dependerá directamente de las Cortes Generales y ejercerá sus funciones por delegación de ellas en el examen y comprobación de la Cuenta General del Estado.
2. Las cuentas del Estado y del sector público estatal se rendirán al Tribunal de Cuentas y serán censuradas por éste.
El Tribunal de Cuentas, sin perjuicio de su propia jurisdicción, remitirá a las Cortes Generales un informe anual en el que, cuando proceda, comunicará las infracciones o responsabilidades en que, a su juicio, se hubiere incurrido.
3. Los miembros del Tribunal de Cuentas gozarán de la misma independencia e inamovilidad y estarán sometidos a las mismas incompatibilidades que los Jueces.
4. Una ley orgánica regulará la composición, organización y funciones del Tribunal de Cuentas.

Título VIII
De la Organización Territorial del Estado

Capítulo Primero
Principios generales

Artículo 137 [Gliederung]

El Estado se organiza territorialmente en municipios, en provincias y en las Comunidades Autónomas que se constituyan. Todas estas entidades gozan de autonomía para la gestión de sus respectivos intereses.

Artículo 138 [Solidarität]

1. El Estado garantiza la realización efectiva del principio de solidaridad

consagrado en el artículo 2 de la Constitución, velando por el establecimiento de un equilibrio económico, adecuado y justo entre las diversas partes del territorio español, y atendiendo en particular a las circunstancias del hecho insular.

2. Las diferencias entre los Estatutos de las distintas Comunidades Autónomas no podrán implicar, en ningún caso, privilegios económicos o sociales.

Artículo 139 [Gleichheit]

1. Todos los españoles tienen los mismos derechos y obligaciones en cualquier parte de territorio del Estado.

2. Ninguna autoridad podrá adoptar medidas que directa o indirectamente obstaculicen la libertad de circulación y establecimiento de las personas y la libre circulación de bienes en todo el territorio español.

Capítulo segundo
De la Administración Local

Artículo 140 [Gemeinden]

La Constitución garantiza la autonomía de los municipios. Estos gozarán de personalidad jurídica plena. Su gobierno y administración corresponde a sus respectivos Ayuntamientos, integrados por los Alcaldes y los Concejales. Los Concejales serán elegidos por los vecinos del municipio mediante sufragio universal, igual, libre, directo y secreto, en la forma establecida por la ley. Los Alcaldes serán elegidos por los Concejales o por los vecinos. La ley regulará las condiciones en las que proceda el régimen del concejo abierto.

Artículo 141 [Provinzen]

1. La provincia es una entidad local con personalidad jurídica propia, determinada por la agrupación de municipios y división territorial para el cumplimiento de las actividades del Estado. Cualquier alteración de los límites provinciales habrá de ser aprobada por las Cortes Generales mediante ley orgánica.

2. El gobierno y la administración autónoma de las provincias estarán encomendados a Diputaciones u otras Corporaciones de carácter representativo.

3. Se podrán crear agrupaciones de municipios diferentes de la provincia.

4. En los archipiélagos, las islas tendrán además su administración propia en forma de Cabildos o Consejos.

Artículo 142 [Finanzen]

Las Haciendas locales deberán disponer de los medios suficientes para el desempeño de las funciones que la ley atribuye a las Corporaciones respectivas y se nutrirán fundamentalmente de tributos propios y de participación en los del Estado y de las Comunidades Autónomas.

Capítulo tercero: De las Comunidades Autónomas (weggelassen)

Título IX
Del Tribunal Constitucional

Artículo 159 [Verfassungsgericht]

1. El Tribunal Constitucional se compone de 12 miembros nombrados por el Rey; de ellos, cuatro a propuesta del Congreso por mayoría de tres quintos de sus miembros; cuatro a propuesta del Senado, con idéntica mayoría; dos a propuesta del Gobierno, y dos a propuesta del Consejo General del Poder Judicial.

2. Los miembros del Tribunal Constitucional deberán ser nombrados entre Magistrados y Fiscales, Profesores de Universidad, funcionarios públicos y Abogados, todos ellos juristas de reconocida competencia con más de quince años de ejercicio profesional.

4. La condición de miembro del Tribunal Constitucional es incompati-

ble: con todo mandato representativo; con los cargos políticos o administrativos; con el desempeño de funciones directivas en un partido político o en un sindicato y con el empleo al servicio de lo mismos; con el ejercicio de las carreras judicial y fiscal, y con cualquier actividad profesional o mercantil.

En los demás, los miembros del Tribunal Constitucional tendrán las incompatibilidades propias de los miembros del poder judicial.

5. Los miembros del Tribunal Constitucional serán independientes e inamovibles en el ejercicio de su mandato.

Artículo 160 [Präsident]

El Presidente del Tribunal Constitucional será nombrado entre sus miembros por el Rey, a propuesta del mismo Tribunal en pleno y por un período de tres años.

Artículo 161 [Kompetenzen]

1. El Tribunal Constitucional tiene jurisdicción en todo el territorio español y es competente para conocer:
a) Del recurso de inconstitucionalidad contra leyes y disposiciones normativas con fuerza de ley. La declaración de inconstitucionalidad de una norma jurídica con rango de ley, interpretada por la jurisprudencia, afectará a ésta, si bien la sentencia o sentencias recaídas no perderán el valor de cosa juzgada.
b) Del recurso de amparo por violación de los derechos y libertades referidos en el artículo 53, 2, de esta Constitución, en los casos y formas que la ley establezca.
c) De los conflictos de competencia entre el Estado y las Comunidades Autónomas o de los de éstas entre sí.
d) De las demás materias que le atribuyan la Constitución o las leyes orgánicas.

2. El Gobierno podrá impugnar ante el Tribunal Constitucional las disposiciones y resoluciones adoptadas por los órganos de las Comunidades Autónomas. La impugnación producirá la suspensión de la disposición o resolución recurrida, pero el Tribunal, en su caso, deberá ratificarla o levantarla en un plazo no superior a cinco meses.

Artículo 162 [Verfassungswidrigkeit]

1. Están legitimados:
a) Para interponer el recurso de inconstitucionalidad, el Presidente del Gobierno, el Defensor del Pueblo, 50 Diputados, 50 Senadores, los órganos colegiados ejecutivos de las Comunidades Autónomas y, en su caso, las Asambleas de las mismas.
b) Para interponer el recurso de amparo, toda persona natural o jurídica que invoque un interés legítimo, así como el Defensor del Pueblo y el Ministerio Fiscal.

2. En los demás casos, la ley orgánica determinará las personas y órganos legitimados.

Artículo 163 [richterliche Vorlage]

Cuando un órgano judicial considere, en algún proceso, que una norma con rango de ley, aplicable al caso, de cuya validez dependa el fallo, pueda ser contraria a la Constitución, planteará la cuestión ante el Tribunal Constitucional en los supuestos, en la forma y con los efectos que establezca la ley, que en ningún caso serán suspensivos.

Artículo 164 [Entscheidungen]

1. Las sentencias del Tribunal Constitucional se publicarán en el boletín oficial del Estado con los votos particulares, si los hubiere. Tienen el valor de cosa juzgada a partir del día siguiente de su publicación y no cabe recurso alguno contra ellas. Las que declaren la inconstitucionalidad de una ley o de una norma con fuerza de ley y todas las que no se limiten a la estimación subjetiva de un derecho, tienen plenos efectos frente a todos.

2. Salvo que en el fallo se disponga otra cosa, subsistirá la vigencia de la

ley en la parte no afectada por la inconstitucionalidad.

Artículo 165 [Gesetz]

Una ley orgánica regulará el funcionamiento del Tribunal Constitucional, el estatuto de sus miembros, el procedimiento ante el mismo y las condiciones para el ejercicio de las acciones.

Título X
De la reforma constitucional

Artículo 166 [Verfassungsreform]

La iniciativa de reforma constitucional se ejercerá en los términos previstos en los apartados 1 y 2 del artículo 87.

Artículo 167 [Mehrheiten]

1. Los proyectos de reforma constitucional deberán ser aprobados por una mayoría de tres quintos de cada una de las Cámaras. Si no hubiera acuerdo entre ambas, se intentará obtenerlo mediante la creación de una Comisión de composiciónparitaria de Diputados y Senadores, que presentará un texto que será votado por el Congreso y el Senado.

2. De no lograrse la aprobación mediante el procedimiento del apartado anterior, y siempre que el texto hubiere obtenido el voto favorable de la mayoría absoluta del Senado, el Congreso, por mayoría de dos tercios, podrá aprobar la reforma.

3. Aprobada la reforma por las Cortes Generales, será sometida a referéndum para su ratificación cuando así lo soliciten, dentro de los quince días siguientes a su aprobación, una décima parte de los miembros de cualquiera de las Cámaras.

Artículo 168 [qualifizierte Mehrheiten]

1. Cuando se propusiere la revisión total de la Constitución o una parcial que afecte al Título preliminar, al Capítulo segundo, Sección primera del Título I, o al Título II, se procederá a la aprobación del principio por mayoría de dos tercios de cada Cámara, y a la disolución inmediata de las Cortes.

2. Las Cámaras elegidas deberán ratificar la decisión y proceder al estudio del nuevo texto constitucional, que deberá ser aprobado por mayoría de dos tercios de ambas Cámaras.

3. Aprobada la reforma por las Cortes Generales, será sometida a referéndum para su ratificación.

Artículo 169 [Ausschluß]

No podrá iniciarse la reforma constitucional en tiempo de guerra o de vigencia de alguno de los estados previstos en el artículo 116.

Por Tanto,
Mando a todos los españoles, particulares y autoridades, que guarden y hagan guardar esta Constitución como norma fundamental del Estado.

Palacio de las Cortes, a veintisiete de diciembre de mil novecientos setenta y ocho.

Juan Carlos

El Presidente de las Cortes
Antonio Hernández Gil

El Presidente del Congreso
de los Diputados
*Fernando Alvarez de Miranda
y Torres*

El Presidente del Senado
Antonio Fontán Pérez

Indice Sistemático

Preámbulo
Título preliminar

Titulo   I. De los derechos y deberes fundamentales
        Cap. I. De los españoles y los extranjeros
        Cap. II. Derechos y libertades
               Sec. 1.ª De los derechos fundamentales y de las libertades públicas
               Sec. 2.ª De los derechos y deberes de los ciudadanos
        Cap. III. De los principios rectores de la política social y económica
        Cap. IV. De las garantías de las libertades y derechos fundamentales
        Cap. V. De la suspensión de los derechos y libertades
Título II. De la Corona
Título III. De las Cortes Generales
        Cap. I. De las Cámaras
        Cap. II. De la elaboración de las leyes
        Cap. III. De los Tratados Internacionales
Título IV. Del Gobierno y de la Administración
Título   V. De las relaciones entre el Gobierno y las Cortes Generales
Título VI. Del Poder Judicial
Título VII. Economía y Hacienda
Título VIII. De la Organización territorial del Estado
        Cap. I. Principios generales
        Cap. II. De la Administración Local
        Cap. III. De las Comunidades Autónomas (weggelassen)
Título IX. Del Tribunal Constitucional
Título   X. De la reforma constitucional

Spanisch-deutsches Sachregister*

Die angegebenen Fundstellen beziehen sich auf die Seitenzahlen

Abogado – Rechtsanwalt 9, 83
abusivo – mißbräuchlich 26
abuso – Mißbrauch 43, 144
abuso de confianza – Vertrauensmißbrauch 152
acceso – Zugang (Universität) 23
acción de nulidad – Nichtigkeitsklage 68, 112
acción de rescisión – Klage auf Vertragsaufhebung 68
acción popular – Popularklage 38
acción reivindicatoria – Herausgabeklage 57
acciónes – Aktien 113
aceptación – Annahme 63
acervo – Erbmasse 42
acoso sexual – sexuelle Belästigung 27
acreedor – Gläubiger 66
actos de comparación – vergleichende Werbung 121
actos de engaño – Täuschungshandlungen 121
acuerdo – Vereinbarung 18, 121, 158
adhesión – Anschließung (an den Tarifvertrag) 157
administración – Verwaltung 34
administrador – Verwalter einer OHG 109 – Verwalter einer AG 113 – Geschäftsführer einer GmbH 120
adopción – Adoption 53
agentes comerciales – Handelsvertreter 95
agotar los recursos – die Rechtsmittel ausschöpfen 39
albacea – Testamentsvollstrecker 64
alcalde - Bürgermeister 50
alimentista – Unterhaltsempfänger 54
alimentos – Unterhalt 54
alta dirección – leitende Angestellte 143

anotación en cuenta – Bucheintragung 87, 111, 113
antecedentes – Vorfahren 54
apelación – Berufung 84
aplicación – Anwendung 42, 122
apoderado – Prokurist 94
aportaciones – Einlagen 112
aprobación – Annahme (des Haushaltes) 35
arbitraje – Schiedsgerichtsbarkeit 21, 86
arrendador – Vermieter 72
arrendamiento – Miete 71
arrendamiento financiero – Leasingvertrag 99
arrendamiento rustico – Landpacht 72
arrendamiento urbano – Wohnungsmiete 30, 42, 73
arrendatario – Mieter 72
artesano – Kunsthandwerk 102
asamblea de trabajadores – Betriebsversammlung 156
ascendientes – Vorfahren 54
asiento de presentación – Eingangsvermerk beim Register 57
asistencia jurídica gratuita – Prozeßkostenhilfe 38
asistencia letrada – juristischer Beistand 19
Audiencia Nacional – Oberlandesgericht für zentrale Fragen 37
Audiencia Provincial – Landgericht 37, 38, 84
Audiencia Territorial – Oberlandesgericht 84
auditores de cuenta – Rechnungsprüfer 114
ausencia – Verschollenheit 50
auto – Vorentscheidung, Beschluß 39
aval – Wechselbürgschaft 76
avería – Havarie 100

---

* Das Sachregister kann auch als kleines Vocabularium der spanischen Rechtssprache benutzt werden, sonst s. das große Werk von *Becher* (oben S. 1). Auf ein deutsches Register wurde im Hinblick auf das ausführliche Inhaltsverzeichnis verzichtet. Für ihre Assistenz danke ich sehr herzlich der Studentin *Antje Radtke.* K. A

averiguación – Ermittlung (Strafverfahren) 18

bachiller – Abiturient 23
bachillerato – Abitur 22
beca – Stipendium 24
bienes muebles o inmuebles – bewegliche oder unbewegliche Sachen 46
Boletín Oficial del Estado – Amtsblatt des Staates 104
buena fe – guter Glaube 43, 59, 80, 121

caducidad – Verwirkung 81
cambio – Wechsel 127
Cámara de representación territorial – Territorialkammer 32
capital social – Gesellschaftskapital 113
cargador – Befrachter 100
carta de patronazgo – Patronatserklärung 76
caudal – Einkommen 53
causa – Rechtsgrund 57, 67, 152
CC.AA. = Comunidades Autónomas – Autonome Regionen 5, 35, 37, 39, 129
CC.OO. = Comisiones Obreras – Gewerkschaftsorganisation 4, 15
cedente – Veräußerer 150
centro de trabajo – Betrieb 155
cesionario – Erwerber 150
cierre patronal – Aussperrung 26
Claustro universitario – (Oberstes Organ der Universität) 24
cobro de lo indebido – ungerechtfertigte Bereicherung (condictio indebiti) 78
Código Civil – (Zivilgesetzbuch) 1, 17, 27, 41 ff., 46, 51, 73, 99
Código de Comercio – (Handelsgesetzbuch) 81, 89
Código Penal – (Strafgesetzbuch) 1, 14, 19, 21
colaboración – Mitarbeit 147
colindantes – Grundstücksnachbarn 71
Colocación ilegal de Escuchas telefónicas – illegale Anordnung zum Abhören von Telefongesprächen 19
comerciante – Einzelkaufmann 90
Comércio Minorista – Kleinhandelsgewerbe 124
comisario – Konkursverwalter 105
comisión mercantil – Kommissionsvertrag 96
comisionista – Beauftragter 97
Comité de Empresa – Betriebsrat 155

Comité Ejecutivo – Geschäftsführungsausschuß 113
comitente – Kaufmann 96
Compañía colectiva – Offene Handelsgesellschaft 109
competencia desleal – unlauterer Wettbewerb 120
compra y venta (auch compraventa) – Kauf 69, 98
comprador – Käufer 70
compraventa mercantil – Handelskauf 98
comunero – Mitbesitzer 71
comunidad en mano común – Gesamthand 51
Comunidades Autónomas, siehe CC.AA.
concentración económica – Monopolbildung 122
concurso de acreedores – Gläubigerkonkurs 101
condiciones generales de la contratación – Allgemeine Geschäftsbedingungen 66, 124ff.
confirmación – Bestätigung 68
Congreso de los Diputados – Abgeordnetenhaus 32 f.
Consejo de Administración – Verwaltungsrat 113
Consejo de la Juventud – Jugendrat 31
Consejo de Ministros – Ministerrat 34
Consejo de Policía – Rat der Polizei 35
Consejo del Estado – Staatsrat 35
Consejo escolar – Schulbeirat 22
Consejo General del Poder Judicial – Richterrat 38
Consejo Social – Sozialrat 24
consentimiento – Übereinstimmung 66
Constitución Española – spanische Verfassung 1 ff., 11–40, Text: 165 ff.
consumidor – Verbraucher 123
contencioso – streitig 37
contexto – Kontext 42
contratación a distancia – Fernabsatz 124
contratación temporal – befristeter Arbeitsvertrag 146
contrato – Vertrag 45, 66 f.
contrato de agencia – Handelsvertretervertrag 95
contrato de comercio – Handelsgeschäft 92
contrato de compra y venta – Kaufvertrag 69

contrato de formación – Ausbildungsvertrag 146
contrato mercantil de transporte terrestre – Frachtvertrag 100
contrato de seguro – Versicherungsvertrag 100
contrato de trabajo – Arbeitsvertrag 25, 145
contratos de suerte – Glücksspiele 76
convenio colectivo – Tarifvertrag 156
cónyuge – Ehepartner 53
cooperativa – Genossenschaft 142
Corona – die Krone 31
Cortes Generales – span. Parlament 12, 32 f., 35
cosa pignorada o hipotecada – verpfändete Sache 77
costumbres – Gewohnheiten 143
crear confusión – Verwirrung erregen 121
Cuenta en Participación – Stille Beteiligung 96
culpa – Fahrlässigkeit 66
curatela – Pflegschaft 55

daño – Schaden 19, 71, 79, 123
deberes fundamentales – Grundpflichten 16
declaración de fallecimiento – Todeserklärung 50
Decreto – Erlaß 1
Decreto-ley – Gesetzesdekret 33
defensa de la competencia – Schutz des Wettbewerbs 121 f.
defensa de los consumidores y usuarios – Verbraucherschutz 31, 123
defensa interdictal – Schutz gegen Besitzstörung 56
Defensa nacional – Nationale Verteidigung 15
Defensor del Pueblo – Ombudsmann 5, 16, 39
defraudación tributaria – Steuerbetrug 134
delegado – Delegierter 155
delitos contra el honor – Delikte gegen die Ehre 19
demandado – Beklagter 83
demandante – Kläger 83
denigración – Anschwärzung 121
depositante – Einlagerer 97
depositario – Verwahrer 97, 105
depósito – Verwahrung 75

depósito mercantil – handelsrechtliches Lagergeschäft 97
derecho a la intimidad personal – Recht auf persönliche Intimsphäre 19
derecho a la propia imagen – Recht am eigenen Bild 19
derecho al honor – Recht auf Ehre 19
derecho al salario – Recht auf Lohn 25
derecho al trabajo – Recht auf Arbeit 28
derecho de asilo – Asylrecht 17
derecho de huelga – Streikrecht 25
derecho de rectificación – Recht auf Richtigstellung 20
derecho de representación – erbrechtliche Vertretung 63
Derecho de Representación colectiva – Betriebsverfassungsrecht 74
derecho de retracto – Rückkauf 51
derecho de reunión – Versammlungsfreiheit 20
derecho de reunión de los trabajadores – Versammlungsrecht der Arbeiter 155
derecho de superficie – Erbbaurecht 59
derechos de los extranjeros – Rechte von Ausländern 17
derechos fundamentales – Grundrechte 16, 21, 33
desahucio – Besitzentziehung 72
descendientes – Nachkommen 54
desheredación – Enterbung 62
desistimiento – Wandlung, Entlassung 71, 145
desobediencia civil – bürgerlicher Ungehorsam 21
despido disciplinario – disziplinarische Kündigung durch den Arbeitgeber 152
despido por causas objetivas – aus objektiven Gründen 153
despido por causas tecnológicas o económicas – aus technischen oder wirtschaftlichen Gründen 153
detenido – Festgenommener 19
deudor – Schuldner 66
dictamen de peritos – Sachverständigengutachten 84
dignidad de la persona – Menschenwürde 16, 147
diligencia – Fleiß 144
dimisión – Entlassung 152
disolución discrecional – Parlamentsauflösung ohne Antrag 34
divorcio – Scheidung 27, 52

divulgación – Verbreitung (von Informationen) 20
documentos públicos – Öffentliche Urkunden 83
dolo – Vorsatz 67
dominio – Eigentum 56
donación – Schenkung 48
dueño – Geschäftsherr 78
educación infantil – Kindererziehung 22
eficacia – Wirksamkeit 42, 69
elaboración de las leyes – Zustandekommen der Gesetze 33
elección – Wahl 24
emancipación – Volljährigkeit 50
embargo – Pfändung 78
embargo preventio – Präventivpfändung 85
empleador – Arbeitgeber 74
empleo – Stelle, Beschäftigung 15
empresa – Unternehmen 74, 155
empresario – Unternehmer 15, 90, 92, 108, 147
empresario individual – Einzelkaufmann 108
empresario social – Handelsgesellschafter 108
engaño – Betrug 121
enjuiciamiento civil – Zivilprozeß 82
enmienda – Änderung (des Haushaltes) 35
enriquecimiento sin causa – ungerechtfertigte Bereicherung 46, 79
época de la concepción – Empfängniszeit 54
equidad – Billigkeit 43
error – Irrtum 67
escisión – Spaltung 115
escritura – Urkunde 57, 112
escritura pública – öffentliche Beurkundung 58, 70, 108
escritura social – Gründungsurkunde einer Gesellschaft 109
espíritu – Geist der Norm 42
esquiroles – Streikbrecher 25
estado de alarma – Alarmzustand 36
Estado de Derecho – Rechtsstaat 12, 15
estado de excepción – Ausnahmezustand 36
estado de sitio – Belagerungszustand 36
estancia – Aufenthalt 17

estatuto – Satzung (der Aktiengesellschaft) 112
Estatuto de la Radio y Televisión 20
Estatuto de los Trabajadores – Gesetzbuch für Arbeitsrecht 1, 3, 28, 42, 142 ff.
evicción – Entwehrung 70
excedencia – Freisetzung (des Arbeitnehmers) 151
excepción – Einrede 67
explotación de la reputación ajena – Ausbeutung fremden Rufes 121
extensión – Erstreckung (des Tarifvertrags) 157
extinción – Erlöschen, Kündigung 28, 144, 151
extinción por mutuo acuerdo de las partes – Aufhebung des Vertrages 151
fiador – Bürge 76
fianza – Bürgschaft 76, 85
filiación – Abstammung 29, 41, 53
filiación matrimonial – eheliche Elternschaft 53
filiación no matrimonial – nichteheliche Elternschaft 53
finalidad – Zweck der Norm 42
fomento del empleo – Beschäftigungsförderung 28
forma – Form (IPR) 46
formas de los testamentos – Formen des Testaments 46
franquicia – Franchising 101
fraude de la ley – Gesetzesumgehung 43, 123
fueros – regionale Sonderrechte 6, 47
fuerza mayor – höhere Gewalt 147, 152
Fuerzas y Cuerpos de Seguridad – Sicherheitskräfte 35
funcionarios – Angestellte 32, 142
funcionarios públicos – öffentliche Angestellte 35, 114
fundaciones – Stiftungen 28
fusión – Fusion 115

gerente – Geschäftsführer 94
gestión de negocios ajenos – Geschäftsführung ohne Auftrag 49, 78
gestor – der Handelnde 46, 78
gobierno – Regierung 34
graduación de creditos – Rangordnung der Forderungen 107
guardador – Vormund 91
Guardia Civil – Staatspolizei 12, 35

Sachregister

heredero – Erbe 61
heredero forzoso – Zwangserbe 62, 64
heredero principal – Haupterbe 42
herencia – Erbschaft 63
hermanos – Geschwister 54
hipoteca – Hypothek 77, 87, 107, 148
hipoteca mobiliaria – Hypothek an beweglicher Sache 77
horarias flexibles – gleitende Arbeitszeit 148
horas extraordinarias – Überstunden 148
huelga – Streik 25
huelga rotatoria – rotierender Streik 25

ilícito – rechtswidrig 26
imagen propia – eigenes Bild 19
Impuesto sobre actividades económicas – Gewerbesteuer 135
Impuesto sobre Actos Jurídicos Documentados – Steuer auf beurkundete Rechtshandlungen 135
Impuesto sobre Donaciones – Schenkungssteuer 64, 135
Impuesto sobre el Patrimonio – Vermögenssteuer 135
Impuesto sobre la Renta de las Personas Físicas – Einkommenssteuer der natürlichen Personen 135
Impuesto sobre Sociedades – Körperschaftssteuer 135
Impuesto sobre Sucesiones – Erbschaftssteuer 64, 135
Impuesto sobre Transmisiones Patrimoniales – Steuer auf Vermögensübertragungen 135
Impuesto sobre el Valor Añadido – Umsatzsteuer 135
impugnación – Anfechtung der Ehelichkeit 54, Anfechtung von Aufsichtsbeschlüssen 113
incompatibilidad – Unvereinbarkeit 37
indefensión jurídica – juristische Schutzlosigkeit 21
indemnización – Schadensersatz 19, 66, 147 f.
inducción a la infracción contractual – Verleitung zum Vertragsbruch 121
inquilino – Mieter 72
insolvencia culpable – schuldhafter Konkurs 105
insolvencia fortuita – schicksalhafter Konkurs 105

insolvencia fraudulenta – betrügerischer Konkurs 105
inspección – Betriebsprüfung 132
interpretación según el sentido – Interpretation nach dem Sinn 42
interrogatorio de las partes – Parteivernehmung 83
interventor – Vergleichsverwalter 103
intimidad – Intimsphäre 19, 147
intimidación – Einschüchterung 67
intromisión – Eingriff 19
inviolable – unverletzlich 32
inversiones exteriores – ausländische Investitionen 29, 127
irrenunciable – unverzichtbar 19

jubilación – Ruhestand 151
Juez – Richter am Einmanngericht 37
juez ordinario – gesetzlicher Richter 21
juicio cambiario – Wechselprozeß 86
juicio declarativo de mayor cuantía 82
juicio ordinario – ordentliches Verfahren 82
juicio verbal – mündliches Verfahren 85
Junta general – Gesellschafterversammlung 113, 119
jurado – Geschworener 38
jurisdicción contenciosa/voluntaria – streitige/freiwillige Gerichtsbarkeit 86
jurisprudencia – Rechtsprechung 1
justicia gratuita – Prozeßkostenhilfe 38
justo título – Rechtstitel 80
Juzgado – Einmanngericht 37
Juzgado de lo Social – Sozialgericht 37
Juzgado de Partido – Amtsgericht 37

legado – Vermächtnis 62
legatario – Vermächtnisnehmer 61f.
legislación – Gesetzgebung 1, 33 ff.
legítima – Pflichtteil 61ff.
letra de cambio – Wechsel 127
Ley Cambiaria y del Cheque – Wechsel-/Scheckgesetz 127
Ley de Enjuiciamiento Civil – Zivilprozeß-ordnung 38, 82
Ley de Enjuiciamiento Criminal – Strafprozeßordnung 19
Ley de Marcas – Warenzeichengesetz 126
Ley de Patentes – Patentgesetz 126
Ley del Mercado de Valores – Börsengesetz 127

Ley Hipotecaria – Hypothekengesetz 58, 77
Ley Organica – grundlegendes Gesetz 33
libertad ideológica – Gedankenfreiheit 18
libertad religiosa – Religionsfreiheit 18
libertad sindical – Gewerkschaftsfreiheit 15, 156
libertades de los extranjeros – Freiheiten der Ausländer 17

Magistrado – Richter am Kollegialgericht 37
mancebo – Verkäufer im Einzelhandel 94
mancomunidad – Gesamthand 51
mandatario – Beauftragter 75, 94
mandato – Auftrag 75, 96
manifestación – Demonstration 21
marcas – Warenzeichen 126
matrimonio – Ehe 50
mayor edad – Volljährigkeit 50
mejora de libre disposición – frei verfügbarer Nachlaß 63
menor – der Minderjährige 55
mercado de valores – Börse 127
moción de censura – Mißtrauensantrag 33
monarquía parlamentaria – parlamentarische Monarchie 13
mora, morosidad – Verzug 93
multa sancionadora – Geldstrafe 122

nacimiento – Geburt 49
nacionalidad – Staatsangehörigkeit 44, 49
negligencia – Fahrlässigkeit 65
nota simple informativa – Grundbuchauszug 58
nulidad – Nichtigkeit 67
nulidad absoluta/radical – absolute Nichtigkeit 67

objeción de conciencia – Wehrdienstverweigerung aus Gewissensgründen 26
obligación – Verpflichtung 65
obligaciones – Schuldverschreibungen 115
obligaciones que nacen de culpa o negligencia – Unerlaubte Handlungen 49, 79
obsequio – Gefälligkeit 121
ocupación – Aneignung 48, 56
omisiones ilícitos – verbotene Unterlassungen 65

pagaré – ich werde zahlen, der eigene Wechsel 127
pago – Zahlung 75
parejas de hecho – ehel. Lebensgemeinschaft 27
participación – Mitbestimmung 155
Partidos políticos – politische Parteien 14
patentes – Patente 126
paternidad – Vaterschaft 29, 53
patria potestad – Väterliche Gewalt 54
patrimonio – Vermögen 57, 113
Patrimonio histórico – historisches Erbe 30
pérdida – Verlust 56, 100
periodo de prueba – Probezeit 145
perjuicio – Nachteil 66
permiso de trabajo – Arbeitserlaubnis 17, 145
personalidad civil – Rechtsfähigkeit 49
Poder judicial – Justiz 21, 37
Policías Locales – lokale Polizei 35
porteador – Frachtführer, Spediteur 100
poseedor – Besitzer 56, 80
posesión – Besitz 46, 49, 56ff.
potestad reglamentaria – Verordnungsgewalt 34
preaviso – Vorankündigung (eines Streiks) 26
prelación de los acreedores – Vorrang der Gläubiger 79, 107
prenda – Pfand 77
prescripción – Verjährung, Ersitzung 56, 78, 80
prescripción adquisitiva – Verjährung mit Rechtserwerb 80
Presidente del Gobierno – Regierungschef 2, 34 f., 39
preso – Strafhäftling 19
préstamo – Leihe, Darlehen 75
préstamo mercantil – handelsrechtliches Darlehen 97
presupuesto – Haushalt 35
principio de buena fe – Prinzip von Treu und Glauben 43
procuradores – Klagevereter 83
progenitor – Erzeuger 53
promesa de matrimonio – Verlöbnis 50
propiedad – Eigentum, oft auch nur Besitz 46, 48, 56
Propiedad horizontal – Wohnungseigentum 59

propiedad industrial, intelectual – Patente, Urheberrecht 126
propietario – Eigentümer 56
propina – Trinkgelder 147
Protección del Consumidor – Verbraucherschutz 42, 123
prueba de acceso a la universidad – Aufnahmeprüfung 23
prueba de filiación – Abstammungsnachweis 29
prueba de testigos – Zeugenbeweis 84
PSOE = Partido Socialista Obrero Español – sozialistische Arbeiterpartei 3
publicidad – Werbung 122

quiebra – Konkurs 102, 104ff., 115, 131

readmisión – Weiterbeschäftigung des Arbeitnehmers 153
rebaja – Minderung 71
reclamación económico-administrativa – Widerspruch im Steuerverfahren 134
reclamación extrajudicial – außergerichtliche Geltendmachung eines Anspruchs 80
reconocimiento – Anerkennung 80, 84
reconocimiento judicial – gerichtlicher Augenschein 84
reconversión – Anpassung 29
reconversión industrial – Modernisierung der Industrie 4
recurso de amparo – Verfassungsbeschwerde 39
recurso de casación – Revision 84
recurso de inconstitucionalidad – Normenkontrollverfahren 39
recurso de reposición – Widerspruch im Steuerverfahren 134
refugiado – Flüchtling 17
Regimen electoral – Wahlordnung 32
Registro Civil – Zivilregister, Standesamt 50
Registro de la Propiedad – Grundbuch 57, 77, 80
Registro Mercantil – Handelsregister 101
reglamento – Verordnung 1
rehabilitación – Wiederbefähigung (Handelsrecht) 91
reivindicar – herausverlangen 56
renta vitalicia – Lebensversicherung 76
renuncia – Verzicht 64

representación colectiva – Arbeitnehmervertretung 74, 155
repudiación – Ausschlagung 63
rescisión – Aufhebung (einer Gesellschaft) 109 – Vertragsaufhebung 68
reserva de dominio – Eigentumsvorbehalt 70
residencia – Wohnsitz 17, 45, 49
respeto – Achtung 14
respeto a las leyes – Achtung vor dem Gesetz 156
responsabilidad – Haftung 66, 79
responsabilidad de los fundadores – Gründerhaftung 112
responsable – verantwortlich 79
restitución – Erstattung 68
retracto convencional – Vor- oder Wiederkaufsrecht 71
retracto legal – gesetzliches Vorkaufsrecht 71
retroactividad – Rückwirkung 21
revocar – widerrufen 61, 161
reunión – Versammlung 20
reunión de los trabajadores – Betriebsversammlung 15
riesgo de empresa – Betriebsrisiko 147f.

Sala – Kammer eines Gerichts 37
salario – Lohn 147 ff.
Salario mínimo – Minimallohn 147
saneamiento – Heilung, Gewährleistung 70
Santa Sede – der Heilige Stuhl 18
seguridad ciudadana – Sicherheit in den Städten 35
Seguridad social – Sozialversicherung 29, 64
selectividad – Auswahl (für den Zugang zur Universität) 23
Senado – Senat 32
sentencia firme – rechtskräftiges Urteil 54
separación – Trennung 27, 52
servicios necesarios – Notstandsarbeiten 25
servidumbres – Dienstbarkeiten 48, 59
sindicato – Gewerkschaft 14 mas representativo – meist vertreten 156
Sociedad anónima – Aktiengesellschaft 111 ff.
Sociedad colectiva – Offene Handelsgesellschaft 109

Sociedad comanditaria/en comandita – Kommanditgesellschaft 109ff.
sociedad de gananciales – Zugewinngemeinschaft 51
Sociedad de responsabilidad limitada – GmbH 109, 116 ff.
sociedad en formación – Gründungsgesellschaft 112
socio industrial – durch Arbeitsleistung beteiligter Gesellschafter 105
Socio colectivo – Komplementär 110
socio comanditario – Kommanditist 110
solemnidades de los contratos – Formvorschriften für Verträge 46
solemnidades de los testamentos – Formvorschriften für Testamente 46
subasta pública – öffentliche Versteigerung 77
sucesión – Rechtsnachfolge, Erbfolge 48, 61
sucesión de empresa – Betriebsübergang 150
sucesión intestada – gesetzliche Erbfolge 48, 61
sucesión legítima – gesetzliche Erbfolge 61
sucesión testamentaria – gewillkürte Erbfolge 61
sujeto pasivo – Steuerschuldner 130
suspensión de pagos – Zahlungseinstellung 102
suspensión – Suspendierung (des Arbeitsvertrages) 150
sustitución – Ersatzerbschaft 62

tecnicas de reproducción asistida – künstliche Befruchtung 54
tenedor – Besitzmittler 57
tenencia – Innehabung einer Sache 56
tercera edad – die Alten 31
tergiversación – Wortverdrehung 93
testamento – Testament 46
testamento abierto – öffentliches Testament 61
testamento cerrado – nicht-öffentliches Testament 61
testamento ológrafo – handschriftliches Testament 61
testigo – Zeuge 61
tipificación – Einordnung 19

título – Rechtstitel 59, 60, 63
títulos – Aktienscheine 113
trabajador – Arbeiter 15, 73, 143
trabajo temporal – Zeitarbeit 146
trabajo a tiempo parcial – Teilzeitarbeit 145
tradición – Übergabe 48, 58, 70
transformación – Umwandlung 115
transición – Übergang 25
traslado – Versetzung 149
tratado – Vertrag 2
Tratamiento automatizado de los Datos de carácter personal – Datenverarbeitung 19
Tribunal Central de Trabajo – Zentrales Arbeitsgericht 37, 155
Tribunal Constitucional – Verfassungsgericht 1, 26, 38
Tribunal Contencioso-Administrativo – Verwaltungsgericht 133f.
Tribunal de Defensa de la Competencia – Kartellgericht 122
Tribunal Económico-Administrativo – Finanzgericht 133f.
Tribunal Supremo – Oberster Gerichtshof 37f., 84, 148
Tribunales Superiores de Justicia – Oberlandesgerichte für die Autonomen Regionen 37, 84
tutela – Vormundschaft 21, 55

UGT – Union General de Trabajadores – Gewerkschaftsorganisation 4, 15
Universidad Complutense – Madrider Universität 23
usos – Gebräuche 143
usuario – Benutzer 123
usufructo – Nießbrauch 48, 59

vacaciones – Urlaub 149
valores – Werte 13
vendedor – Verkäufer 70
venta a pérdida – Dumpinggeschäfte 121
venta a plazos – Ratenkauf
ventaja – Vorteil 121
verificación – Genehmigung 128
vía judicial – Rechtsweg 39
violación de secretos – Geheimnisverrat 121
violencia – Verletzung 67
vivienda – Wohnung 30